## 미래예측사: 사주명리학교

발행일    2018년 2월 21일

지은이    현 마
펴낸이    이 재 욱
펴낸곳    도서출판 제일북스
출판등록   487-97-00401
주소     서울특별시 강서구 강서로 471, A동 111호(마곡동, 엠코지니어스타)
전화번호   (02)2668-8662          팩스   (02)2668-8663

ISBN    979-11-963000-0-5 03180 (종이책)  979-11-963000-1-2 05180 (전자책)

이 도서의 국립중앙도서관 출판예정도서목록(CIP)은 서지정보유통지원시스템 홈페이지(http://seoji.
nl.go.kr)와 국가자료공동목록시스템(http://www.nl.go.kr/kolisnet)에서 이용하실 수 있습니다.
(CIP제어번호: CIP2018005082)

이야기로 배우는 사·주·명·리·학

# 미래예측사:
# 사주명리학교

현 마 지음

제일북스

미래를 예측할 수 있다면!

내 미래는 물론 가족과 친구들, 그리고 다른 사람들의 미래까지 예측해 볼 수 있다면!

나에게 그런 능력이 생긴다면!

꿈이 아닙니다. 현실에서 이룰 수 있습니다.

사주명리학은 미래를 예측하는 학문입니다. 절대로 뜬구름 잡는 이야기가 아니며, 미신이 아닙니다. 음양오행을 바탕으로 바늘 하나 들어갈 틈 없는 유기적인 결합을 통해 사람의 운명을 예측해 냅니다. 배워볼 만한 학문이며, 배워야 하는 학문입니다.

그런데 배우기가 쉽지 않습니다. 사람의 과거와 현재, 그리고 미래를 예측할 수 있는 학문이기 때문에 당연히 쉽지는 않겠지만, 그것을 가르치는 사람들이 어렵습니다. 그들이 사용하는 단어가 어렵고, 그들이 만든 책이 어렵습니다. 어떨 때는 보면 마치 빨리 포기하라고 책을 쓴 것 같은 느낌이 들 지경입니다.

묘월(卯月)에 음화(陰火)인 정화(丁火)가 떴다.

갑목(甲木)과 기토(己土)가 합(合)이 되면서 토(土)가 만들어진다.

비겁(比劫)이 재성(財星)을 극(剋)한다.

식상생재(食傷生財), 관인상생(官人相生).


이게 도대체 무슨 뜻일까요? 사실 이 문장들은 알고 보면 기초 중에 기초에 속하는 말입니다. 그런데도 어렵습니다. 시대는 변했는데 표현은 아직 삼국시대이며, 고려시대이고, 또 조선시대입니다. 미래를 예측할 수 있다고 하면서 정작 당사자들은 과거에서 벗어나지 못하고 있습니다. 오랫동안 공부를 한 사람이라면 암호와도 같은 단어들을 사용하는 것이 더 쉽고 편리합니다. 하지만 그래서는 대중화되기가 어렵습니다. 어떤 분야라도 대중화되어야 많은 사람들의 관심을 받을 수 있고, 그래야 발전이 있을 수 있습니다. 대중들로부터 외면받는 학문은 언젠가는 소멸될 수밖에 없을 것입니다.


사주명리학에 대한 내용을 이야기의 형식 안에 담았습니다. 기초 지식이 없는 일반인도 사주분석을 할 수 있도록 가능하면 쉽게 풀려고 했습니다. 즉, 소설처럼 읽으면서 자연스럽게 공부가 될 수 있도록 하여 사주 공부가 어렵다는 편견을 없애는 것에 중점을 두었습니다. (물론 어느 정도의 암기 등 개인적인 노력은 당연히 필요하나, 기존의 관련 책보다는 이해하는 데 분명한 효과가 있을 것입니다.)


단순히 사주 분석에 대한 맛만 살짝 보는 것이 아니라, 초급은 물론 중급까지 달성하는 것을 목표로 합니다. 가상의 미래예측사 학교에 입학한 학생들처럼 독자가 학생의 입장이 되어 마치 등장인물들과 함께 공부하고, 대화하며 성장하는 느낌을 가질 수 있도록 합니다. 그 과정을 통해 어느새 사주에 대한 분석력이 쌓인 자신을 발견할 수 있습니다.

이 책의 내용을 이해할 수 있다면 사주구성의 원리에서부터 그 사람의 성격(성향), 인간관계, 직업적 특성(진로 등), 재물적인 것, 남녀관계, 운의 흐름(당사자에게 좋은 해와 좋지 않은 해 등을 뽑아내는 것) 등의 파악은 무난히 가능하도록 구성하였습니다. 이러한 내용은 이 책을 마친 후 다른 사주분석의 이론을 공부할 때도 흔들림 없는 토대가 되어 줄 것입니다.

사주 분석과 관련하여 많은 이론이 있습니다. 큰 줄기는 비슷할 수 있어도 세부적인 부분에서는 분명한 차이가 있습니다. 하지만 모든 이론을 다 공부할 수는 없습니다. 일단은 공통적인 내용부터 먼저 시작하는 것이 바람직하다고 생각합니다. 이론상의 차이로 인한 혼란을 없앨 수 있기 때문입니다. 기본 토대만 확고하다면 여러 이론에 대해서는 취사선택할 수 있으며, 개인적 학습을 통해 더욱 성장할 수 있습니다. 그러한 점때문에 집필하는 과정에서 사주 분석에 대한 몇 가지의 내용을 재구성하거나 필요에 따라 삭제하기도 하였습니다. 이것은 독자들의 이해를 돕기위한 것이었음을 알려드립니다.

이 책과의 인연을 계기로 개인적인 깨달음을 얻는 단 한 분이 있다면, 제가 이 책을 통해 원했던 모든 것을 다 얻게 되었다고 말씀드리겠습니다.

2018년 2월

현마

# CONTENTS

# 미래예측사 학교

    매년 11월이 되면 전국의 미래예측사 학교들은 넘쳐나는 지원자들을 받느라 바빠졌다. 정부에서 미래예측사 학교에 대한 신규 허가를 중단한 지 10년이 넘었지만, 재개한다는 정보는 그 어디에서도 들려오지 않았다. 그런 데다가 직업으로서 미래예측사에 대한 인기가 높아져서 지원자는 더욱 늘어나게 되었다. 수요는 넘쳐났지만 이들을 수용할 수 있는 학교는 절대적으로 부족했다. 그런 상황이고 보니 각 지역에 있는 미래예측사 학교의 입학 경쟁률은 평균 수십 대 일을 가볍게 넘어섰다. 특히 미래예측사 학교 중에서도 가장 인기 있는 곳은 현마가 운영하는 명리수양관이었다. 현마는 학교의 유일한 교사이자 최고의 미래예측사이기도 했다. 그런 그의 명성 때문에 입학하려는 학생들이 다른 곳에 비해 월등히 많았다. 하지만 명리수양관은 경쟁자가 많아서 입학이 힘든 것이 아니라, 전혀 다른 이유 때문에 들어가기 힘들었다. 바로 현마만의 독특한 입학기준이 있었기 때문이다. 일반적인 미래예측사 학교의 입학기준이 되는 우수한 성적이나, 집안에 미래예측사가 몇 명인가 하는 것은 전혀 고려의 대상이 아니었다. 현마는 학생들의 사주를 보고 1차적으로 예비 합격자를 고른 뒤에, 최종 면접을 통해 입학생을 뽑았다. 보통 3명에서 5명 정도의 학생을 뽑았지만, 경우에 따라서는 단 한 명도 뽑지 않을 때가 있었다. 현마는 자신의 기준에 맞지 않으면 결코 학생을 뽑지 않았기 때문이다.

명리수양관에는 올해도 수백 명의 지원자가 있었다. 지원자들의 사주 분석을 통해 예비 합격자를 뽑았고, 최종 면접을 통해 세 명의 입학생을 선발했다. 세라와 여명, 그리고 소니라는 아이들이었다. 현마가 평가했을 때 아이들의 사주는 미래예측사로서 아주 좋은 조건을 골고루 갖고 있었다. 명석한 두뇌, 이성적인 관찰력, 인내심, 그리고 남을 배려하는 따뜻함이 있었다. 그런데 이 세 명 외에 현마의 마음에 남는 아이가 한 명 더 있었다. 강산아라는 아이였다. 사실 산아는 입학을 위한 1차 관문인 사주분석 단계조차 통과하지 못했다. 산아의 사주명식(사주의 구조, 배열)은 독특했는데, 그래서인지 현마는 산아에 대한 생각이 자꾸만 머릿속에 떠올랐다. 미래예측사의 입장에서 본 산아의 사주는 모든 것을 자신의 안으로만 수렴하려는 스타일이었다. 외부로 자신을 발산하는 것이 조금도 없이 오직 안에서 모든 것을 해결하는 형태였던 것이다. 그것은 슬픔이 묻어 있는 사주였다. 현마는 고민 끝에 산아에게 최종 면접의 기회를 주었다.

"왜 미래예측사가 되려고 하지?"

현마의 질문에 산아는 잠시 생각을 하다가 조용히 말을 꺼냈다.

"사람들에게 미리 길을 알려주고 싶어요. 특히 슬픔을 피해갈 수 있는 길이 있다면요."

현마는 그 슬픔의 내용은 묻지 않았다. 대신 산아의 사주 분석결과를 천천히 다시 살펴봤다. 미래예측사로서 부족한 면이 있었지만, 세상에 대한 사랑을 품고 있었다. 마지막으로 산아의 사주에는 천을귀인(天乙貴人)이 들어있었다. 어려울 때 자신을 도와주는 기운을 갖고 태어난 아이였다. 현마는 고민 끝에 결정을 내렸다. 산아는 마지막 네 번째 합격자로 명리수양관에 입학할 수 있었다. 현마는 자신이 산아의 천을귀인(天乙貴人)이 되어 주기로 했다. 타고난 사주가 중요하지만 자신의 노력과 운의 흐름에 의해서 타고난 것 이상의 삶을 살 수 있다고 현마는 믿었다. 물론 목숨을 내놓을 정도의 노력이 필요한 일이었다.

# 사주팔자(四柱八字)란 무엇인가?

산아는 떨리는 마음으로 강의실 문을 열었다. 세라와 여명 그리고 소니는 이미 자신들의 자리에 앉아 있었다. 아직 서로 간에 어색함이 남아 있었기 때문에 가벼운 눈인사만 나누고 산아는 자신의 이름이 붙어 있는 책상에 앉았다. 이름까지 붙어 있는 걸로 봐서 계속 이 자리에서만 공부를 해야 한다는 의미 같았다. (한참 후에 알게 되었는데, 각자의 사주에 따라 좋은 방향에 앉도록 한 현마의 배려였다.) 잠시 후, 강의실 문이 열렸다. 4명의 시선이 동시에 문을 향했다. 현마가 안으로 들어왔다. 학생들이 인사를 하기 위해 자리에서 일어나려고 하자 부드럽게 웃으며 그냥 앉아 있으라는 손짓을 했다. 산아는 현마를 볼 때마다 방송을 통해 알려진 것과는 다르게 따뜻하고 인간적인 사람이라는 생각을 했다. 산아는 잘 알고 있었다. 학교성적도 평범했고, 집안에 미래예측사가 단 한 명도 없는 자신이 미래예측사 학교에 입학한다는 것은 불가능했다. 현마의 특별한 배려가 아니었으면 결코 명리수양관에 입학할 수 없었다. 현마에 대한 보답은 오직 하나, 공부에 최선을 다해 누구보다 정확한 미래를 예측하는 미래예측사가 되는 것이라고 생각했다. 의지가 불타오르는 산아의 시선과 마주친 현마는 산아를 향해 미소를 지었다.

"우리가 이렇게 모인 이유가 뭘까요?"

현마가 질문을 하며 학생들의 표정을 살폈다.

"미래예측사가 되기 위해서입니다."

자신감 있는 목소리로 세라가 답했다. 나머지 학생들도 고개를 끄덕이며 세라의 답에 동의하는 듯 보였다.

"맞아요. 미래예측사가 되기 위해서입니다. 사람들의 미래를 예측하는 미래예측사."

미래예측사라는 단어는 언제 들어도 산아의 가슴을 설레게 했다. 산아 인생의 최종목표였기 때문이다. 특히 가장 유명한 미래예측사 중 한 명인 현마의 입에서 나온 미래예측사라는 단어는 더욱 더 뭔가 강렬한 느낌으로 산아에게 다가왔다.

"그럼 미래를 어떻게 예측할까요?"

현마의 질문이 끝나자마자, 다시 세라의 답이 이어졌다. 세라의 목소리에는 자신감이 가득했다.

"사람들이 태어난 연, 월, 일, 시간의 네 가지를 통해 알아내는 것입니다."

세라의 대답에 이어 현마의 설명이 이어졌다.

"맞아요. 사람들이 언제, 어느 때 태어났는가를 통해 그 사람의 인생 흐름을 알아내는 것입니다. 이 세상은 매 순간 다른 기운들이 생성되고, 없어지고, 흘러가고 있습니다. 태어난 그 순간의 세상 전체, 우주 전체 기운의 흐름이 그 사람에게 영향을 끼치는 것입니다. 사람에 따라서는 기운이 보이지 않는다고 부정하는 사람들이 있습니다. 하지만 공기가 눈에 보이지 않아도 있는 것처럼, 열기가 눈에 보이지 않아도 전달되는 것처럼, 또한 우리의 마음이 눈에 보이지 않아도 존재하는 것처럼 사람에게 작용하는 기운은 존재합니다. 다만, 사람에 따라 다르게 작용을 하는데, 그것을 알 수만 있다면 그 사람의 과거와 현재, 그리고 미래까지 예측할 수 있는 것입니다."

학생들의 반짝이는 눈을 바라보니 현마는 절로 웃음이 난다.

"어려운가요?"
"알 것도 같고 모를 것도 같아요."

소니의 말에 현마와 학생들이 함께 웃어본다.

"앞으로 자연스럽게 이해할 수 있습니다. 태어난 순간의 에너지를 구성하는 기운이 그 사람의 모든 것에 큰 영향을 끼치게 됩니다. 이러한 영향은 성향을 만들고, 이 성향은 그 사람의 학교생활을 만들며, 직업을 만들고, 사람들 속에서의 인간관계를 만들게 됩니다."

현마의 말 한마디 한마디에 산아는 온 신경을 집중했다.

"사람들이 쉽게 사주팔자(四柱八字)라고 하는 것이 있습니다. 이것은 무슨 의미일까요?"

대답하는 학생들이 없었다. 사실 산아는 어느 정도는 알고 있었지만 자신 있게 손을 들지는 못했다. 만일 틀리기라도 하면 현마가 어떻게 생각할지 조금은 불안한 것이 있었다.

"각 해(年)마다 다르게 부르는 두 글자가 있습니다. 예를 들어서 올해는 2018년입니다. 또 어떻게 부르던가요?"

대답하는 학생들이 없었다. 산아가 작은 목소리로 답했다.

"무술(戊戌)년입니다."
"맞아요. 2018년을 무술년이라고도 합니다. 여러분 혹시 임진왜란, 병자호란, 갑신정변, 갑오개혁이란 말을 들어본 적이 있나요?"

학생들 모두가 들어본 적이 있는 단어들이었다.

"임진(壬辰), 병자(丙子), 갑신(甲申), 갑오(甲午)라는 것이 모두 그 해(年)를 나타내는 두 글자입니다. 그리고 그 글자 속에는 그 해의 기운이 담겨 있습니다."

'그 해의 기운?'

산아는 그 기운이 무엇을 나타내는지 궁금했다.

"2018년이라는 숫자만을 통해서는 그 해의 기운을 알 수 없지만, 숫자가 아닌 글자로 바꿔서 보면 그 해의 기운을 쉽게 알 수 있습니다. 다시 말해서 어떤 해에 태어난 사람이 있다고 한다면 일단 그 해의 숫자를 글자로 바꿔야 합니다. 그런데 여기서 어떤 문제가 생길 수도 있습니다. 뭘까요?"

현마는 학생들의 표정을 보면서 대답을 기다렸다. 산아가 천천히 말을 꺼냈다.

"만일 자신의 미래가 궁금해서 미래예측사를 찾아온 사람이 있다고 예를 들어보겠습니다. 그 사람이 만일 1985년에 태어났다고 하면, 그 1985라는 숫자를 글자로 바꿔야 합니다. 그런데, 그 글자가 어떤 것인지 어떻게 알 수 있습니까? 모조리 외운다는 것은 불가능한 일이라고 생각합니다."

세라와 소니, 그리고 여명은 산아가 한 말의 의미를 금방 알아차리고 자신들도 궁금한 표정이 되어 현마의 답을 기다렸다.

"맞습니다. 산아가 말한 것처럼 그런 문제가 생길 수 있습니다. 수십 년, 수백 년이 있는데 그 해를 나타내는 모든 글자를 외울 수는 없습니다. 그래서 필요한 것이 바로 '만세력(萬歲曆)'입니다."

산아에게 '만세력'은 생소한 단어였다. 하지만 소니에게는 달랐다.

"만세력은 해의 순서를 글자로 알려주는 책이에요."

"소니 말대로 만세력이라는 책을 보면 사람이 태어난 해를 쉽게 글자로 바꿀 수 있어요. 자 이제 연습해 볼까요? 스마트폰을 꺼내보세요."

산아를 비롯한 네 명의 학생들은 명리수양관에서 받은 스마트폰을 꺼냈다.

"스마트폰에 미리 만세력 어플리케이션을 설치해 놓았습니다. 찾았나요?"

가장 먼저 세라의 우렁찬 대답이 들린다.

"네, 찾았습니다."

학생들은 현마의 말에 따라 만세력 어플리케이션을 실행시킨 다음 자신이 태어난 해를 입력했다.

"여러분이 태어난 해는 어떤 글자인가요?"

스마트폰에 설치된 만세력 어플리케이션에 자신들이 태어난 해를 입력하자, 바로 글자로 변환되었다. 17살인 산아와 세라는 임오(壬午)년이었고, 한 살 어린 여명과 소니는 계미(癸未)년이었다.

'내가 태어난 해는 2002년, 글자로 변환시키면 임오(壬午)구나.'

산아는 스마트폰을 보면서 고개를 끄덕였다. 2002라는 숫자는 단순히 연도를 알려주는 기능만 있을 뿐이고, 분석을 위해서는 그 숫자를 글자로 변환해야 한다는 사실을 알게 되었다.

그리고 그렇게 변환하기 위해서는 만세력이라는 책을 보면서 찾아야 하는데, 현대의 기술을 이용하면 편리하게(만세력 어플리케이션을 가지고) 변환할 수 있다는 사실도 알았다.

"자, 이제 네 가지 중에서 한 가지만 바꿨습니다. 나머지 세 가지는 뭘까요?"

"태어난 월과 일, 그리고 시간도 바꿔야 합니다."

여명이 자신 있게 말했다. 산아도 여명의 말에 고개를 끄덕였다.

"맞습니다. 나머지 세 가지도 바꿔야 합니다. 예를 들어 3월이라는 단순한 숫자로는 분석할 수가 없습니다. 그래서 3월이라는 글자를 연도를 바꾼 것처럼 두 글자로 변환시켜야 합니다. 일단은 만세력 어플리케이션을 이용해서 여러분이 태어난 월(月)을 글자로 바꿔보세요."

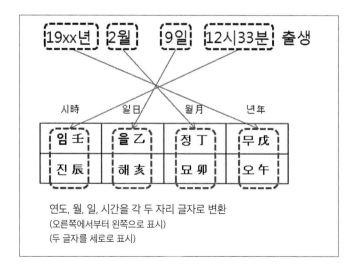

연도, 월, 일, 시간을 각 두 자리 글자로 변환
(오른쪽에서부터 왼쪽으로 표시)
(두 글자를 세로로 표시)

산아는 자신이 태어난 달(月)을 스마트폰에 입력하였다. 계축(癸丑)월이라고 표시되었다. 나머지 학생들도 각기 다른 두 글자가 스마트폰 화면에표시되었다.

"이제 태어난 일과, 시간도 입력해서 각각 두 글자씩을 찾아보세요."

네 명의 학생들은 자신들의 태어난 해, 월, 일, 시간을 모두 입력했다.그리고 각자 8개의 글자를 스마트폰을 통해 알게 되었다.

"여러분이 여러분 자신의 태어난 연, 월, 일, 시간을 각각 두 글자로 바꿔 봤습니다. 모두 합치면 여덟 개의 글자가 됩니다. 자 여기를 보세요."

학생들은 현마가 화이트보드에 적는 글을 유심히 살폈다. 현마는 이해를 돕기 위해 한 사람의 생년월일을 예로 들었다. 왼쪽에서부터 연(年)을쓰기 시작해서 오른쪽으로 쓰는 순서였다.

| 시(時) | 일(日) | 월(月) | 연(年) |
|--------|--------|--------|--------|
| 무 戊 | 정 丁 | 임 壬 | 정 丁 |
| 신 申 | 묘 卯 | 진 辰 | 유 酉 |
| 시주<br>(時柱) | 일주<br>(日柱) | 월주<br>(月柱) | 연주<br>(年柱) |

"예를 들어서 어떤 사람의 생년월일시간을 글자로 바꿨더니 이렇게 나왔다고 가정하겠습니다. 태어난 해가 글자로 하면 정유(丁酉)가 되는 것이고, 월은 임진(壬辰), 일은 정묘(丁卯), 시간은 무신(戊申)이 됩니다. 그런데자세히 보면 세로로 썼습니다. 글자 간의 분석을 하기 위해서는 이런 형

태로 글자끼리 나란히 써야 합니다. 마치 기둥 같다는 느낌이 들지 않나요? 사람의 인생을 구성하는 중요한 네 가지의 기둥이라고 해서 사주(四柱: 넉사四+기둥주柱)라고 합니다. 그리고 모두 여덟 글자(八字)입니다. 네 개의 기둥과 여덟 개의 글자라고 해서 사주팔자(四柱八字)라고 하는 것입니다."

혼히 쓰는 말이었지만 이런 의미가 담겨 있는지 몰랐던 산아는 현마의 말에 더욱 귀를 기울였다.

"사주를 분석한다는 것은 바로 이 4개의 기둥과 8개의 글자를 분석한다는 것입니다. 기둥 간의 관계, 글자들 간의 관계를 밝히는 것이 그 사람의 과거, 현재, 미래를 밝히는 것입니다."

한 사람의 과거와 현재, 미래를 밝힌다는 현마의 말에 산아는 뭔가 가슴이 뜨거워지는 것을 느꼈다. 아직 시작이었고, 또한 과연 끝까지 잘할 수 있을까 하는 두려움도 있었다. 하지만, 산아는 그 길을 끝까지 가고 싶었다.

# 음양(陰陽)

미래예측사가 되기 위한 사주강의가 다시 시작되었다. 첫 강의가 끝나고 나서 산아는 벅찬 마음에 잠을 이룰 수 없었다. 뭔가 정확히 설명할 수는 없지만 자신에게 딱 맞는, 아니 자신이 가야만 하는 길에 들어선 것 같은 느낌이었다. 좋다고만은 할 수 없는 것이 결코 쉬운 길이 아니라는 것을 산아도 잘 알고 있었기 때문이었다.

"너무 걱정하지 마."

금방 친해진 여명이 산아의 마음을 읽기라도 한듯 격려해 주었다. 여명 또한 자신의 생각과 다르지 않음을 산아도 알고 있었다. 그건 세라, 소니도 마찬가지일 것이다. 산아는 무사히 공부를 마치고 네 명 모두 미래예측사가 되기를 간절히 바랐다.

두 번째 강의를 듣기 위해 네 명의 학생들은 각자의 자리에 앉아 현마를 기다렸다. 잠시 후 현마의 강의가 시작되었다.

"우리가 다른 사람의 사주를 분석하기 위해서는 많은 것을 배워야 합니다. 그중에서 가장 중요한 원리인 음양오행(陰陽五行)에 대해 알아보겠습니다. 먼저 음양(陰陽)이 무엇인지 알아볼까요?"

산아를 비롯한 학생들은 음양이라는 말을 들어보기는 했지만, 그 정확한 의미는 알지 못했다. 현마가 가장 중요한 요소라고 하니 더욱 관심이 생겼다.

"음양(陰陽)은 한마디로 딱 잘라서 설명할 수는 없습니다. 다만 확실한 것은 여러분이 앞으로 공부하면서 점점 더 그 의미를 깊게 알 수 있을 것이라는 사실입니다. 일단 간단하게 설명하자면, 어떤 것이 존재하면 그와 대조되는 어떤 것이 존재한다는 것입니다. 그때 한쪽을 양(陽)이라고 부르고, 그와 대조되는 것을 음(陰)이라고 부릅니다."

| 음(-) | 정적 | 밤 | 여자 | 달 | 어둠 | 작다 | 낮다 |
|-------|------|-----|------|------|------|------|------|
| 양(+) | 동적 | 낮 | 남자 | 태양 | 밝음 | 크다 | 높다 |

현마는 간단하게 음양의 예시 몇 가지를 적었다.

"공을 던지는 사람이 있으면 받는 사람이 있어야 하고, 겨울이 있으면 여름이 있어야 합니다. 남자가 있으면 여자가 있어야 하고, 밤이 있으면 낮이 있어야 합니다. 이렇게 예를 들자면 세상 모든 것을 음양(陰陽)으로 나눌 수 있습니다."

산아는 현마의 말을 이해하기 위해 생각에 잠겼다. 그런 산아를 바라보던 현마가 말을 꺼냈다.

"산아에게 하나만 물어볼까요?"

갑작스런 현마의 질문에 산아는 얼굴이 붉어졌다.

"양(陽)과 음(陰) 중에 어떤 것이 좋을까요?"

'양(陽)과 음(陰) 중에 좋은 것? 어떤 것이 좋을까? 아무래도 양(陽)일까?'

산아는 현마의 질문을 되새기며 답을 찾기 위해 노력했다. 얼핏 보면 그래도 밝고 환하고 뭔가 큰 느낌의 양(陽)이 더 좋지 않을까 하는 생각이 들었다. 현마는 산아가 생각할 시간을 충분히 주기로 했는지 대답을 재촉하지 않고 기다렸다. 잠시 후 산아의 대답이 이어졌다.

"둘 중에 어떤 것이 좋다고 말하기는 힘들다고 생각합니다. 한쪽이 좋다고 한다면 그와 대조되는 것은 나쁜 것이 됩니다. 하지만, 음양(陰陽)을 그렇게 나눌 수는 없습니다. 태양(陽)이 좋고 달(陰)이 나쁜 것이 아닌 것처럼, 남자(陽)가 좋고 여자(陰)가 나쁜 것이 아니며, 빠른 것(陽)이 좋고 느린 것(陰)이 나쁜 것이 아닙니다. 양(陽)과 음(陰)은 좋고 나쁨의 비교 대상은 아니라고 생각합니다."

산아의 대답을 들은 현마는 밝은 표정으로 고개를 끄덕였다.

"우문현답(愚問賢答)이었네요. 바보 같은 질문에 아주 현명한 답을 줬어요."

현마의 칭찬에 비로소 산아의 표정이 밝아졌다.

"음과 양은 서로가 다르다는 것을 의미하지, 좋고 나쁨을 의미하지는 않습니다. 중요한 것은 조화입니다. 음과 양이 조화를 이루는 것이 중요합니다."

산아를 비롯한 학생들은 본능적으로 현마의 말이 중요한 내용임을 알아차렸다. 미래예측사가 되기 위한 열정이 그들의 본능을 건드린 까닭이었다.

"기본적으로 양(陽)의 성질은 밖으로 발산하는 특징이 있고, 음(陰)의 성질은 안으로 수렴(내부로 모으는 것)하는 특징이 있습니다. 그런데 음양이 조화를 이루지 못하고 한쪽으로 치우치면 어떨까요? 사람으로 비유해 볼까요? 양(陽)의 기운으로만 가득 차 있다면 무조건 밖으로 발산하려고만 한다는 의미가 됩니다. 이런 사람의 특징은 참지 못한다는 것입니다. 무조건 폭발한다고나 할까요? 또 반대로 음(陰)의 기운으로만 가득 차 있다면 어떨까요? 밖으로 표출하지 못하고 자신의 내부에서 괴로워하며 쉽게 마음의 상처를 받을 가능성이 많다는 것을 의미합니다."

현마의 말을 들은 산아는 음양의 조화라는 것이 매우 중요하다는 사실을 알게 되었다. 세라의 질문이 이어졌다.

"선생님, 그럼 어떤 사람에게 양의 기운이나 음의 기운이 있는지는 어떻게 알 수 있나요?"

현마는 질문의 수준은 배우고자 하는 열정에서 나오는 것이라고 생각했다. 그런 학생들의 열정이 좋았고, 감사했다. 미래예측사로서의 자질이 훌륭한 학생들이었다.

"좋은 질문입니다. 우리는 지난 시간에 4개의 기둥과 8개의 글자를 추출하는 방법에 대해 알아보았습니다. 그 8개의 글자는 각자 양이나 음의 기운을 가지고 있습니다."

여명이 현마의 다음 말을 이어갔다.

"그럼 8개의 글자 중에서 양을 나타내는 글자와 음을 나타내는 글자가 각각 몇 개인지 세어보면 되겠네요?"
"맞습니다. 일방적으로 양의 숫자가 많으면 그 사람은 양적인 성향(밖으로 발산)을 나타낼 것이고, 음의 숫자가 많으면 음적인 성향(안으로 수렴)을 나타낼 가능성이 많습니다."

학생들의 고개가 저절로 끄덕여진다.

"그럼 조금 더 진도를 나가볼까요? 음양의 숫자만으로 볼 때 활기차게 움직여야 하는 종목의 운동선수는 음양 중에서 어떤 기운이 많다고 예상할 수 있을까요?"

학생들의 입에서 동시에 같은 대답이 나온다.

"양의 기운입니다!"

현마는 곧바로 다음 질문을 했다.

"그렇다면 깊이 생각해야 하고, 많은 연구와 공부가 필요한 분야는 어떨까요?"
"음의 기운입니다!"

학생들의 응용력에 현마의 기분도 흐뭇해졌다.

"물론 여러 가지 기운을 종합적으로 살펴서 결론을 내려야 하겠지만 일단은 그렇게 머릿속으로 생각하고, 방향을 잡으면 됩니다. 항상 어떤 사람이나, 사물이나, 상황을 만나게 될 때 음양으로 바꿔서 생각하는 연습을 해보세요. 공부하는 데 많은 도움이 될 것입니다. 그럼 마지막으로 여러분에게 물어볼 테니까 대답해 보세요. 세라는 양적인 기운이 강할까요? 음적인 기운이 강할까요?"

여명이 재빠르게 대답했다.

"백퍼센트 양입니다!"

현마를 비롯한 학생들의 웃음소리가 터져 나왔다.

# 오행(五行)

    산아는 지난 시간에 배운 음양의 조화에 대해 많은 생각을 했다. 현마의 말 한마디 한마디를 떠올리며 혼자만의 복습을 끊임없이 했다. 이제 사주를 구성하는 글자들의 기운이 양(陽)인지, 음(陰)인지를 구분할 수 있다면 더 깊은 분석이 가능하겠다고 생각했다. 드디어 산아와 나머지 학생들이 기다리던 오행(五行)에 대한 강의가 시작되었다.

    "세상에는 여러 가지 기운이 있습니다. 그런 기운을 각기 특성에 따라 분류해봤더니 크게 다섯 가지의 기운으로 나눌 수가 있었습니다. 첫 번째는 위와 아래로 솟구치고, 앞으로 뒤로 쭉쭉 뻗어나가는 기운입니다. 이 기운은 어떤 것과 비슷할까요?"

    '위와 아래로 솟구치고, 앞이나 뒤로 뻗어나가는 기운? 뭘까?'

    산아는 현마의 질문에 답을 찾느라 머리가 복잡해졌다. 그때 소니가 대답했다.

    "나무입니다."

현마가 소니를 향해 고개를 끄덕였다.

"그렇습니다. 나무의 줄기와 뿌리가 쭉쭉 뻗어나가는 모습을 생각하면 되겠죠? 그래서 이런 기운을 나무 목(木)자를 써서 목(木)기운 혹은 목오행(木五行)이라고 합니다. 이러한 목에 속하는 글자가 사주에 있다면 어떨까요?"

여명이 대답해 본다.

"나무가 쭉쭉 뻗어나가는 것처럼 어떤 일을 할 때 자신감 있게 하지 않을까요?"
"좋은 비유입니다. 그런 기운이 바로 목오행의 특징 중 하나입니다. 일단 머릿속으로 목기운, 목오행 하면 자신감, 자존심 등의 기운을 떠올려 보세요."

현마는 학생들을 바라보며 다시 강의를 계속했다.

"두 번째 기운은 주위를 환하게 비추고, 뜨거운 열기가 있는 움직임이에요. 뭘까요?"

학생들은 첫 번째 질문과 다르게 바로 대답했다.

"불입니다!"
"그렇습니다. 불의 기운과 같은 모습입니다. 그래서 불 화(火)자를 써서 화(火)기운, 화오행(火五行)이라고 합니다. 그럼 여기서 다시 질문 하나."

어떤 질문을 할지 궁금해진 학생들의 시선이 현마의 입으로 모아졌다.

"사주를 구성하고 있는 글자 중에 화기운, 화오행에 속하는 글자가 많다면 그 사람은 자신의 기분을 밖으로 드러낼까요? 아니면 수렴해서 안으로 갖고 있을까요?"

현마의 질문이 쉬웠는지 산아를 비롯한 학생들이 어렵지 않게 대답을 했다.

"밖으로 드러냅니다."

그때 산아가 현마에게 물었다.

"그럼 선생님, 양(陽)하고 같은 성질이네요?"

산아의 질문은 한 단계 더 발전한 내용을 담고 있었다.

"산아 말처럼 화(火)는 양적인 기운에 속합니다. 앞서 설명한 목오행도 마찬가지입니다. 따라서 사주 8개 글자 중에 목(木)과 화(火)에 해당하는 글자가 많다면 양적인 기운이 강하다고 보면 됩니다. 예를 들자면 내 감정을 남에게 쉽게 드러낸다는 의미가 되겠지요. 또한 직업적인 것을 선택할 때도 적용할 수 있습니다. 예를 들어서 어떤 식으로 적용할 수 있을까요?"

평소에도 날카로운 구석이 있는 소녀가 대답했다.

"활발하게 움직이는 일이 양적인 기운과 어울릴 것 같습니다."

"소니가 정확하게 말했어요. 목오행이나 화오행은 뭔가 밖으로 표출하려는 기운이에요. 따라서 기본적으로는 그런 성향을 잘 살릴 수 있는 일이나 직업이 어울리는 것입니다."

오행에 대한 현마의 강의는 계속 이어졌다. 중요한 내용인 만큼 학생들의 몰입도는 점점 깊어졌다.

"세 번째 기운에 대한 설명입니다. 한 번 맞춰볼까요? 이것은 어떤 것을 뿌려서 자랄 수 있게 하고, 다른 어떤 것을 덮어버릴 수도 있는 힘을 갖고 있습니다. 뭘까요?"

"흙입니다!"

학생들은 질문을 듣자마자 대답했다.

"그렇습니다. 흙입니다. 흙 토(土)자를 써서 토(土)기운, 토오행(土五行)이라고 합니다. 특히 토오행은 양적인 것과 음적인 것 사이에서 균형을 맞춰주는 역할을 합니다. 중간자라고 할까요. 이제 다섯 가지 중에서 두 가지가 남았습니다. 네 번째 기운을 설명해 볼까요? 원래 어떤 형체를 갖고 있는 물체인데 열을 가하면 액체로 변합니다. 그게 굳어지면 또다시 어떠한 물체가 됩니다. 뭘까요?"

학생들이 대답을 주저하는 가운데, 세라가 조용히 현마를 보며 말을 꺼냈다.

"혹시 쇠 아닐까요? 뜨겁게 열을 가하면 녹고, 그게 굳으면 다시 딱딱하게 되는 쇠."

세라의 대답을 들은 산아는 세라의 말이 정답이라는 느낌을 가졌다.

"세라 말처럼 바로 쇠입니다. 쇠 금(金)자를 써서 금(金)기운, 금오행(金五行)이라고 합니다. 쇠는 보통 어떤 느낌이지요? 쇠는 자신의 감정을 드러내지 않습니다. 또한 차가운 느낌을 줍니다. 이러한 내용을 사주분석에 적용한다면 어떨까요? 목오행이나 화오행을 많이 가진 사람보다는 자신의 감정을 잘 드러내지 않습니다. 목오행이나 화오행이 감정적이라면 금오행은 이성적입니다. 냉철하다고나 할까요?"

현마의 오행에 대한 설명은 산아의 머릿속에 깊이 각인되었다. 특히 사주분석을 하는 데 있어서 오행이 결정적인 역할을 한다는 현마의 말은 산아를 더욱 집중시켰다.

"이제 딱 하나의 기운만 남았습니다. 이 기운은 위에서 밑으로 이동하는 특성이 있습니다. 그리고 어떤 모양의 물체라도 그것에 딱 맞게 자신의 모습을 바꿀 수 있습니다. 그 물체가 타원형이면 이 기운은 그 물체 속에 들어가 타원이 됩니다. 내부가 아무리 울퉁불퉁하고 복잡해도 이기운은 그 물체를 가득 채울 수 있습니다. 뭘까요?"
"물입니다."

산아의 대답을 듣자 그때서야 다른 학생들도 알았다는 표정이 된다.

"네, 물입니다. 그래서 물 수(水)자를 써서 수(水)기운 또는 수오행(水五行)이라고 합니다. 물은 위에서 밑으로 흘러가는 습성이 있고, 또한 어떤 물체라도 그 물체의 모양에 맞게 자신의 모습을 바꿀 수 있습니다. 아무리 복잡한 모양의 그릇이 있다고 해도 물로 가득 채울 수 있겠지요. 그건 물이 자신의 모양을 바꿔 그릇에 맞춘다고도 볼 수 있습니다. 이런 수오행의 특성에서 어떤 것을 알 수 있을까요?"

현마의 질문이 어려웠는지 대답하는 학생이 없었다. 현마는 수오행의 특성에 대해 말했다.

"다른 것에 내 몸을 맞춘다는 것입니다. 유연성이나 포용력, 이해심이라고 바꿔서 생각해도 됩니다. 이러한 것들이 다른 오행에 비해서 많다는 것입니다. 아까 설명한 다른 기운들이 가질 수 없는 내용입니다. 그럼 이러한 것을 어떻게 사주분석에 이용할 수 있을까요?"

여명이 대답했다.

"사주 8개 글자 중에 수오행이 많다면 유연성이나 포용력, 이해심이 많은 편이라고 생각할 수 있습니다."

여명의 대답은 현마의 미소를 이끌어냈다.

"정확한 지적입니다. 바로 응용력, 유연성, 이해심이 다른 오행보다는 많다고 생각하면 됩니다. 또한 자신의 기분을 밖으로 발산하기보다는 안으로 수렴한다고 볼 수 있습니다. 금오행도 그랬었지요? 이렇게 오행(五

行), 즉 다섯 가지의 기운에 대해서 배웠습니다. 오늘 설명한 것은 그야말로 오행에 대한 아주 기본적인 내용이라고 생각하면 됩니다. 오행은 지금부터 시작입니다. 앞으로 더욱 더 개인적으로 많은 공부가 필요한 부분입니다."

산아를 비롯한 학생들의 고개가 한꺼번에 끄덕여진다. 모두가 미래예측사가 되고 싶은 열망이 큰 탓이었다. 그 어떤 미래예측사보다 정확한 미래예측을 하는 것이 그곳에 모인 학생들의 가장 큰 소원이었다.

"간단하게 요약하자면 사람의 사주 8개 글자 중에 어떤 오행의 글자가 몇 개 분포되어 있는지 살펴볼 필요가 있습니다. 만일 특정 오행의 글자가 많다면 그 사람은 그러한 성향을 강하게 가지고 있다는 의미입니다. 그러한 성향은 일이나 직업을 선택하는 데 있어서 중요한 요소로 작용합니다. 예를 들어 외부로 발산하는 활발함이 필요한 일을 한다면 오행 중에서 어떤 기운이 유리할까요?"

현마의 질문이 끝나자마자 세라의 대답이 곧바로 따라 나왔다.

"목오행과 화오행입니다."
"맞습니다. 기본적으로 발산하는 기운을 지닌 목오행과 화오행을 많이 가진 사람이 그렇지 않은 사람보다 더 잘 어울린다는 의미입니다. 그럼 목오행과 화오행을 많이 가진 사람과 금오행과 수오행을 많이 가진 사람 중에 누가 더 이성적이고 침착할까요?"

학생들이 동시에 대답했다.

"금오행과 수오행입니다!"

"안으로 모아두는(수렴) 특성을 가진 금오행과 수오행을 많이 가진 사람이 더 이성적으로 판단하고 침착합니다. 그렇다고 목오행과 화오행을 가진 사람들이 무조건 감정적이고 침착하지 않다는 것이 아닙니다. 상대적인 것을 의미합니다. 오늘은 목화토금수(木火土金水) 이렇게 오행에 대해서 배웠습니다. 오늘 강의는 여기까지입니다."

학생들의 얼굴에 아쉽다는 표정이 역력했다. 하지만 현마의 교육철학은 분명했다. 많이 가는 것보다는 정확하면서도 깊이 알고 가는 것이 더 중요하다는 것이었다. 어쨌든 학생들의 배우고자 하는 열의는 현마를 기쁘게 했다.

# 천간(天干)과 지지(地支)

    산아는 나머지 학생들과 오행(五行)에 관해 이야기를 주고받으며 강의실로 들어왔다. 학생들의 시선이 강의실의 대형 화이트보드로 향했다. 다음과 같은 표가 그려져 있었다.

| 시(時) | 일(日) | 월(月) | 연(年) | |
|--------|--------|--------|--------|--------|
| 무 戊 | 정 丁 | 임 壬 | 정 丁 | 천간(天干) |
| 신 申 | 묘 卯 | 진 辰 | 유 酉 | 지지(地支) |
| 시주(時柱) | 일주(日柱) | 월주(月柱) | 연주(年柱) | |

    각자 자신의 자리에 앉은 네 명 학생들의 시선은 계속해서 화이트보드 위의 표를 향하고 있었다. 나머지 글자들은 배운 것이었고, 천간과 지지는 처음 보는 내용이었다. 잠시 후, 평소와 같이 환한 미소를 지으며 현마가 강의실 안으로 들어왔다. 현마와 학생들의 인사를 시작으로 강의가 시작되었다. 미래예측사를 꿈꾸는 학생들의 표정은 언제나 배우고 싶은 열망으로 가득했다. 그러한 열망은 현마의 강의에 그대로 녹아들었다. 현마 또한 그전보다 훨씬 더 열정적으로 강의를 했다. 현마는 산아에게 질문을 했다.

"사주를 구성하는 4개의 기둥에 대해서 한 번 설명해 볼까요?"

산아는 그동안 수도 없이 강의 내용을 공부하고 또 공부했다. 언제 어디서라도 자신 있게 말할 수 있을 만큼 말이다. 산아는 현마의 질문에 답하기 시작했다.

"태어난 해(年)를 나타내는 두 글자를 세로로 표시한 것을 연주(年柱)라고 합니다. 글자를 세로로 세운 모양이 기둥 같기도 하고, 또한 인생에 있어서 중요한 기둥이기 때문에 기둥 주(柱)자를 써서 연주(年柱)라고 합니다. 이와 똑같은 방식으로 월(月)을 나타내는 두 글자를 월주(月柱)라고 하며, 태어난 일(日)을 나타내는 두 글자는 일주(日柱), 마지막으로 시간(時間)을 나타내는 두 글자를 시주(時柱)라고 합니다. 각 기둥마다 두 개의 글자로 구성되어 있어서 4개의 기둥과 8개의 글자라는 의미로 사주팔자(四柱八字)라고 합니다."

그야말로 단 한마디도 틀린 곳이 없는 정확한 설명이었다. 머릿속으로 이해한 것과 다른 사람에게 설명하는 것은 또 다른 것으로 개인적인 학습이 없으면 불가능한 것이었다. 이를 누구보다 잘 알고 있던 현마는 산아가 대견스러웠다. 어린 나이에 처음으로 접해보는 어려운 공부였음에도 산아를 비롯한 학생들은 참으로 열심히 따라와 주었다.

"좋은 설명이었습니다."

현마의 칭찬에 산아는 뿌듯함을 느꼈다.

"이제 이 표를 함께 볼까요?"

| 시(時) | 일(日) | 월(月) | 연(年) | |
|---|---|---|---|---|
| 무 戊 | 정 丁 | 임 壬 | 정 丁 | 천간(天干) |
| 신 申 | 묘 卯 | 진 辰 | 유 酉 | 지지(地支) |
| 시주(時柱) | 일주(日柱) | 월주(月柱) | 연주(年柱) | |

학생들의 시선이 일제히 표를 향했다.

"이 표에서 연주(年柱)를 나타내는 두 글자는 뭘까요?"
"정유(丁酉)입니다."

학생들의 대답에 현마의 설명이 덧붙었다.

"맞습니다. 네 개의 기둥에서 위쪽에 있는 글자를 차례대로 말해보면 정(丁), 임(壬), 정(丁), 무(戊)가 됩니다. 이렇게 기둥의 위쪽에 들어갈 수 있는 글자는 모두 열 개의 글자뿐입니다."

현마는 표 옆 화이트보드에 열 개의 글자를 차례로 써 나갔다.

| 갑 (甲) | 을 (乙) | 병 (丙) | 정 (丁) | 무 (戊) | 기 (己) | 경 (庚) | 신 (辛) | 임 (壬) | 계 (癸) |
|---|---|---|---|---|---|---|---|---|---|

"차례대로 한 번 읽어볼까요?"

학생들은 순서대로 읽어가기 시작했다.

"갑, 을, 병, 정, 무, 기, 경, 신, 임, 계."

"아마도 갑, 을, 병, 정까지는 많이 들어 봤을 겁니다. 이렇게 열 글자를 십간(十干)이라고 합니다. 그런데 이 십간이 여기 있는 이 표처럼 네 개 기둥의 위쪽에 자리를 잡으면 하늘에 위치한다고 해서 하늘 천(天)자와 십간의 간(干)자를 합쳐서 천간(天干)이라고 부릅니다."

"그럼 하늘로 간 십간이라고 생각하면 더 쉽겠네요?"

세라의 재미있는 비유였다.

"그리고 기둥의 아래에는 천간과 다르게 모두 열두 개 글자가 들어갈 수 있습니다."

| 자 | 축 | 인 | 묘 | 진 | 사 | 오 | 미 | 신 | 유 | 술 | 해 |
|---|---|---|---|---|---|---|---|---|---|---|---|
| (子) | (丑) | (寅) | (卯) | (辰) | (巳) | (午) | (未) | (申) | (酉) | (戌) | (亥) |

산아는 기둥의 아랫부분에 들어갈 수 있는 열두 글자를 읽으면서 어디서 본 것 같은 느낌이 들었다.

"여러분 무슨 띠라는 말을 들어본 적 있지요? 예를 들어서 쥐띠, 소띠, 말띠…."

"네!"

"그렇게 열두 가지 띠가 있는데 이것을 12지(十二支)라고 합니다. 그런데 이 12지가 사주의 기둥 아래에 위치할 때는 땅 지(地)자와 12지의 지(支)자를 합쳐서 지지(地支)라고 하게 됩니다."

산아는 현마의 강의내용을 머릿속에서 계속 따라 되뇌었다.

'기둥의 위쪽에 위치하는 것은 마치 하늘에 있는 것 같아서 천간(天干)이고, 아래에 위치하는 것은 마치 땅에 있는 것 같아서 지지(地支)라고 하는구나.'

"조금은 복잡할 수도 있지만 기본적으로 십간의 열 글자와 12지의 열두 글자는 외우고 있어야 합니다. 원래부터 아는 글자가 몇 개씩은 있을 테니까 그걸 제외하면 외워야 하는 것은 그렇게 많지 않을 겁니다."

학생들은 각자 마음속으로 십간 열 개의 글자와 12지 열두 개의 글자를 계속 되뇌었다.

"앞으로 여러분이 다른 사람들의 사주를 분석하다 보면 같은 글자가 여러 개 천간에 올 때도 있고, 지지에 올 때도 있습니다. 예를 들자면 표에 있는 사주를 보면 천간에 정(丁)이라는 글자가 두 개 있습니다."

산아는 현마의 말처럼 화이트보드에 붙은 표에서 연주의 천간과 일주의 천간이 모두 같은 정(丁)이라는 사실을 알았다. 궁금한 것을 못 참는 소니가 손을 번쩍 들고 현마에게 질문을 했다.

"그럼 같은 글자가 여러 개 있는 건 좋은 건가요? 아니면 나쁜 건가요?"

산아와 나머지 학생들도 궁금해 하는 내용이었다.

"좋을 수도 있고, 나쁠 수도 있습니다. 경우에 따라 다르기 때문에 다른 글자들과의 관계를 모두 따져봐야 합니다. 그러니까 단순히 같은 글자가 여러 개 있다고 해서 좋다거나 나쁘다는 식의 판단을 해서는 곤란합니다."

학생들은 빨리 사주분석하는 방법을 배우고 싶어 했다. 하루라도 빨리 미래예측사가 되고 싶었기 때문이다. 이런 학생들의 심정을 모르는 것은 아니었지만 현마는 시간이 걸리더라도 바른 내용과 바른 공부로 학생들을 인도하고 싶었다. 인내심도 사주분석을 하는 데 있어 중요한 조건 중에 하나였다.

"오늘은 여기까지 하고 다음 시간에 다시 공부하겠습니다."

그날 저녁, 학생들은 십간 열 개의 글자와 십이지 열두 개의 글자를 열심히 외웠다. 산아는 스물두 개가 글자 중 이미 일곱 개의 글자를 알고 있어서 열다섯 개만 외우면 완성이었다. 특히 십간에도 신(辛)자가 있고, 12지에서 신(申)자가 있었는데 한문이 서로 다른 글자였다. 주의하지 않으면 혼란을 가져올 수도 있을 것 같았다. 잠을 자려고 자리에 누운 산아는 자기 전에 마지막으로 글자들을 떠올렸다.

# 22개 글자의 규칙성

오늘도 현마와 네 명의 학생들이 강의실에 모여 있었다. 미래예측사가 되기 위해 현마와 공부하는 시간은 산아에게는 큰 행복이었다. 물론 어려운 부분이 없는 것은 아니었지만, 큰 문제는 없었다. 오히려 어려울수록 공부하고 싶은 생각이 더 커졌다. 그만큼 열심히 공부했다.

"새로운 부분을 공부하기 전에 지난 시간에 배운 22개 글자들을 한 번 외워볼까요?"

학생들은 십간(十干)부터 12지(十二支)까지 외우기 시작했다.

"갑, 을, 병, 정, 무, 기, 경, 신, 임, 계."
"자, 축, 인, 묘, 진, 사, 오, 미, 신, 유, 술, 해."

현마는 학생들의 모습을 보면서 자신의 어린 시절을 떠올렸다. 자신도 이렇게 22개의 글자를 외우는 것으로 사주공부를 시작했다. 돌이켜보면 벌써 많은 시간이 흘렀다.

"오늘은 22개 글자들의 성질을 알아보겠습니다."

현마는 화이트보드에 십간과 12지를 차례로 적어 나갔다. 그리고 각 글자들의 음양을 표시했다.

| 해당 천간 | 갑 | 을 | 병 | 정 | 무 | 기 | 경 | 신 | 임 | 계 | |
|---|---|---|---|---|---|---|---|---|---|---|---|
| 음양 | + | - | + | - | + | - | + | - | + | - | |

| 해당 지지 | 자 | 축 | 인 | 묘 | 진 | 사 | 오 | 미 | 신 | 유 | 술 | 해 |
|---|---|---|---|---|---|---|---|---|---|---|---|---|
| 음양 | + | - | + | - | + | - | + | - | + | - | + | - |

"표에서 보는 것처럼 글자 시작 순서에 따라 양(+)으로 시작해서 음(-)으로 끝이 납니다. 여러분 음양(陰陽) 시간에 배웠던 내용 기억하고 있나요?"

학생들은 하나같이 기억한다고 대답했다.

"이제 글자들의 음양을 알았기 때문에 사주 여덟 개의 글자를 놓고 음(陰)이 몇 개인지 양(陽)이 몇 개인지 알 수 있겠지요?"

'아, 그렇지!'

산아는 머릿속으로 음양시간에 배운 내용을 떠올렸다. 발산하는 기운이 강한 양(陽)의 성질, 안으로 받아들이는(수렴) 기운이 강한 음(陰)의 성질. 오늘 22개 글자의 음양을 배웠기 때문에 이제 음양의 조화가 이뤄졌는지 그렇지 않은지 알 수 있게 된 것이다. 현마가 누군가의 사주를 적기 시작했다.

| 임壬 | 정丁 | 무戊 | 갑甲 | 천간(天干) |
|------|------|------|------|------------|
| 진辰 | 유酉 | 신申 | 오午 | 지지(地支) |

"자, 이런 사주가 있다고 가정하면 이 사람은 양적인 성향일까요? 음적인 성향일까요?"

산아는 배운 대로 글자의 음양을 표시했다.

무+, 갑+, 임+, 정-
신+, 오+, 진+, 유-

여덟 개 글자 중 여섯 개가 양(陽)의 기운을 가진 글자들이었다. 음양만으로 판단하였을 때, 이 사람은 양이 가진 기운의 특징을 보일 것으로 예측되었다. 다른 세 명의 의견도 산아와 같았다. 현마는 또다시 사주 하나를 적었다.

| 정丁 | 계癸 | 계癸 | 병丙 | 천간(天干) |
|------|------|------|------|------------|
| 유酉 | 미未 | 축丑 | 자子 | 지지(地支) |

학생들은 글자의 음양을 표시했다.

정-, 계-, 계-, 병+
유-, 미-, 축-, 자+

이번에는 완전히 음적인 성향의 사주형태였다. 이런 사주의 사람이 실제로 있다면 음적인 성향이 아주 강한 사람이었을 것이다. 어떠한 것을 발산하거나 표현하기보다는 자신의 안으로 꾹꾹 누르는 사람으로 예측할 수 있었다. 현마가 학생들을 향해 질문을 던졌다.

"혹시 사주 기둥의 위와 아래, 즉 천간과 지지의 구성에서 뭔가 공통되는 것이 없나요?"

산아는 첫 번째 예시 사주와 두 번째 예시 사주를 찬찬히 살펴봤다. 강의실에 침묵이 흘렀다. 그때 여명이 손을 번쩍 들고 말했다.

"같은 기둥의 천간과 지지의 음양이 같습니다. 예를 들어 병자(丙子)의 경우 둘 다 모두 양(+)의 글자이며, 계축(癸丑)의 경우에는 모두 음(-)의 글자입니다. 나머지 글자들도 기둥이 같을 경우, 하나가 양이면 나머지 하나도 양이며, 하나가 음이면 나머지도 음입니다."

여명의 설명을 듣던 산아는 두 개의 예시 사주를 살펴봤다. 여명의 말대로 같은 기둥일 경우, 위와 아래 글자의 음양이 모두 같았다. 산아가 생각할 때 여명의 감각은 빠르고 정확했다.

"그렇습니다. 같은 기둥이면 위와 아래의 음양이 같습니다. 여기를 보세요."

| 갑<br>+ | 을<br>- | 병<br>+ | 정<br>- | 무<br>+ | 기<br>- | 경<br>+ | 신<br>- | 임<br>+ | 계<br>- | **갑**<br>**+** | **을**<br>**+** | |
|---|---|---|---|---|---|---|---|---|---|---|---|---|
| 자<br>+ | 축<br>- | 인<br>+ | 묘<br>- | 진<br>+ | 사<br>- | 오<br>+ | 미<br>- | 신<br>+ | 유<br>- | 술<br>+ | 해<br>+ | |

현마는 십간과 12지를 동시에 써 나갔다.

"십간(十干)은 말 그대로 열 개이고, 12지(十二支)는 12개입니다. 따라서 계속 양은 양끼리 만나게 되고, 음은 음끼리 만나게 됩니다. 이러한 순서는 끝없이 반복됩니다. 만일 십간이나 12지 중 하나가 짝수가 아닌 홀수라면 어떨까요? 당연히 서로 다른 기운인 음과 양이 만나게 될 겁니다."

세라가 질문을 했다.

"그러니까 위와 아래가 음과 양으로 이뤄진 기둥은 있을 수 없다는 말씀이시죠? 예를 들자면 갑축(甲丑)이나 을인(乙寅)처럼요."

현마가 대답했다.

"그렇습니다. 갑은 양(+)이고, 축은 음(-)이지요. 아무리 반복되더라도 갑축(甲丑)은 같은 기둥에서는 결코 만날 수가 없어요. 마찬가지로 을인(乙寅)도 을이 음(-)이고 인이 양(+)이기 때문에 만날 수가 없습니다."

산아는 세라의 빠른 이해력이 부러웠다. 산아는 세라의 말과 현마의 설명을 듣고 나서야 사주 기둥의 규칙성에 대해 이해할 수 있었다.

'양(+)의 글자끼리나 음(-)의 글자끼리만 같은 기둥을 만들 수 있구나.'

"따라서 갑축년(甲丑年)이라던가, 을인월(乙寅月)은 잘못된 표시입니다."

산아는 세라를 바라보며 대단하다는 듯 엄지손가락을 치켜세웠고, 세라는 어깨를 으쓱하며 별것 아니라는 표정을 지었다.

"다시 표를 볼까요?"

| 갑 | 을 | 병 | 정 | 무 | 기 | 경 | 신 | 임 | 계 | **갑** | **을** | |
|---|---|---|---|---|---|---|---|---|---|---|---|---|
| + | - | + | - | + | - | + | - | + | - | **+** | **+** | |
| 자 | 축 | 인 | 묘 | 진 | 사 | 오 | 미 | 신 | 유 | 술 | 해 | |
| + | - | + | - | + | - | + | - | + | - | + | + | |

"표에서 마지막에 비어있는 칸에는 어떤 글자가 들어가서 기둥을 이루게 될까요?"

소니가 재빨리 대답했다.

"병자(丙子)입니다."
"왜 그럴까요?"

계속되는 현마의 질문에도 소니는 자신 있게 대답했다.

"천간은 10개 글자(十干)가 계속해서 순서대로 반복되며, 지지는 12개 글자(十二支)가 계속해서 순서대로 반복됩니다. 천간은 계(癸)에서 열 개의 글자가 모두 끝났기 때문에 다시 갑(甲)부터 시작하게 됩니다. 따라서 빈 칸의 윗부분은 갑, 을 다음인 병(丙)이 들어가게 됩니다. 지지는 해(亥)에서 끝났기 때문에 다시 자(子)부터 시작됩니다. 따라서 해(亥) 다음에는 자(子)가 들어가게 됩니다. 따라서 빈칸에는 병자(丙子)가 들어가게 됩니다."

소니는 학생들 중에 몸집은 가장 작았지만 누구보다 씩씩하고 당당했다. 그런 성격처럼 현마의 질문에 대한 답도 시원시원하게 끝냈다.

"정확한 설명입니다."

현마는 소니를 바라보며 웃음을 지었다.

"소니가 말한 것처럼 태어난 해(年)에 대해서 생각해보겠습니다. 갑자년(甲子年), 을축년(乙丑年), 병인년(丙寅年)의 순서로 진행되다가 천간(십간)의 글자가 두 개 부족하기 때문에 천간이 다시 갑(甲)으로 시작될 때에 지지는 술(戌)과 만나게 됩니다. 때문에 갑술년(甲戌年), 을해년(乙亥年), 병자년(丙子年)의 순서로 계속 진행되며 이는 월, 일, 시 모두 마찬가지입니다. 끝에 붙는 말(월, 일, 시)만 달라지게 됩니다. 예를 들자면 갑자월(甲子月), 을축일(乙丑日), 갑술시(甲戌時)처럼 말입니다."

산아는 어려웠지만 이해할 수는 있었다. 강의가 끝나면 반복해서 공부를 해야 할 것 같았다. 산아가 생각할 때 다른 친구들은 쉽게 이해하는 것 같은데 자신은 그렇지 않아서 조금은 속상한 면도 있었다. 뭔지 모를 불안감이 있었다. 이러다가 미래예측사가 될 수 없는 것은 아닌지 걱정도 되었다. 현마는 산아의 마음을 들여다보기라도 한 듯 말했다.

"여러분, 내가 하는 모든 말들을 바로 이해할 수 있어야 하는 것은 아닙니다. 나도 여러분처럼 사주 공부를 처음 시작했을 때는 많이 어려웠어요. 난 22개 글자를 외우는 데도 한참 걸렸거든요. 여러분은 벌써 다 외웠잖아요? 그러니까 여러분은 나보다 훨씬 똑똑한 사람들입니다. 반복하는 시간이 쌓이면 자연스럽게 알게 됩니다. 걱정하지 마세요."

산아는 자신이 걱정했던 것에 대한 염려를 어느 정도 놓을 수 있었다. 현마의 말처럼 모르는 부분이 있다면 계속 반복해서 공부하겠다는 다짐을 했다.

# 60갑자(六十甲子)

이번 강의도 지난번에 이어 22개 글자에 대해 배우는 시간이었다.

"지난번에 공부한 것처럼, 천간은 10개의 글자로, 지지는 12개의 글자로 이루어져 있어서 다음과 같이 반복됩니다. 일단 해(年)를 기준으로 알아볼까요?"

현마는 22개 글자가 반복되는 내용을 적어 나갔다.

| 갑 | 을 | 병 | 정 | 무 | 기 | 경 | 신 | 임 | 계 | **갑** | **을** | … |
|---|---|---|---|---|---|---|---|---|---|---|---|---|
| 자 | 축 | 인 | 묘 | 진 | 사 | 오 | 미 | 신 | 유 | 술 | 해 | … |

"그럼 이렇게 해서 나올 수 있는 기둥은 모두 몇 개나 될까요?"

자신 있게 대답하는 학생이 없었다.

"아직까지 이해하기에는 어려운 내용이기 때문에 잠깐 들어두는 정도면 좋겠습니다. 어차피 시간이 흐르면 쉽게 이해되는 부분이기 때문에 고민할 필요는 없습니다."

학생들의 표정이 조금은 편안해졌다.

"천간 10개 글자와 지지 12개 글자의 최소공배수가 60(10과 12의 공배수)
이기 때문에 모두 60개의 기둥이 나오게 됩니다. 다시 말하자면 한 번 반
복하는 데 60개의 기둥을 지나쳐야 한다는 것입니다. 이것을 태어난 해
로 표현해보면 자신이 태어난 해부터 시작해서 60년이 지나면 모든 기둥
을 한 번씩 지나쳤다는 의미가 되는 것입니다. 이것을 다른 말로 60갑자
(甲子)라고 합니다. 천간의 시작이 갑(甲)이고, 지지의 시작이 자(子)이기 때
문에 갑자라는 말이 붙었습니다. 태어난 해의 글자와는 상관이 없습니
다."

현마는 60개의 칸이 그려진 그림을 펼쳐 강의실 앞쪽에 붙였다.

"이것이 방금 전에 설명한 60갑자 모두를 나타낸 60갑자표입니다."

| 갑<br>자<br>1984<br>58세 | 을<br>축<br>1985<br>59세 | 병<br>인<br>1986<br>60세 | **정<br>묘<br>1927<br>1세** | 무<br>진<br>1928<br>2세 | 기<br>사<br>1929<br>3세 | 경<br>오<br>1930<br>4세 | 신<br>미<br>1931<br>5세 | 임<br>신<br>1932<br>6세 | 계<br>유<br>1933<br>7세 |
|---|---|---|---|---|---|---|---|---|---|
| 갑<br>술<br>1934<br>8세 | 을<br>해<br>1935<br>9세 | 병<br>자<br>1936<br>10세 | 정<br>축<br>1937<br>11세 | 무<br>인<br>1938<br>12세 | 기<br>묘<br>1939<br>13세 | 경<br>진<br>1940<br>14세 | 신<br>사<br>1941<br>15세 | 임<br>오<br>1942<br>16세 | 계<br>미<br>1943<br>17세 |
| 갑<br>신<br>1944<br>18세 | 을<br>유<br>1945<br>19세 | 병<br>술<br>1946<br>20세 | 정<br>해<br>1947<br>21세 | 무<br>자<br>1948<br>22세 | 기<br>축<br>1949<br>23세 | 경<br>인<br>1950<br>24세 | 신<br>묘<br>1951<br>25세 | 임<br>진<br>1952<br>26세 | 계<br>사<br>1953<br>27세 |
| 갑<br>오<br>1954<br>28세 | 을<br>미<br>1955<br>29세 | 병<br>신<br>1956<br>30세 | 정<br>유<br>1957<br>31세 | 무<br>술<br>1958<br>32세 | 기<br>해<br>1959<br>33세 | 경<br>자<br>1960<br>34세 | 신<br>축<br>1961<br>35세 | 임<br>인<br>1962<br>36세 | 계<br>묘<br>1963<br>37세 |
| 갑<br>진<br>1964<br>38세 | 을<br>사<br>1965<br>39세 | 병<br>오<br>1966<br>40세 | 정<br>미<br>1967<br>41세 | 무<br>신<br>1968<br>42세 | 기<br>유<br>1969<br>43세 | 경<br>술<br>1970<br>44세 | 신<br>해<br>1971<br>45세 | 임<br>자<br>1972<br>46세 | 계<br>축<br>1973<br>47세 |
| 갑<br>인<br>1974<br>48세 | 을<br>묘<br>1975<br>49세 | 병<br>진<br>1976<br>50세 | 정<br>사<br>1977<br>51세 | 무<br>오<br>1978<br>52세 | 기<br>미<br>1979<br>53세 | 경<br>신<br>1980<br>54세 | 신<br>유<br>1981<br>55세 | 임<br>술<br>1982<br>56세 | 계<br>해<br>1983<br>57세 |

"예를 들어서 회색으로 표시된 1927년 정묘년에 태어난 사람이 있다고 가정하면, 다음해에는 무진년이 되고, 그 다음해에는 기사년이 되는 겁니다. 결국 정묘년 바로 뒤에 있는 병인년까지 한 바퀴를 돌려면 60년이 걸린다는 의미입니다."

표를 보면서 설명을 듣자 학생들은 더 쉽게 이해할 수 있었다.

"그러면 자신이 태어난 해와 똑같은 글자가 오려면 몇 살이 되어야 할까요?"

산아가 대답했다.

"61세가 되어야 합니다."

산아의 대답을 듣고 나서야 나머지 학생들도 문제에 대한 답을 알게 되었다.

"맞습니다. 우리 나이로 60이 되면 한 바퀴를 돈 것이고, 태어나던 해와 같은 글자가 오는 것은 그다음 해인 61세가 되는 해입니다. 그래서 이것을 돌아올 환(還)자를 써서 환갑(還甲)이라고 합니다. 여기서의 갑(甲)은 특정한 해를 가리키는 것이 아니라 시작이라는 의미로 받아들이면 됩니다."

현마의 말이 끝나자마자 여명이 질문을 했다.

"그럼 환갑잔치라고 할 때의 그 환갑인가요?"

현마는 여명의 질문에 대답했다.

"그 환갑을 가리키는 것이 맞습니다. 환갑잔치라는 것은 태어나고 무사히 60년이 지났음을 축하하는 일입니다. 지금은 평균수명이 늘어났지만 100년 전만 하더라도 환갑을 맞이하는 것은 쉬운 일이 아니었습니다. 그래서 환갑이 되면 잔치를 했던 것입니다."

새로운 사실을 알게 된 학생들의 표정은 처음보다 밝아졌다. 어렵게 느껴졌던 부분이 현마의 설명을 듣자 이해되었기 때문이다.

"이 표는 월이나 일, 시에도 똑같이 적용됩니다. 그럼 월에 이 표를 적용하면 어떻게 될까요? 오늘이 정묘월이면 60갑자를 모두 지나려면 시간이 얼마나 걸릴까요?"

계산이 누구보다 빠른 세라가 대답했다.

"월(月)은 12개가 있기 때문에 60 나누기 12는 5, 즉 5년이 걸립니다."

다른 학생들은 세라의 빠른 계산에 감탄을 했다.

"맞아요. 1년 동안 12개의 기둥만 지나갈 수 있기 때문에 60개를 모두 지나려면 5년이 걸립니다. 그리고 사주를 분석할 때의 일(日)은 30이 기준이 됩니다. 따라서 태어난 일(日)에 해당하는 기둥(글자의 기운)이 모두 한 바퀴 돌려면 60일이 필요하게 됩니다. 즉, 두 달이 걸리는 셈입니다."

현마의 말에 학생들은 각자 저마다 계산을 해봤다.

"그런데 시간은 조금 다릅니다. 사주분석을 할 때의 시간은 2시간씩 같은 기운이 흐른다고 봅니다. 따라서 24개의 글자가 지나가는 것이 아니라, 12개의 글자가 지나가게 됩니다. 60개의 기둥 모두를 지나기 위해서는 60 나누기 12(1일은 12개의 기둥)가 되고, 그럼 5일이 된다는 것을 알 수 있습니다."

산아는 이제 어느 정도 60개 기둥의 순환에 대해 알 것 같았다. 정확히 이해하려면 혼자만의 공부가 더 필요할 것이라고 생각했다. 현마가 얘기했던 반복학습이 필요한 때였다.

"우리는 미래예측사가 되기 위해 사람의 사주를 분석해야 합니다. 하지만 모든 해(年), 모든 월(月), 모든 일(日)과 시간(時間)의 천간과 지지가 무엇인지 암기할 수는 없습니다. 그렇기 때문에 만세력을 이용하게 됩니다. 보통은 책의 형식으로 되어 있지만, 여러분에게 지급해 드린 것처럼 만세력 어플리케이션을 이용한다면 더욱 편리하게 변환할 수 있습니다. 오늘은 그 변환하는 원리에 대해 알아봤습니다."

# 오행(五行)별 글자

학생들이 새로운 강의를 듣기 위해 각자의 자리에 앉아 있었다. 모두 그동안 들었던 현마의 강의를 수없이 반복해서 이제는 완전히 이해하고 있었다. 서로 질문과 대답을 하며 배움에 대한 열정을 불태우기도 했다. 산아는 특히 세라의 빠른 계산에 놀라는 경우가 많았다. 머릿속으로만 계산하는데도 틀리는 경우가 없었다. 현마가 강의실 안으로 들어오고, 새로운 내용의 강의가 시작되었다.

"오늘은 오행(五行)에 대해서 알아보겠습니다. 우리 주변을 둘러싼 다섯 가지 기운(五行)을 보다 쉽게 설명하기 위해 눈에 보이는 사물로 바꿔 놓은 것이 있다고 했습니다. 그 다섯 가지가 어떤 것일까요?"

합창을 하듯 동시에 학생들의 대답이 들려왔다.

"목-화-토-금-수(木火土金水)입니다."

현마가 오행에 대해 계속해서 반복하는 이유는 그만큼 중요한 내용이기 때문이었다. 미래예측사에게 있어서 오행의 의미는 너무도 중요했다. 그래서 시간이 날 때마다 오행에 대해 반복하고 또 반복하면서 강의를 했다.

"여러분이 말한 것처럼 목화토금수(木火土金水)입니다. 이번에는 천간(天干) 10개와 지지(地支) 12개를 외워볼까요?"

"갑, 을, 병, 정, 무, 기, 경, 신, 임, 계."

"자, 축, 인, 묘, 진, 사, 오, 미, 신, 유, 술, 해."

이제 22개의 암기는 완전히 끝난 것처럼 모두 쉽게 외울 수 있었다.

"우리가 배운 천간과 지지 22개의 글자는 각각 오행의 기운 중에 반드시 하나를 갖고 있습니다. 다시 말해서 어떤 글자가 있다고 가정한다면, 그 글자는 목화토금수 오행 중에 어느 하나에는 무조건 속한다는 뜻입니다. 22개 글자를 각각 가진 기운에 따라 분류해 보겠습니다."

현마는 오행분류표를 강의실 벽면에 붙였다.

| 오행 | 木 | | 火 | | 土 | | 金 | | 水 | |
|---|---|---|---|---|---|---|---|---|---|---|
| 해당 천간 | 갑 | 을 | 병 | 정 | 무 | 기 | 경 | 신 | 임 | 계 |
| 해당 지지 | 인 | 묘 | 사 | 오 | 진술 | 축미 | 신 | 유 | 해 | 자 |

오행분류표를 바라보는 산아의 눈이 반짝거렸다. 현마가 계속해서 강조하는 것을 보면 아주 중요한 내용일 것이라고 생각했다.

"이 표는 오행을 분류해 놓은 것입니다. 각 글자 속에 그 오행의 기운이 있다는 의미입니다. 기운이 있다는 것은 그런 성향이 있다는 것입니다. 갑(甲)과 을(乙)은 목오행의 성향을 가지고 있다는 것이며, 병(丙)과 정(丁)은 화오행, 무(戊)와 기(己)는 토오행, 경(庚)과 신(辛)은 금오행, 임(壬)과 계(癸)는 수오행의 성향을 가졌다는 것입니다."

잠시 후, 계속해서 현마의 설명이 이어졌다.

"지지(地支)도 마찬가지입니다. 인(寅)과 묘(卯)는 목오행의 성향을 가졌으며, 사(巳)와 오(午)는 화오행, 진술축미(辰戌丑未)는 토오행, 신(申)과 유(酉)는 금오행, 해(亥)와 자(子)는 수오행의 성향을 가지고 있습니다."

현마는 잠시 말을 멈추고 학생들을 바라봤다. 학생들은 현마가 무슨 말을 꺼낼지 궁금한 표정이었다.

"지난번 오행에 대해서 배우면서 각 오행의 기본적인 특성에 대해서 알아봤습니다. 그럼 여기서 간단하게 오행의 특성을 적용하는 연습을 해볼까요? 어떤 사람의 사주 여덟 글자를 봤더니 갑(甲)과 병(丙), 그리고 인(寅)과 사(巳)가 많다고 가정하겠습니다. 이 사람은 기본적으로 어떤 성향일까요? 자신의 기운을 밖으로 발산하는 것과 안으로 수렴하는 것을 기준으로 해보겠습니다."

산아는 현마의 질문에 답하기 위해 생각에 잠겼다.

'목오행과 화오행이 발산의 성향이 강하고, 금오행과 수오행이 수렴의 성향이 강하다고 배웠는데 선생님의 질문에 대한 답은 뭘까?'

그때, 뭔가를 깨달은 산아가 손을 들고 대답했다.

"갑(甲)과 인(寅)은 목오행이고, 병(丙)과 사(巳)는 화오행에 속합니다. 즉, 목오행과 화오행의 성향이 강하게 나오기 때문에 밖으로 표현하는 발산의 기운이 강할 것으로 예상됩니다."

산아는 미소를 짓고 있는 현마의 표정에서 방금 자신이 말한 대답이 맞았음을 알 수 있었다.

"아주 정확하게 대답했습니다. 사주 8개 글자를 놓고, 음과 양이 몇 개인지를 알아봤듯이 어떤 오행이 많이 들어있는지 확인하는 것은 아주 중요합니다. 특히 8개의 글자가 혹시 한두 개의 오행으로 치우치지 않았는지 확인해야 합니다. 만약 어떤 특정한 오행으로 치우쳤다면 그 오행의 성향이 그 사람이 기본적인 성향이 될 가능성이 아주 높습니다. 이제 다른 문제를 한 번 내 보겠습니다."

현마는 어떤 문제인지 알고 싶어 진지해진 학생들의 표정을 보자 웃음이 났다.

"방금 전 산아가 분석한 사람이 만약 목오행과 화오행의 성향 때문에 문제가 생겼다고 가정하겠습니다. 자신의 감정을 숨기지 않고 무조건 밖으로 표출하기 때문에 많은 어려움이 생겼다고 가정한다는 의미입니다. 그런 사람에게 갑오년(甲午年)이 다가오면 그 해(年)의 기운은 그 사람과 맞을까요? 맞지 않을까요?"

아까와 또 다른 종류의 문제는 학생들을 당황하게 만들었다.

'목오행과 화오행의 성향이 많아서 문제가 된 사람이 있다. 그 사람과 갑오년(甲午年)은 어떤 관계가 있을까?'

산아는 처음 문제보다 어렵게 느껴졌다. 하지만 해답을 찾아야 했다. 이런 문제야말로 미래예측이라는 생각이 들었기 때문이다.

'그럼 가장 먼저 분석해야 할 것은 뭘까? 그래, 갑오년의 기운이 뭔지 알아보는 거야!'

처음 문제에 대한 해답을 산아가 가장 먼저 찾아냈듯이, 이번 문제도 산아가 가장 먼저 손을 들고 대답했다.

"좋지 않습니다."

산아의 대답을 들은 나머지 학생들이 산아의 말에 귀를 기울였다. 왜 좋지 않다고 하는 것인지 알고 싶었다.

"이 사람은 목오행과 화오행의 성향이 강한 것이 문제가 되었다고 선생님께서 말씀해 주셨습니다."

현마는 산아의 말이 맞다는 의미에서 고개를 끄덕였다.

"그런데 갑오년의 기운을 풀이해보면 갑(甲)은 목오행이며, 오(午)는 화오행입니다. 목과 화오행 때문에 문제가 생겼는데, 또다시 목과 화오행의 기운이 오는 해(年)를 만나게 된 것입니다. 좋지 않은 성향이 더욱 강하게 되므로 좋지 않다고 생각합니다."

"아! 그렇구나. 산아 대단한데."

여명이 감탄하며 산아를 바라봤다. 나머지 학생들의 시선도 산아를 향하자 산아는 얼굴이 붉어졌다.

"이제 모두들 이해했을 것이라고 생각합니다. 어떤 오행이 그 사람의 사주에 좋지 못한 영향을 끼쳤다면, 그 오행과 똑같은 오행이 들어오는 해(年)를 만나면 더욱 좋지 않을 것이라고 예상할 수 있어야 합니다. 그러한 성향이 더욱 강해지기 때문입니다. 속담으로 비유하자면…."

현마의 말이 끝나기도 전에 세라가 대신 말을 이었다.

"불난 집에 부채질하는 것과 같습니다."

세라의 대답에 현마와 학생들이 환하게 웃었다.

"어떤 사람의 사주에 나쁜 영향을 끼치는 오행이 있다면 그 오행을 막아줄 수 있는 오행이 들어오면 좋습니다. 반대로 좋은 영향을 끼치고 있는 오행이 있는데, 그 오행을 방해하는 오행이 들어오는 해(年)라면 어떨까요?"

"좋지 않습니다."

학생들은 어렵지 않게 대답했다.

"네, 좋지 않습니다. 앞으로 많은 내용을 공부하겠지만, 기본적인 구조는 오늘 배운 것에서 크게 벗어나지 않습니다. 여기를 다시 볼까요?"

| 오행 | 木 | | 火 | | 土 | | 金 | | 水 | |
|---|---|---|---|---|---|---|---|---|---|---|
| 해당 천간 | 갑 | 을 | 병 | 정 | 무 | 기 | 경 | 신 | 임 | 계 |
| 음양 | + | - | + | - | + | - | + | - | + | - |
| 해당 지지 | 인 | 묘 | **사** | **오** | 진술 | 축미 | 신 | 유 | **해** | **자** |
| 음양 | + | - | - | + | + | - | + | - | - | + |

"22개의 글자를 부를 때 그 글자가 속한 오행과 붙여서 함께 부르기도 합니다. 예를 들자면 갑과 을은 목오행이기 때문에 갑목(甲木), 을목(乙木)으로 부르기도 합니다. 화오행인 병과 정은 병화(丙火)와 정화(丁火)이며, 토오행인 무와 기는 무토(戊土)와 기토(己土)로 부르게 됩니다. 금오행인 경과 신은 경금(庚金)과 신금(辛金)이 되고, 수오행인 임과 계는 글자에 수(水)를 붙여 임수(壬水)와 계수(癸水)로 부릅니다. 지지도 똑같습니다. 인(寅)과 묘(卯)는 각각 인목(寅木)과 묘목(卯木)이라고 부르며, 사(巳)와 오(午)는 사화(巳火)와 오화(午火)로 불립니다. 나머지 지지도 마찬가지라고 생각하면 되겠습니다."

학생들은 속으로 현마의 말을 따라 되뇌었다.

'갑목, 을목, 병화, 정화, 무토, 기토, 경금, 신금, 임수, 계수.'

'인목, 묘목, 사화, 오화, 진토, 술토, 축토, 미토, 신금, 유금, 해수, 자수.'

학생들의 되뇌임이 끝날 때쯤, 현마는 다시 강의를 계속했다.

"음양에 대해서 배웠듯이 모든 것에는 음양이 있습니다. 오행의 기운에도 마찬가지입니다. 여기 표에 있는 것처럼 같은 목오행이지만 갑(甲)은 양(+)의 성질을 가진 목오행이고, 을(乙)은 음(-)의 성질을 가진 목오행입니다. 이것을 다르게 표현해서 양목(陽木)이나 음목(陰木)으로 표현하기도 합니다. 그럼 병과 정은 어떻게 표현할까요? 병은 양의 성질을 가진 화오행이므로 양화(陽火)라고도 합니다. 정은 음의 성질을 가진 화오행이므로 음화(陰火)라고도 합니다. 나머지 것도 마찬가지입니다. 그럼 양금(陽金)과 음금(陰金)은 뭘까요?"

소니가 가장 먼저 대답했다.

"양금(陽金)은 양(+)의 금오행이라는 의미이기 때문에 천간의 글자로는 경(庚)이 되고, 지지의 글자로는 신(申)이 됩니다. 음금(陰金)은 음(-)의 금오행이라는 의미이기 때문에 천간의 글자로는 신(辛)이 되고, 지지의 글자로는 유(酉)가 됩니다."

나머지 학생들의 생각도 소니와 같았다.

"대신 금오행을 분석할 때는 항상 천간의 신(辛)과 지지의 신(申)이 다른 글자라는 것을 꼭 기억하고 있어야 합니다."

산아는 현마의 모든 말에 집중하고 있었다. 현마는 산아의 훌륭한 선생님이자 정확도가 높은 것으로 유명한 미래예측사였다. 산아는 현마처럼 되고 싶었다.

"그런데 자세히 보면 천간과 지지의 음양이 예전에 설명했던 것과는 다른 글자가 몇 개 있습니다."

역시 가장 빠른 사람은 세라였다.

"화오행의 기운을 가진 지지글자 사(巳)와 오(午), 그리고 수오행의 기운을 가진 지지글자 해(亥)와 자(子)의 음양이 전에 설명하신 것과 다릅니다."

"세라가 말한 것처럼 글자 자체의 음양과 오행의 기운으로 분류했을 때의 음양이 반대인 것이 4개가 있습니다. 사(巳)와 오(午), 그리고 해(亥)와 자(子)입니다. 사(巳)는 글자 자체의 음양은 음(-)이지만 화오행으로 분류할 때는 양(+)으로 취급합니다. 반대로 오(午)의 경우에는 글자 자체의 음양은 양(+)이지만 화오행으로 분류할 때는 음(-)으로 취급합니다. 이러한 내용은 해(亥)와 자(子)에게도 동일하게 적용합니다. 이렇게 되는 이유는 오행별 계절의 순환과 토오행의 역할 차이(천간과 지지), 그리고 방합(方合)에 대한 내용을 배우면서 설명하겠습니다."

복잡한 내용 탓에 소니의 표정이 조금은 우울해 보였다.

"전에도 얘기했던 것처럼 처음 배우는 내용이 복잡하다고 어렵게 생각할 필요도 없고, 포기할 필요도 없습니다. 앞으로 공부하다 보면 자연스럽게 그 이유를 알게 되기 때문입니다. 여러분은 앞으로 많은 사람들의 사주를 분석할 것입니다. 그 과정에서 반복되는 것이 많습니다. 일부러 외우려고 하지 않아도 저절로 머릿속에 기억될 것입니다."

현마는 새로운 내용의 오행표를 펼쳐서 벽에 붙였다.

| 오행 | 木 | | 火 | | 土 | | 金 | | 水 | |
|---|---|---|---|---|---|---|---|---|---|---|
| 해당 천간 | 갑 | 을 | 병 | 정 | 무 | 기 | 경 | 신 | 임 | 계 |
| 해당 지지 | 인 | 묘 | 사 | 오 | 진<br>술 | 축<br>미 | 신 | 유 | 해 | 자 |
| 계절 | 봄 | | 여름 | | 계절<br>사이 | | 가을 | | 겨울 | |
| 방향 | 동쪽 | | 남쪽 | | 중앙 | | 서쪽 | | 북쪽 | |
| 색깔 | 청(녹)색 | | 붉은색 | | 황금색 | | 흰색 | | 검은색 | |

"목오행은 계절로 보면 봄에 해당하고, 화오행은 여름, 토오행은 각 계절과 계절 사이, 금오행은 열매가 맺히는 가을, 수오행은 물처럼 차가운 기운의 겨울을 나타냅니다. 오행은 각각 그 기운에 해당하는 방향도 있습니다. 목오행은 동쪽, 화오행은 남쪽, 토오행은 중앙, 금오행은 서쪽, 수오행은 북쪽을 나타낸다고 이해하면 됩니다. 표에 있는 것처럼 각 오행에 해당하는 색깔도 각각 다릅니다."

여명이 손을 들어 질문이 있음을 표시했다.

"선생님, 만세력 어플리케이션을 보면 각 글자마다 색깔이 다르게 채워져 있는데, 그게 바로 그 글자에 해당하는 오행의 색깔을 나타내는 것인가요?

"네, 오행의 색깔을 표시한 것입니다. 예를 들어서 사주 여덟 글자 중에 갑(甲)이 있다고 하면, 갑은 녹색으로 표시가 됩니다. 여명이 말한 것처럼 갑은 목오행이고, 목오행은 색깔로 구분하면 녹색이기 때문입니다. 그럼 지지(地支)에 수오행인 해(亥)자가 표시되어 있는 칸은 무슨 색일까요?"

산아의 대답이 이어졌다.

"수오행을 나타내는 색깔은 검은 색이기 때문에 검은 색으로 표시됩니다."

"그렇습니다. 그리고 여기서 조금 더 응용하면 많은 것을 알아낼 수도 있습니다. 날씨가 따뜻해지고, 더워지는 봄과 여름에는 밖으로 분출하는 발산의 기운이 강하게 되고, 날씨가 점점 추워지고 내년을 준비해야 하는 가을과 겨울에는 안으로 모아두는 수렴의 기운이 강하게 됩니다. 그럼 여기서 질문을 하나 하겠습니다. 어떤 사람의 사주를 분석했을 때 그 사람을 도와주는 기운이 금오행이라고 가정하겠습니다. 그렇다면 미래예측사는 그 사람에게 가능하면 어떤 색깔을 추천해야 할까요?"

"도와주는 기운이 금오행이기 때문에 금오행을 나타내는 색깔을 추천해야 합니다. 바로 흰색입니다."

소니의 대답이 끝나자마자, 현마는 다시 질문을 했다.

"그럼 그 사람에게는 어떤 방향을 추천해 줘야 할까요?"

"금오행을 나타내는 서쪽입니다."

현마의 얼굴에 흡족한 미소가 번졌다.

"그럼 다시 질문을 하겠습니다. 어떤 사람의 사주를 분석해보니 그 사람에게 좋지 않은 기운이 화오행으로 밝혀졌습니다. 이 사람에게는 어떤 말을 해줘야 할까요?"

네 명의 학생들은 각자의 의견을 하나씩 말했다.

"그 사람에게는 화오행이 나쁘기 때문에 가능하면 붉은 색을 사용하지 않도록 합니다. 예를 들자면 붉은 색 계열의 옷이나 차를 사지 말라고 합니다."
"화오행을 의미하는 남쪽으로 가는 것도 좋지 않습니다. 여행을 하거나 이사를 갈 때 가능하면 남쪽은 피하라고 합니다."
"화오행은 밖으로 표출한다는 의미가 있습니다. 자신의 감정이나 생각을 너무 많이 밖으로 표출하여 발산하기보다는 자신의 안에 담아두라고 얘기합니다."

현마는 학생들의 다양한 의견을 듣고 느낀 점이 많았다. 짧은 기간이었지만 학생들의 사주분석 실력은 예상했던 것보다 훨씬 좋았다.

"다들 좋은 답을 말했습니다. 그럼 그 사람은 어떤 해(年)를 주의해야 할까요?"

경쾌한 목소리로 세라가 답을 했다.

"화오행을 나타내는 글자가 천간이나 지지에 들어간 해(年)를 주의하라고 해야 합니다. 화오행의 성향이 더욱 커질 수 있기 때문입니다."

현마는 학생들 전체에게 질문을 했다.

"구체적으로 화오행이 들어간 해(年)를 하나씩 말해볼까요? 천간이나 지지가 모두 화오행이어도 괜찮고, 천간과 지지 중 하나만 화오행이어도 괜찮으니까 말해보세요."

학생들은 차례로 대답을 했다.

"갑오년(甲午年)이 있습니다."
"병오년(丙午年)이 있습니다."
"정사년(丁巳年)이 있습니다."
"정묘년(丁卯年)이 있습니다."

이제 오행에 대해 어느 정도는 기본적인 체계가 잡혔다고 생각하자 현마는 뿌듯했다. 사주분석을 하는 데 있어서 오행은 가장 중요한 부분이기 때문이었다. 같은 또래의 학생들이었다면 지금까지 배운 내용은 어려워 이해할 수 없었을 것이다. 미래예측사라는 하나의 꿈을 위해 최선을 다하는 모습이 너무 대견했다.

현마는 강의를 끝마치면서 오행의 방향과 색깔에 관한 그림을 모두에게 나눠주었다. 그리고 시간이 날 때마다 틈틈이 각 오행별 방향과 색깔을 반복해서 읽으라고 했다. 현마도 학생들과 비슷한 나이에 사주공부를 시작했다. 그러면서 나름대로 터득한 공부 방법은 바로 반복, 또 반복이었다. 이해하지 못한 것은 반복적인 공부를 통해서 이해할 수 있었고, 탄탄하게 자리 잡은 지식은 반복적인 공부를 통해 더욱 발전시킬 수 있었다. 그날 강의가 끝나기 전에 현마는 학생들에게 당부의 말을 남겼다.

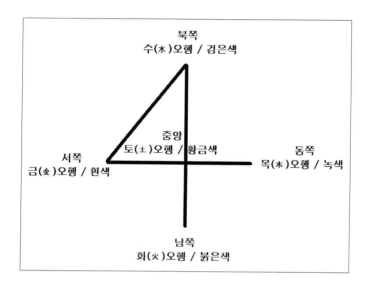

"오행의 순서는 목-화-토-금-수(木火土金水)의 순서로 암기하는 것이 좋습니다. 계절의 변화 순서이기도 하면서 서로를 생(生)해주는 순서이기 때문입니다."

학생들은 고개를 끄덕이며 목화토금수의 순서를 속으로 되뇌었다.
그날 강의가 끝난 후, 학생들은 서로에게 오행에 대한 질문을 하면서 암기를 해 나갔다.

"화오행인 천간을 말해 봐."

세라의 질문에 산아가 자신 있게 대답을 했다.

"병(丙)과 정(丁)이 있어. 그럼 이번에는 내 차례다. 지지 중에서 토오행에 속하는 글자는?"

세라 또한 산아 못지않게 자신 있는 목소리로 거의 외치듯 말했다.

"진(辰), 술(戌), 축(丑,) 미(未)!"
"그럼 방향 중에서 수오행에 속하는 방향은 뭘까?"
"북쪽!"
"화오행에 속하는 색깔은?"
"붉은 색!"

오행이 중요하다고 몇 번이나 강조한 현마의 말을 잊지 않은 학생들은 밤늦도록 오행에 관한 공부를 했다. 왠지 모를 뿌듯함이 가슴에 생겼다. 차근차근 공부해 나가면 반드시 미래예측사가 될 것이라는 희망은 학생들의 열정을 더욱 크게 했다. 학생들은 믿었다. 현마의 말에 따르고 열심히 공부한다면 누구보다 훌륭한 미래예측사가 되어 사람들에게 도움을 줄 수 있다고 말이다.

# 오행의 상생상극(相生相剋)

강의실로 들어온 현마는 수업을 시작하기 전에 학생들의 얼굴을 살펴 봤다. 지난 시간에 배운 오행에 대해 열심히 공부를 했는지 하나같이 자신 있는 표정이었다. 현마는 참 다행이라고 생각했다. 사실 사주공부는 쉽지 않은 분야였다. 아니, 아주 어려운 분야 중에 하나였다. 그렇기 때문에 명리수양관에 입학하고서도 중간에 스스로 학교를 그만둔 학생들이 꽤 있었다. 그때마다 현마는 안타까운 마음이 컸다. 하지만 학생 본인이 스스로 결정한 것이기에 다른 사람이 그 뜻을 돌려서는 안 된다고 생각했다. 미래예측사 공부는 누가 시켜서 되는 것이 아니었고, 자신의 강한 열정이 있어야만 가능했다. 다행히 이번에 입학한 산아, 세라, 여명, 소니는 모두가 적극적이었고, 밝은 성격이었다.

"일단 새로운 내용을 배워보기 전에 복습을 한 번 해볼까요? 여름은 어떤 오행과 관계가 있을까요?"
"화오행입니다!"

학생들의 대답이 우렁찼다.

"그럼, 북쪽과 관계가 있는 천간과 지지를 말해볼까요?"

처음에 했던 질문보다 좀 더 깊이가 있는 내용이었다. 잠시 생각을 정리한 산아가 손을 들고 말하기 시작했다.

"북쪽은 오행 중에서 수오행에 속합니다. 수오행에 속하는 천간(天干)은 임(壬)과 계(癸)가 있고, 지지(地支)는 해(亥)와 자(子)가 있습니다."

현마는 산아에게 질문을 하나 더 했다.

"그럼 수오행을 나타내는 색깔은 어떤 색인가요?"

산아는 어렵지 않게 답했다.

"검은 색입니다."

현마는 새로운 내용에 대한 강의를 시작했다.

"목-화-토-금-수 오행은 서로 도움을 주고받는 관계도 있고, 공격하거나 공격을 받는 관계도 있습니다. 먼저 도와주는 관계를 알아보겠습니다. 그림을 볼까요?"

| 木 | → | 火 | → | 土 | → | 金 | → | 水 | → | 木 |
|---|---|---|---|---|---|---|---|---|---|---|
| 木은 불이 잘 탈 수 있게 한다. | | 火는 태워서 땅을 비옥하게 한다. | | 土 안에서 쇠가 생성한다. | | 金은 물을 솟아나게 한다. | | 水는 나무를 자랄 수 있도록 한다. | | |

학생들은 대형 모니터 속에 현마가 올린 그림을 바라봤다.

"아주 단순하게 오행 간의 관계를 설명하는 그림입니다. 조금 더 많은 설명이 필요하지만 이해를 쉽게 하기 위해서 간단하게만 얘기하겠습니다. 목(木, 나무)은 화(火, 불)가 잘 탈 수 있도록 도와줍니다. 화(火, 불)는 물질을 태워서 토(土, 땅)가 비옥할 수 있도록 도와줍니다. 토(土, 흙)는 자신의 안에서 금(金, 쇠)이 만들어질 수 있도록 도와줍니다. 금(金, 쇠)은 수(水, 물)가 솟아날 수 있게 도와줍니다. 마지막으로 수(水, 물)는 목(木, 나무)에게 영양분을 제공하여 자랄 수 있게 도와줍니다. 나머지 네 가지는 쉽게 이해할 수 있겠지만 금오행이 수오행을 도와준다는 것의 의미는 뭘까요?"

학생들은 선뜻 대답하지 못했다.

'쇠에서 물이 솟아날 수 있도록 도와준다는 것은 무슨 의미일까?'

잠시 동안이었지만 산아는 깊이 생각했다. 좀처럼 답이 떠오르지 않았다.

"오행을 설명할 때 말했던 것처럼 금오행을 쇠라고만 생각해서는 안 됩니다. 그것은 목오행이 나무만을 가리키는 것이 아닌 것과 같고, 화오행이 단순히 불만을 가리키는 것이 아닌 것과 같으며, 토오행이 흙만을 가리키는 것이 아닌 것과 같은 원리입니다. 여기서 금은 쇠일 수도 있지만, 결실을 나타내는 열매(단단해진)일 수도 있고, 단단하게 뭉쳐주는 어떤 기운일 수도 있습니다. 자, 그럼 다시 오행으로 돌아가 보겠습니다. 땅속에 물이 있다고 가정하겠습니다. 그 물이 있는 곳의 흙은 어떤 상태일까요? 모래 같은 흙일까요?"

세라가 현마의 말에 대답했다.

"아닙니다. 만일 물이 모래에 둘러싸여 있다면 물은 땅속으로 스며들고 하나도 없을 겁니다. 모래는 뭉쳐지지 않아서 물을 담아 놓을 수가 없습니다."

바로 현마의 설명이 이어졌다.

"맞아요. 세라 말처럼 모래 같은 형태의 흙은 물을 담아 놓을 수 없습니다. 모래 알갱이 사이로 물이 모두 빠져 나가겠지요. 다시 말해 물을 담아 놓기 위해서는 서로 뭉쳐있는 단단한 흙, 즉 바위 속이라야 물이 담겨 있을 수 있습니다. 그런 물만이 땅 위로 올라올 수 있는 것입니다. 여기서 물이 모여 있을 수 있게 하는 단단함, 그것이 바로 금오행입니다. 또한, 공기 중에 있는 습기(수분)가 차가운 성질의 금속물질을 만나면 응축되면서 물이 맺히게 됩니다. 이런 모습으로도 설명은 가능합니다. 앞에서 얘기한 다섯 가지의 설명은 그야말로 가장 단순한 형태로 설명한 것일 뿐입니다. 앞으로 사주분석에 대해 배워 가면 다양하게 응용하면서 좀 더 깊은 이해를 하게 됩니다."

현마의 설명을 완전히 이해할 수는 없어도 어느 정도 산아의 머릿속에 그려지는 내용이 있었다. 앞으로 더 공부해서 많은 내용을 알고 싶다는 생각이 들었다.

"이렇게 목오행이 화오행을 도와주고, 화오행이 토오행을 도와주며, 토오행이 금오행을 돕고, 금오행이 수오행을, 마지막으로 수오행이 목오행을 도와주는 관계를 오행의 상생(相生)이라고 합니다. 이것을 그림으로 표현하면 다음과 같습니다."

모니터에 새로운 그림이 떠올랐다.

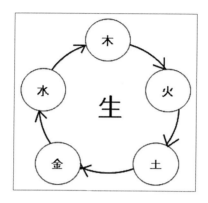

산아는 방금 전 현마가 설명한 오행의 상생 관계를 나타낸 표라는 것을 알았다.

'나무는 불이 잘 탈 수 있도록 도와주고, 불은 물질을 태워서 흙이 비옥하도록 도와주고, 흙은 쇠가 만들어질 수 있도록 도와주고, 쇠는 물이 나올 수 있도록 도와주며, 물은 나무에게 영양분을 제공하여 자랄 수 있도록 도와준다.'

산아는 마음속으로 몇 번이고 현마의 설명을 되새겼다.

"그럼 이런 오행의 상생관계를 사주분석에 어떻게 사용할 수 있는지 간단하게 예를 들어보겠습니다. 만약 어떤 사람의 사주에서 토오행이 나쁜 영향을 주고 있다면 일단 토오행은 당연히 그 사람에게 좋은 기운이 아닐 겁니다. 그럼 화오행은 이 사람에게 어떤 영향을 줄까요? 좋을까요? 좋지 않을까요?"

계산이 빠른 세라도 이번에는 대답하지 못했다. 산아도 현마의 질문에 대한 답이 무엇인지 머릿속에 떠오르지 않았다. 그때, 소니가 대답했다.

"좋지 않습니다."
"그렇게 생각하는 이유를 설명해 볼까요?"

소니는 숨을 한 번 들이마시고 설명을 시작했다.

"선생님께서 토오행이 그 사람에게 좋지 않다고 하셨습니다. 그런데 화오행은 토오행을 도와줘서 토오행의 힘을 더욱 강하게 합니다. 나쁜 기운의 힘을 더욱 강하게 해주기 때문에 좋지 않다고 생각했습니다."

소니의 설명은 간단했지만 정확했다. 산아와 나머지 학생들도 소니 덕분에 왜 화오행이 좋지 않은지에 대해 알게 되었다.

"그래요. 소니 말처럼 좋지 않은 오행의 힘을 더욱 강하게 해주기 때문에 좋지 않다고 판단해야 합니다. 알겠습니까?"
"네!"

합창하듯 우렁찬 대답이 이어졌다.

"그렇다면 어떤 사람의 사주분석에서 토오행이 좋은 기운으로 밝혀졌습니다. 그럴 때 화오행의 역할은 어떤 것일까요?"

이번에는 세라가 대답했다.

"좋은 역할을 합니다. 왜냐하면 화오행은 그 사람에게 좋은 기운인 토오행을 도와줘서 강하게 만들어주기 때문입니다."

세라의 대답은 산아도 쉽게 이해할 수 있었다.

"이번에는 완전히 다른 관계에 대해서 설명하겠습니다. 오행이 다른 오행을 막는 관계입니다. 공격한다고 표현할 수도 있습니다. 새로운 표를 한 번 볼까요?"

| 木 | → | 土 | → | 水 | → | 火 | → | 金 | → | 木 |
|---|---|---|---|---|---|---|---|---|---|---|
| 木은 뿌리로 흙을 잡는다. | | 土는 물을 가둔다. | | 水는 불을 없앤다. | | 火는 쇠를 녹인다. | | 金은 나무를 쪼갠다. | | |

모니터에 새로운 오행관계표가 나타났다.

"나무(木)는 뿌리로 흙(土)을 잡아 움직이지 못하게 막고, 흙(土)은 물을 둘러싸서 물이 흐르는 것을 방해하고, 물(水)은 불(火)을 더 이상 타오르지 못하게 꺼 버리며, 불(火)은 뜨거운 열로 쇠(金)를 녹여버리고, 마지막으로 쇠(金)는 나무(木)를 베어 버리거나 쪼개서 자라지 못하게 막을 수 있습니다. 아까와는 반대로 방해하거나 막는 역할을 하는 것입니다."

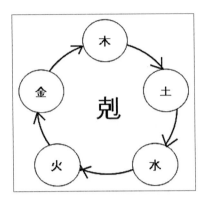

모니터에 새로운 오행 그림이 나타났다.

"서로 도와주는 관계는 오행의 상생이라고 했습니다. 서로 공격하는 관계는 오행의 상극(相剋)이라고 합니다."

새로운 오행 관계를 외우기 위해 학생들은 마음속으로 현마의 말과 표를 몇 번이고 반복했다. 학생들에게 잠시 정리할 수 있는 시간을 준 뒤, 현마는 산아에게 질문을 했다.

"어떤 사람의 사주를 분석해 봤는데 목오행이 그 사람에게는 좋은 역할을 하는 것으로 분석되었습니다. 그렇다면 이 사람에게 있어서 금오행은 어떤 역할을 할까요? 좋은 역할일까요? 그렇지 않은 역할일까요?"

산아는 오늘 배운 내용과 현마의 질문을 천천히 비교한 뒤 대답했다.

"좋지 않은 역할을 합니다. 왜냐하면 그 사람에게 좋은 기운인 목오행을 공격하기 때문입니다."

현마는 산아의 대답에 몇 가지를 더 보태가며 상극관계에 대해 설명했다.

"어떤 오행이 공격을 당하면 그 오행은 기운이 약해집니다. 따라서 좋은 기운이 약해진다는 것은 당연히 그 사람에게 좋지 않다는 뜻이 됩니다."

현마의 다음 질문은 여명을 향했다.

"그렇다면 어떤 사람의 사주에 있어서 수오행이 나쁜 역할을 하고 있다고 가정한다면, 어떤 오행이 이 사람에게 도움이 될까요?"

여명은 오행의 상극원리를 응용하여 대답했다.

"토오행이 도움이 됩니다. 왜냐하면 그 사람에게 나쁜 역할을 하고 있는 수오행의 기운을 토오행이 공격하여 약하게 만들기 때문입니다."

이번 질문에 대한 대답은 세라의 몫이었다.

"그렇다면 토오행에 해당하는 천간과 지지는 어떤 것이 있을까요?"
"천간은 무(戊)와 기(己), 지지는 진(辰), 술(戌), 축(丑), 미(未)가 있습니다."

현마는 세라의 대답이 끝나자마자, 곧바로 산아에게 물었다.

"그렇다면 토오행에 해당하는 해(年)를 두 개만 만들어 볼 수 있을까요?"

"무술년(戊戌年)과 기축년(己丑年)이 있습니다."

산아는 현마의 질문이 끝나자마자 바로 대답할 수 있었다. 그동안 많은 노력을 기울여 오행에 대한 공부와 60갑자표를 반복해서 공부한 결과였다. 누구보다 현마가 그 사실을 잘 알고 있었다. 학생들 나이일 때 현마도 그랬다. 부모와 떨어져 혼자 살면서, 하루 종일 사주공부에 매달렸다. 공부하는 자체도 힘들었지만 혼자라는 외로움이 현마를 더욱 힘들게 했다. 그런 외로움을 잊기 위해 더욱 공부에 최선을 다했다.

"오행의 관계에서 도와주는 것을 오행의 상생(相生)이라고 했고, 막고 방해하는 것을 오행의 상극(相剋)이라고 했습니다. 오늘 배운 오행의 상생상극(相生相剋) 관계는 아주 중요합니다. 이것의 원리를 알아야만 사주를 분석할 수 있습니다. 다시 말해서, 오행의 상생상극 원리를 이해할 수 있어야만 미래예측사가 될 수 있다는 말입니다."

오행의 상생상극 관계를 이해해야만 미래예측사가 될 수 있다는 현마의 말은 네 명의 학생들에게 큰 자극이 되었다. 오행의 상생상극은 그만큼 중요한 부분이었다.

"오늘 배운 내용을 정리해 보겠습니다. 오행은 서로 도와주는 관계가 있고, 서로 상극인 관계가 있습니다. 도와주는 것을 생(生)해 준다고 하며, 반대의 경우에는 서로 극(剋)한다고 합니다. 이것을 정리해 놓으면 다음과 같습니다."

모니터에 상생상극 관계를 표현한 글자들이 나타났다.

---

**생(生)하는 관계(도와주는 관계)**

1. 목생화(木生火) : 목은 화를 생(生)한다. (도와준다.)
2. 화생토(火生土) : 화는 토를 생(生)한다. (도와준다.)
3. 토생금(土生金) : 토는 금을 생(生)한다. (도와준다.)
4. 금생수(金生水) : 금은 수를 생(生)한다. (도와준다.)
5. 수생목(水生木) : 수는 목을 생(生)한다. (도와준다.)

---

**극(剋)하는 관계(서로 공격, 막는 관계)**

1. 목극토(木剋土) : 목은 토를 극(剋)한다. (공격한다.)
2. 토극수(土剋水) : 토는 수를 극(剋)한다. (공격한다.)
3. 수극화(水剋火) : 수는 화를 극(剋)한다. (공격한다.)
4. 화극금(火剋金) : 화는 금을 극(剋)한다. (공격한다.)
5. 금극목(金剋木) : 금은 목을 극(剋)한다. (공격한다.)

---

학생들은 상생과 상극관계를 몇 번이고 반복해서 읽었다. 앞으로 계속해서 끊임없이 공부해야할 내용이었다.

"여기서 하나 기억해야 할 것은 서로 생(生)하는 것이 반드시 좋고, 서로 극(剋)하는 것이 반드시 나쁜 것만은 아니라는 점입니다. 상생과 상극의 조화가 가장 중요합니다. 이것은 바로 오행의 조화를 의미하기도 합니다. 예를 들자면 서로 극하는 관계를 이용해서 좋지 않은 역할을 하는 오행의 힘을 약하게 만들 수도 있고, 좋은 역할을 하는 오행을 도와줘서 더욱 강하게 만들 수도 있습니다. 상황에 따라 생(生)하는 것과 극(剋)하는 것을 조화롭게 이용할 수 있어야 합니다."

산아는 오행의 상생상극에 대한 내용을 거의 밤을 새우다시피하며 공부했다. 미래예측사가 되기 위한 공부라면 산아는 어떤 것이든 다 할 수 있었다. 잘 외워지지 않았던 내용들도 자꾸 반복해서 공부하자 머릿속에서 자리를 잡았다. 어떤 오행이 어떤 오행을 생(生)해주는지(도와주는지) 쉬지 않고 말할 수 있었다. 극(剋)하는 관계 또한 마찬가지였다.

# <u>중간점검 1</u>

　명리수양관의 중간점검일이 되었다. 학생들은 며칠 전부터 그동안 현마로부터 배운 사주분석에 대한 내용을 그 어떤 때보다 열심히 공부했다. 네 명의 학생 모두 공부에 대한 열정이 대단했고, 실력이 엇비슷했기 때문에 결코 자만할 수 없었다. 오히려 서로에게 건전한 경쟁심을 가질 수 있어서 실력향상에 도움이 되었다. 중간점검을 위해 현마와 학생들이 강의실에 모였다.

　"오늘은 우리 학교의 중간점검이 있는 날입니다. 학교 전통에 따라서 학생들은 서로에게 질문을 하고 대답을 합니다. 그렇게 하는 목적은 서로의 실력향상입니다. 친구로서가 아닌, 본인이 미래예측사라고 가정을 하고, 서로에 대한 존중의 자세로 중간점검에 임해 주시기 바랍니다. 앞으로 학교를 졸업할 때까지 계속해서 중간점검을 하게 됩니다. 오늘은 첫 시간이기 때문에 많이 긴장했을 것 같은데, 평소에 공부할 때처럼 자연스럽게 하면 됩니다. 그럼 서로 토론을 할 사주를 공개하겠습니다."

　모니터의 사주 8개 글자가 나타났다.

| 시(時) | 일(日) | 월(月) | 연(年) |
|--------|--------|--------|--------|
| 무(戊) | 정(丁) | 임(壬) | 병(丙) |
| 신(申) | 묘(卯)) | 진(辰) | 신(申) |

"음과 양의 개수는 각각 몇 개인가요?"

세라의 질문에 소니가 답을 했다.

"양(+)은 무(戊), 임(壬), 병(丙), 신(申) 2개, 진(辰) 이렇게 모두 6개이고, 음(-)은 정(丁)과 묘(卯) 2개입니다. 따라서 본 사주를 가진 사람은 양(+)적인 성향이 강하다고 예측됩니다."

이번에는 여명이 질문을 했다.

"각 오행별로 몇 개인지 알 수 있을까요?"

계산이 빠른 세라가 답을 달았다.

"목오행은 묘(卯) 1개, 화오행은 병(丙)과 정(丁) 2개, 토오행은 무(戊)와 진(辰) 2개, 금오행은 신(申) 2개, 수오행은 임(壬) 1개가 들어있습니다."

이번에는 산아가 질문을 했다.

"화오행이 생(生)해주는(도와주는) 글자는 어떤 글자인가요?

여명이 답을 했다.

"화오행은 오행의 상생관계에 따라 토오행을 생(生)해줍니다. 즉, 자신의 힘을 전달하여 토오행이 강해지도록 도와주는 것입니다. 본 사주에서 토오행은 무(戊)와 진(辰)이므로 화오행인 병(丙)과 정(丁)은 토오행인 무(戊)와 진(辰)이 강해지도록 도와줍니다. 물론 생(生)해준다는 말과 같은 의미입니다. 화생토(火生土)라고도 표현할 수 있습니다."

산아는 여명의 대답이 정확하면서도 간결하다고 생각했다. 평소에는 재미있는 말도 많이 하는 여명이었지만, 지금의 대답을 보면 그동안 얼마나 공부를 열심히 했는지 잘 알 수 있었다. 학생들의 질문과 대답은 점점 깊이가 깊어졌다.

학생들을 향해 세라가 질문을 던졌다.

"표에 있는 사주를 가진 사람에게 목오행이 좋다고 가정한다면 어떤 글자가 도움이 될 수 있을까요?"

세라의 질문에 산아가 답을 달았다.

"목오행을 강하게 만들기 위해서는(도와주기 위해서는) 수오행의 힘이 필요합니다. 이 사주에서 수오행은 월(月)의 천간(天干)에 있는 임(壬)입니다. 임(壬)은 수오행이므로 수생목(水生木)할 수 있습니다. 마치 나무에 물을 주어 영양분을 공급하는 것처럼 도와준다는 의미입니다."

산아는 가능하면 쉽게 이해할 수 있도록 대답했다. 잠시 후에는 산아가 질문을 했다.

"이 사주를 가진 사람에게 토오행은 좋지 못한 역할을 한다고 가정하겠습니다. 그렇다면 어떤 오행이 이 사람에게 도움을 줄 수 있을까요?"

소니가 재빠르게 대답했다.

"토오행이 좋지 못한 역할을 한다고 했으므로 토오행을 막을 수 있는 오행을 찾아야 합니다. 오행의 상극관계에서 토오행을 극하는(막는, 공격하는) 오행은 목오행입니다. 선생님의 표현을 그대로 사용한다면 나무의 뿌리가 흙은 움직이지 못하도록 꽉 잡고 있는 모습입니다. 다른 표현으로 목극토(木剋土)라고도 합니다. 이 사주에서 목(나무)은 묘(卯)입니다. 목오행인 묘(卯)가 토오행을 막는 역할을 할 수 있습니다."

눈에 띄게 발전된 학생들의 실력을 보면서 현마는 감탄할 수밖에 없었다. 여명이 나머지 세 명에게 질문을 던졌다.

"오행의 상생 관계를 모두 말씀해 주세요."

세라의 대답이 이어졌다.

"목은 화를 생한다. 목생화(木生火)! 화는 토를 생한다. 화생토(火生土)! 토는 금을 생한다. 토생금(土生金)! 금은 수를 생한다. 금생수(金生水)! 수는 목을 생한다. 수생목(水生木)! 이상입니다."

여명은 세라에게 추가질문을 했다.

"상생관계를 조금 더 자세하고 쉽게 설명해 주실 수 있나요?"

세라는 웃으며 말했다.

"물론이죠. 그게 뭐 어렵겠어요? 나무(木)는 불(火)이 잘 탈 수 있도록 도와주고, 불(火)은 물질을 태워서 흙(土)이 비옥하도록 도와주며, 흙(土) 은 쇠(金)가 만들어질 수 있도록 도와줍니다. 그리고 쇠(金)는 물(水)이 나 올 수 있도록 도와주며, 물(水)은 나무(木)에게 영양분을 제공하여 잘 자 랄 수 있도록 도와줍니다. 이 정도면 될까요?"

세라의 장난기 있는 말과 표정 때문에 강의실은 웃음이 가득했다. 다 음 질문자는 산아였다.

"표에 있는 사주를 분석한 결과 목오행이 좋은 역할을 한다면 이 사람 은 가능하면 어떤 방향으로 이사나 여행을 하는 것이 좋으며, 어떤 색깔 이 좋을까요?"

산아의 질문에 여명이 답을 했다.

"목오행이 나타내는 방향은 동쪽이므로 가능하면 동쪽으로 이사나 여 행을 하는 것이 좋습니다. 또한 목오행을 나타내는 색깔이 녹색이기 때 문에, 옷이나 자동차, 방을 꾸밀 때 녹색 계통으로 하면 좋겠습니다."

여명의 대답에 소니가 덧붙였다.

"그리고 수오행을 나타내는 북쪽과 검은색도 좋다고 생각합니다. 목오행을 생(生)해주는 기운이 바로 수오행이기 때문입니다. 목오행의 힘을 강하게 해 줄 것입니다."

소니의 대답은 산아가 전혀 예상하지 못한 내용이었다. 역시 미래예측사가 되기 위한 공부는 끝이 없는 것처럼 느껴졌다.

이번에는 여명이 질문을 던졌다.

"이 사람의 사주에서 가장 좋은 기운이 수오행이라고 한다면 이 사람에게 도움이 될 수 있는 오행과 방향, 그리고 색깔에 대해서 말씀해 주세요."

오행에 대한 종합적인 이해도를 물어보는 문제였다. 그것을 다시 말하면 질문을 던진 여명이 오행에 대해 누구보다 많이 공부를 했다는 의미였다. 그렇지 않고서는 나올 수 없는 질문이었다. 산아가 질문에 대한 답을 정리한 뒤 말했다.

"이 사주에서 수오행은 태어난 월(月)의 천간에 있는 임(壬)입니다. 그리고 수오행인 임(壬)을 생(生)해줄 수 있는, 즉 힘을 북돋워줄 수 있는 금오행이 필요합니다. 이 사주에서 금오행은 지지(地支)에 있는 두 개의 신(申)입니다. 방향은 수오행의 방향인 북쪽과 금오행의 방향인 서쪽이 좋을 것으로 예상됩니다. 또한 색깔은 수오행이 속한 검은색과, 금오행을 상징하는 흰색이 이 사람에게 도움을 줄 수 있는 색입니다."

| 시(時) | 일(日) | 월(月) | 연(年) |
|--------|--------|--------|--------|
| 무(戊) | 정(丁) | 임(壬) | 병(丙) |
| 신(申) | 묘(卯)) | 진(辰) | 신(申) |

질문을 던진 여명은 산아의 대답에 만족한 듯 산아를 향해 미소를 지어 보였다. 그렇게 몇 가지의 질문과 대답이 오가며 중간점검은 거의 마무리 단계에 이르렀다. 학생들을 지켜보고 있던 현마가 천천히 말을 꺼냈다.

"목오행이 두려워하는 것은 어떤 오행일까요?"

'선생님이 말하는 두려워한다는 표현의 의미는 무엇일까?'

산아는 답을 찾기 위해 오행의 관계를 정리해 봤다. 그리고 이내 답을 찾았다.

"금오행입니다. 왜냐하면 자신의 움직임을 방해하고, 공격하기 때문입니다. 쇠로 만든 도끼가 나무를 쓰러뜨리듯이 금오행은 목오행을 공격합니다. 그래서 목오행은 금오행을 두려워하는 것입니다."

산아의 대답을 들은 나머지 학생들도 현마가 질문한 의도를 알게 되었다.

"맞아요. 그럼 금오행이 두려워하는 오행은 무엇일까요?"

학생들의 대답이 동시에 터져 나왔다.

"화오행입니다. 불이 쇠를 녹이듯이 화오행은 금오행을 공격하기 때문입니다."

현마의 질문은 계속 되었다.

"그렇다면 나머지 화오행과 수오행, 토오행이 두려워하는 오행과 그 이유를 설명해 볼까요?"

학생들의 시선이 산아를 향했다. 산아가 정리하라는 의미였다.

"화오행은 자신(불)을 꺼서 없앨 수 있는 수오행(물)을 두려워합니다. 수오행은 자신(물)을 움직일 수 없도록 막는 토오행(흙)을 두려워합니다. 그리고 토오행은 자신(흙)을 움직이지 못하도록 꽉 잡고 있는 목오행(나무와 뿌리)을 두려워합니다."

간결하면서도 정확한 산아의 설명에 학생들은 환호를 보냈다.

"그렇다면 목오행이 좋아하는 오행, 바꿔 말해서 친한 오행은 어떤 오행일까요?"

앞선 질문과 반대되는 의미의 질문이었다. 하지만 학생들 모두 현마가 질문한 의도를 알고 있었다. 여명이 대표로 대답을 했다.

"나무에 물을 주어야만 영양분을 공급받아 잘 자랄 수 있기 때문에 나무에 해당하는 목오행은 물에 해당하는 수오행을 친하게 생각합니다."

학생들은 차례로 나머지 오행의 친한 관계에 대해 대답을 했다.

"수오행은 자신을 땅 위로 솟아오를 수 있게 도와주는 금오행을 친하게 생각합니다."
"금오행은 자신을 흙 속에서 만들어질 수 있도록 도와주는 토오행을 친하게 생각합니다."
"토오행은 물질을 태워 흙을 비옥하게 해주는 화오행을 친하게 생각합니다."
"화오행은 불이 더 활활 잘 탈 수 있도록 해주는 목오행을 친하게 생각합니다."

현마는 조금 전과 달리 진지한 표정으로 학생들을 바라봤다. 무슨 일인가 싶어 학생들은 현마의 다음 말을 기다리며 집중했다. 미래예측사가 되기 위한 공부는 그 어떤 것도 중요하지 않은 것이 없었지만, 그중에서도 더 중요한 내용을 말하기 전에 현마는 지금과 같은 모습을 보였다. 그것을 알기에 학생들은 숨을 죽이며 기다렸다.

"미래예측사가 되기 위해 우리는 사주 분석하는 법을 배우고 있습니다. 그런데 항상 잊지 말고 기억해야 할 것이 하나 있습니다. 그것은 바로 조화(調和)와 균형(均衡)입니다. 잘 어울리면서도 한쪽으로 치우치지 않고 균형을 이루는 것, 그것이 가장 중요합니다. 이 원리는 이 세상 모든 것에 다 적용됩니다. 이 원리를 사주에 적용해보면 오행이 조화를 이루고 균형을 잡고 있어야 가장 좋다는 의미로 해석할 수 있습니다. 이런 점에서 본다면 미래예측사가 해야 하는 가장 중요한 역할은 뭘까요?"

학생들을 바라보던 현마가 다시 말을 계속했다.

"한 사람의 사주를 정확히 분석해서 그 사주가 조화와 균형을 이룰 수 있도록 도와주는 것입니다. 사람이 태어난 연, 월, 일, 시간의 네 가지는 결코 변하지 않습니다. 한 번 태어나면 영원히 그 네 가지 요소는 어떤 일이 있어도 바뀔 수 없습니다. 바뀌지 않는 사주 여덟 글자는 여러분이 배운 것처럼 오행의 기운 중에서 하나의 기운을 가지게 됩니다. 목오행, 화오행, 토오행, 금오행, 수오행 중에서 무조건 하나의 오행에 속하게 되는 것입니다."

현마의 설명에 학생들은 고개를 끄덕였다.

"사주 8개의 글자는 오행이 다섯 개인 것처럼 다섯 가지의 관계만 있을 수 있습니다. 나와 같은 오행, 내가 생해주는 오행, 나를 생해주는 오행, 내가 극하는 오행, 나를 극하는 오행, 이렇게 다섯 가지 관계입니다. 그럼 이 관계가 왜 중요한지 알아보겠습니다. 8개의 글자 중에 목오행과 화오행이 있다고 가정하겠습니다. 목생화(木生火)입니다. 목오행이 화오행을 생해주는(힘을 실어주는) 관계입니다. 그렇기 때문에 목오행은 화오행을 생해주게 되는데, 이때 생(生)해준다는 것의 의미를 잘 알아야 합니다. 목오행이 자신의 힘을 줄 것인지 말 것인지를 결정하는 것이 아니라 무조건 화오행에게 줘야만 합니다. 화오행 또한 자신이 목오행에게서 힘을 받을지 말지를 결정하는 것이 아니라 무조건 받아야만 합니다. 마치 자석의 N

극과 S극이 만나면 자동으로 붙게 되는 것처럼 생(生)한다는 것은 무조건 반응이 일어나는 것입니다. 목오행이 화오행에게 딱 달라붙는다는 이미지로 생각하면 이해가 빠를 수도 있습니다."

처음 듣는 내용이었지만 학생들은 현마의 말을 이해하기 위해 노력했다.

"전에도 말했듯이 여러분은 앞으로도 많은 내용을 배워야 합니다. 그런데 전혀 새로운 내용이라기보다는 배웠던 것을 반복하고, 응용하는 것이 대부분입니다. 지금 내가 하는 설명도 현재는 이해하기 힘들어도 앞으로 다른 내용들과 함께 하다 보면 오히려 쉽게 이해할 수 있습니다. 이번에는 상극관계에 대해서 알아보겠습니다. 원리는 상생과 동일합니다. 8개의 글자에서 서로 상극인 관계의 글자가 만나게 되면 무조건 극(공격, 행동방해)을 하게 되어 있습니다. 토오행이 자신의 의지에 따라 수오행을 극하는 것이 아니라 수오행을 보면 자동적으로 극하는 반응이 나타납니다. 이것은 다른 오행의 상극관계에서도 마찬가지입니다. 따라서 앞으로 사주에 나타난 8개의 글자를 보게 되면 그 글자들 사이의 상생상극 관계를 반드시 따져봐야 합니다."

'생(生)하는 관계에서는 무조건 두 오행끼리 힘을 주고받을 수밖에 없고, 극(剋)하는 관계에서는 무조건 다른 오행을 극하거나 극을 당할 수밖에 없구나. 이러한 관계는 두 글자가 선택하는 것이 아니라 자동적으로 일어나는 반응이야.'

산아는 현마의 말을 자기 나름대로 정리해서 이해했다.

"앞으로 여러분이 누군가의 사주를 분석하다 보면 오행이 한쪽으로 치우친 경우가 많다는 사실을 알게 됩니다. 오행의 기운이 골고루 8개 글자 안에 분포되어 있는 경우도 있지만, 세 개의 오행만 있고, 아예 두 개의 오행이 없는 경우도 있습니다. 심하면 두 개의 오행만 있고, 세 개의 오행 기운이 아예 없는 경우도 있습니다. 그 말은 결국 8개 글자가 한두 개의 오행에 집중되어 있다는 것입니다."

현마는 강의실 앞쪽에 설치된 모니터에 누군가의 사주를 띄웠다.

| 시(時) | 일(日) | 월(月) | 연(年) | |
|--------|--------|--------|--------|------------|
| 정(丁) | 정(丁) | 갑(甲) | 병(丙) | 천간(天干) |
| 유(酉) | 사(巳) | 오(午) | 오(午) | 지지(地支) |
| 시주(時柱) | 일주(日柱) | 월주(月柱) | 연주(年柱) | |

목오행: 1개(갑)
화오행: 6개(정 2개, 오 2개, 병, 사)
토오행: 없음
금오행: 1개(유)
수오행: 없음

"이러한 사주가 있다고 가정하겠습니다. 보는 것처럼 목오행, 화오행, 금오행의 3개의 기운만 있고, 토오행과 수오행은 아예 하나도 없습니다. 이 사주는 어떤가요? 균형이 잡힌 사주입니까? 아니면 균형이 깨진 사주입니까?"

학생들이 대답했다.

"균형이 깨진 사주입니다."

"네, 균형이 완전히 깨진 사주입니다. 화오행에 치우친 모습을 보이고 있습니다. 우리는 오행의 상생과 상극관계를 배웠습니다. 상생관계를 친한 관계라는 말로 바꿀 수도 있고, 상극관계를 두려워한다는 말로 바꿀 수도 있다고 공부했습니다. 이 상생관계와 상극관계를 이용해서 조화와 균형을 잡을 수 있어야 합니다. 조화와 균형을 잡는 과정에서는 친한 관계라고 해서 무조건 좋은 것이 아니며, 두려워하는 관계라고 해서 무조건 나쁜 것이 아니라는 것을 반드시 기억하고 있어야 합니다."

산아는 현마의 설명을 듣는 내내 그 말뜻을 이해하기 위해 노력했다. 본능적으로 중요한 내용이라고 느꼈기 때문이다. 이것은 다른 학생들도 마찬가지였다. 세라도, 여명도, 소니도 모두 그동안 볼 수 없었던 강한 집중력을 보이고 있었다.

"목오행은 자신(나무)을 태워서 불이 더 잘 탈 수 있도록 돕는다고 했습니다. 이 때문에 화오행의 입장에서 보면 목오행은 친한 오행이라고 했습니다. 이것을 다른 말로 목생화(木生火)라고 배웠습니다. 그럼 화오행의 입장에서 보면 목오행은 무조건 좋은 것이라고 생각할 수도 있습니다. 하지만 그렇지 않습니다. 경우에 따라 다른 것입니다. 이 사주를 보면 화오행이 너무 강합니다. 이렇게 강한 상태의 불속에 나무를 자꾸 던지면 어떻게 될까요? 더욱더 강한 불이 될 것입니다. 그렇게 되면 화오행이 극하는 오행이 더욱 큰 공격을 당하게 될 것입니다. 이 사주에서 보면 태어난 시(時)의 지지(地支)에 있는 유(酉)가 금오행인데 이 금오행이 아주 강력한 불(화오행)의 공격을 받게 될 것입니다. 사주에 있는 유(酉) 또한 본인 사주를 구성하는 성분입니다. 사주 여덟 글자는 모두 그 사람의 인생을 표현하고 있습니다. 부모와의 관계, 자식과의 관계, 남편이나 부인과의 관계, 인간관계, 건강, 재물 등 그 사람의 모든 것을 나타냅니다. 그러한 어떤 부분이 강한 공격을 받는다는 것은 당연히 좋은 의미가 아닙니다. 그렇게 강한 공격을 받는 것이 건강이라면 건강이 나빠진다는 것을 의미하고, 인간관계라면 인간관계가 좋지 않게 된다는 것을 의미하며, 일과 관련된 것이라면 직업과 일을 하는 데 있어 문제가 발생한다는 것을 의미합니다."

현마는 잠시 숨을 돌린 뒤 천천히 강의를 계속했다.

"그렇다면 이 사주에서 보면 목오행이 화오행을 생해주는 목생토(木生土)의 관계가 좋은 것일까요? 여러분들도 이미 알고 있는 것처럼 좋지 않습니다. 이 사람의 사주에서는 화오행이 너무 강해서 조화와 균형을 깨면서 금오행을 강하게 공격하고 있습니다. 나중에 배우겠지만 금오행에 해당하는 부분에 심각한 타격을 입는 것입니다. 생하는 관계가 반드시 좋은 것만은 아니라는 사실을 기억해야 합니다. 그럼 여기서 질문을 하나 해 볼까요? 이런 사주에 필요한 오행은 어떤 것일까요?"

처음 접해보는 오행에 관한 문제였다. 다른 학생들이 해답을 찾는 사이 세라가 가장 먼저 손을 들고 대답했다.

"수오행입니다. 강한 불을 잡기 위해서 물을 뿌리는 원리처럼 수극화(水剋火)의 상극관계를 이용해야 합니다."

산아는 세라의 대답을 듣고 원리를 이해하게 되었다. 산아가 생각할 때 세라는 정말 열심히 공부하는 학생이었다. 틀림없이 좋은 미래예측사가 될 것 같았다.

"그럼 이 사람에게는 어떤 해(年)가 오는 것이 좋을까요?"

산아는 60갑자표를 떠올렸다.

'수오행의 기운을 담고 있는 해(年)가 오면 돼.'

산아는 현마를 향해 머릿속에서 떠오른 단어를 말했다.

"수오행이 천간과 지지에 들어간 해가 와야 합니다. 예를 들자면 임자년(壬子年), 계해년(癸亥年) 등이 있습니다. 그렇게 되면 그 해(年)의 강한 물기운으로 불의 열기를 조절하여 균형을 이룰 것으로 생각합니다."

현마가 산아의 대답에 몇 마디를 덧붙였다.

"좋은 대답입니다. 수오행의 기운이 화기운을 억눌러서 균형을 잡게 하는 것입니다. 물이 불을 끄기 때문에 이러한 상극관계가 항상 나쁘다고 생각했을 수도 있지만, 이 경우에는 오히려 상생관계가 사주에 좋지 않은 영향을 주고, 상극관계가 균형을 잡게 해줘서 좋은 역할을 한다는 것을 알게 되었습니다. 내가 여러분에게 말하고 싶은 것은 바로 이것입니다. 오행의 상생상극관계는 **절대적**이라는 것도, **언제나**라는 것도 **존재하지 않는다**는 사실입니다. 서로 생(生)해주는 상생관계가 항상 좋은 것도 아니고, 서로 극(剋)하는 상극관계가 항상 나쁜 것도 아닙니다. 중요한 것은 오행의 관계가 조화롭고, 균형을 이루는 것입니다."

언제나 열정적인 현마의 강의는 학생들을 집중하게 했지만, 오늘 강의
는 특히 학생들에게 강한 인상을 남겼다.

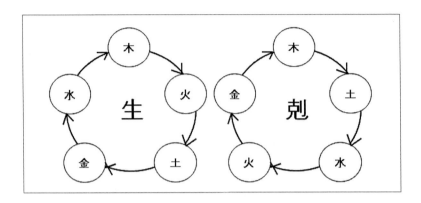

산아는 강의가 끝난 뒤 혼자 강의실에 앉아 오행의 상생상극 관계를
정리했다.

'먼저 상생관계를 해 볼까? 나무(木)는 불(火)이 잘 타오를 수 있도록 도
와주고, 불(火)은 물질을 태워서 땅(土)이 비옥할 수 있도록 도와주며, 땅
(土)은 그 속에서 쇠(金)가 만들어질 수 있도록 도와준다. 쇠(金)는 물(水)이
솟아나올 수 있도록 도와주고, 물(水)은 나무(木)가 잘 자랄 수 있도록 영
양분을 제공해 준다. 다른 말로 표현하면 목이 화를 생하고(木生火), 화가
토를 생하고(火生土), 토가 금을 생하고(土生金), 금이 수를 생하고(金生水),
수가 목을 생한다(水生木).'

이어서 상극관계를 정리했다.

'나무(木)는 뿌리와 몸으로 흙(土)이 움직일 수 없도록 꽉 잡아서 막고, 흙(土)은 물(水)이 움직이지 못하도록 막고(댐처럼), 물(水)은 불(火)이 타오르지 못하게 꺼버리고, 불(火)은 뜨거운 열로서 쇠(金)를 녹여버리고, 쇠(金)는 나무(木)를 잘라버린다. 이것을 다른 말로 표현하면 목극토(木剋土), 토극수(土剋水), 수극화(水剋火), 화극금(火剋金), 금극목(金剋木)이라고 한다.'

그리고 가장 중요하다고 생각되는 부분을 되새기며 강의실을 나섰다.

'가장 중요한 것은 오행의 조화와 균형이다. 생(生)해준다고 항상 좋은 것만은 아니고, 극(剋)한다고 해서 항상 나쁜 것만은 아니다.'

# 오행의 충(沖)과 합(合)

학생들은 강의실 모니터에 그려진 그림을 보고 있었다. 잠시 후 현마가 들어오고 강의가 시작되었다.

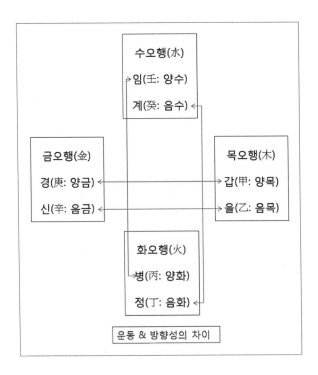

"오행은 각각 서로의 성격이 다르다고 배웠습니다. 목(木)과 화(火)는 발산, 즉 드러내고 어디론가 쭉쭉 뻗어나가려는(나무의 뿌리와 줄기, 불의 화염)

성향이 강하고, 금(金)과 수(水)는 자신의 안으로 수렴(응축)하려는 성향이 강하다는 것입니다. 다시 말해서 밖으로 나갈 것인지, 안으로 들어갈 것인지의 차이가 발생합니다. 이 때문에 운동성이 완전히 반대인 오행끼리 만나면 서로 부딪쳐서 충돌하게 됩니다. 이것을 오행의 충(沖)이라고 합니다. 충돌이라는 것은 결국 서로 만나지 않았을 때와 비교해서 새로운 문제를 발생시킨다는 것입니다. 발산하고 활발하게 움직이려고 하는 기운과 조용하게 내부(안)로만 들어가려는 기운이 충돌하게 되면 들어가지도 못하고 나가지도 못하는 상황이 되는 것입니다. 대신 토오행은 각 오행들의 중간지점에 위치하여 중립적인 성향을 보이기 때문에 충돌이 발생하지 않는다고 봅니다. 결국은 금오행과 목오행이 충돌하고, 수오행과 화오행이 충돌합니다."

그때 소니가 손을 들어 현마에게 질문을 했다.

"선생님, 아까 만나서 충돌을 한다고 하셨는데 만난다는 것이 무슨 뜻인가요?"

현마는 화이트보드에 사주 여덟 자를 쓴 뒤 설명을 시작했다.

| 정丁 | **갑甲** | **경庚** | 병丙 |
|------|---------|---------|------|
| 묘卯 | 신申 | 인寅 | 신申 |
| 시주 | 일주 | 월주 | 연주 |

"사주에서 글자끼리 만났다는 것은 이 표처럼 사주 8개 글자 중에 함께 자리 잡고 있는 것을 말합니다. 표를 보면 갑(甲)과 경(庚)이 만난 것을

볼 수 있습니다. 이렇게 되면 충돌이 일어나는 것입니다."

학생들은 현마의 강의에 귀를 기울이면서 이해하려고 애쓰는 표정들이었다. 그만큼 쉽지 않은 부분이었다. 현마는 최대한 학생들이 쉽게 이해할 수 있도록 설명에 정성을 기울였다.

"각 오행은 계절에 비유를 할 수도 있습니다. 목오행은 봄, 화오행은 여름, 금오행은 가을, 수오행은 겨울입니다. 토오행은 각 계절 사이에 자리하고 있습니다. 봄은 꽃을 피우기 위해 가지와 잎을 쭉쭉 뻗으면서 자신의 몸 안에서부터 밖으로 발산을 시작하는 시기입니다. 싹이 땅 위로 올라오고, 새순이 나뭇가지에서 나오는 것도 모두 발산의 기운입니다. 가을은 열매를 완성하는 시기입니다. 열매는 더욱더 튼튼하고 단단해지며, 발산보다는 열매의 안으로 기운을 모아두려고 합니다. 열매를 맺는 데 집중해야 하기 때문입니다. 봄은 발산을 시작하는 시기이며, 가을은 수렴을 시작하는 시기입니다. 정확하게 기운이 반대로 움직이는 것을 알 수 있습니다. 그래서 봄을 상징하는 목오행과 가을을 상징하는 금오행이 만나면 충돌이 발생하는 것입니다."

학생들의 입장에서는 현마의 말을 이해하기가 쉽지 않았다.

"여름은 발산의 최고라고 할 수 있습니다. 나무의 성장이 빨라지고, 꽃이 활짝 핍니다. 움직임이 가장 빠르고 활발한 시기입니다. 이에 비해 겨울은 어떤가요? 모든 것이 행동을 멈추고 자신의 안으로 수렴(응축)하고 또 수렴합니다. 에너지 비축을 위해 여름과는 반대로 활동량을 줄이기 위해 노력합니다. 왜냐하면 봄을 준비해야 하기 때문입니다. 가장 활발하

게 발산하는 시기인 여름과 가장 활동성이 떨어지며 수렴의 시기인 겨울
은 기운의 흐름이 정확하게 반대라고 볼 수 있습니다. 이 때문에 여름을
상징하는 화오행과 겨울을 상징하는 수오행이 만나면 충돌이 발생하는
것입니다. 한쪽은 발산을 원하고, 한쪽은 수렴을 원합니다. 한쪽은 뛰어
다니고 싶은데, 한쪽은 가만히 쉬고만 싶습니다."

학생들에게 내용에 대한 정리시간을 준 현마가 다시 강의를 시작했다.

"대신 충돌은 같은 음양끼리 하게 됩니다. 양(+)의 목오행인 갑(甲)과 양
(+)의 금오행인 경(庚)이 충돌하고, 음(-)의 목오행인 을(乙)과 음(-)의 금오행
인 신(辛)이 충돌합니다. 또한 양(+)의 화오행인 병(丙)과 양(+)의 수오행인
임(壬)이 충돌하며, 음(-)의 화오행인 정(丁)과 음(-)의 수오행인 계(癸)가 충
돌하게 됩니다. 힘의 크기가 같아야 하기 때문에 같은 양(+)끼리, 같은 음
(-)끼리 충돌하게 됩니다."

산아는 머릿속으로 천간 글자들의 충돌을 외우기 시작했다.

'갑과 경이 충돌하고, 을과 신이 충돌하고, 병과 임이 충돌하고, 정과
계가 충돌한다.'

"미래예측사들이 공통적으로 쓰는 말은 다음과 같습니다. 갑과 경이
충돌하는 것을 갑경충(甲庚沖)이라고 하고, 을과 신이 충돌하는 것을 을신
충(乙辛沖)이라고 하며, 병과 임이 충돌하는 것을 병임충(丙壬沖), 마지막으
로 정과 계가 충돌하는 하는 정계충(丁癸沖)이라고 합니다. 그러니까 여러
분도 앞으로는 충(沖)이라는 표현을 알고 있어야 합니다."

'갑경충(甲庚沖), 을신충(乙辛沖), 병임충(丙壬沖), 정계충(丁癸沖).'

현마는 학생들이 각자 충의 종류를 쉴 새 없이 중얼거리는 것을 바라봤다. 생소한 내용이 학생들을 힘들게 할 수도 있겠지만 사주분석을 위해서는 배워야 하고, 또 반드시 뛰어 넘어야 하는 단계였다.

"우리가 처음으로 함께 공부를 시작하던 날, 난 여러분에게 이런 말을 했습니다. 다른 사람의 사주를 분석하는 것은 아주 힘든 일이라고, 그래서 공부하는 과정도 아주 어렵다고 했습니다. 그래서 어떻게 공부하라고 했나요?"

세라가 씩씩하게 대답했다.

"처음에 배울 때는 힘들겠지만 반복하고 또 반복하면 머릿속에서 떠나지 않는다고 하셨습니다."

산아도 현마의 말처럼 항상 배운 내용에 대해 반복하고 또 반복해서 끊임없이 외울 수 있도록 노력했다.

"지금 충(沖)에 대해서 배웠지만 바로 이 자리에서 모든 것을 이해하기에는 힘든 내용입니다. 하지만 사주분석을 할 때는 반드시 필요한 내용이기 때문에 알고 있어야 합니다. 힘들다고 포기하지 말고 반복하고 또 반복해서 공부하다 보면 어느새 여러분의 것이 될 수 있습니다."

다시 현마의 강의가 시작되었다. 학생들도 집중하기 시작했다.

"방금 배운 충(沖)은 천간에서 이뤄지기 때문에 천간충(天干沖)이라고 합니다. 지지(地支)에서 일어나는 충을 지지충(地支沖)이라고 하는데 표를 한번 볼까요?"

학생들의 시선이 일제히 표를 향했다. 잠시 읽어보던 산아는 그 표가 12지(十二支)의 순서임을 금방 알아차렸다.

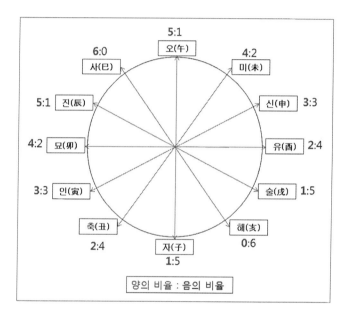

'자, 축, 인, 묘, 진, 사, 오, 미, 신, 유, 술, 해. 12지의 순서대로 배열된 그림이네.'

"여러분이 끊임없이 외우고 있는 22개 글자 가운데 12개 글자입니다. 12지(十二支)라고 합니다. 천간의 밑에 위치할 때는 지지(地支)라고 부릅니다. 이러한 지지끼리의 충(沖)을 살펴보겠습니다. 천간충은 글자의 어떤 속성이 달라서 충이 생긴다고 했지요?"

산아가 대답을 했다.

"오행 기운의 방향성, 운동성이 달라서 생긴다고 하셨습니다. 발산과 수렴, 활발과 비활발의 차이입니다."

산아의 대답은 현마의 마음을 흡족하게 했다.

"정확하게 말했습니다. 천간충은 방향성과 운동성이 반대이기 때문에 생긴다고 했습니다. 지금부터 설명하는 지지충(地支沖)은 음양의 구성 비율 때문에 일어납니다. 각 12지의 글자 옆에 숫자가 표시되어 있습니다. 이것은 양(+)과 음(-)의 비율입니다. 이 중에서 하나를 예를 들어 설명하겠습니다. 사(巳)는 양이 6이고, 음이 0입니다. 해(亥)는 양이 0이고, 음이 6입니다. 하나는 완전히 양(+)이고, 하나는 완전히 음(-)입니다. 음양으로 봤을 때 정확하게 반대의 성질을 가진 글자들입니다. 이렇게 음양의 비율이 정확하게 반대인 글자들이 만나면 충(沖)을 일으킵니다. 양과 음의 숫자를 비교해 보면 알 수 있습니다."

산아와 학생들은 각각 충(沖)되는 글자들의 음양 비율을 살펴봤다. 현마가 말한 것처럼 정확히 반대의 비율을 보이고 있었다.

"천간충과 마찬가지로 지지충에서도 간단하게 부르는 명칭이 있습니다. 자와 오의 충은 자오충(子午沖)이라고 합니다. 축과 미의 충은 축미충(丑未沖)이라고 하고, 나머지도 동일한 구조로 부르게 됩니다. 인신충(寅申沖), 묘유충(卯酉沖), 진술충(辰戌沖), 사해충(巳亥沖)이 됩니다. 12개의 글자가 두 개씩 충을 하게 되므로 모두 6개의 지지충이 있습니다."

산아는 작은 소리로 6개의 지지충을 말해보기 시작했다.

"자오충, 축미충, 인신충, 묘유충, 진술충, 사해충."

| 오행 | 木 | | 火 | | 土 | | 金 | | 水 | |
|------|----|----|----|----|----|----|----|----|----|----|
| 해당 지지 | 인 | 묘 | 사 | 오 | 진술 | 축미 | 신 | 유 | 해 | 자 |
| 계절 | 봄 | | 여름 | | 환절기 | | 가을 | | 겨울 | |

현마는 다른 표를 모니터 화면에 불러왔다. 전에 공부했던 적이 있는 표였다.

"전에 공부했던 오행별 지지와 계절표입니다. 자세히 보면 목오행의 인(寅)과 금오행의 신(申)이 충(沖)을 이루고 있습니다. 또 목오행의 묘(卯)와 금오행의 유(酉)가 충을 이루고 있습니다. 결국 목오행과 금오행의 충(沖)인 셈입니다. 화오행과 수오행의 지지충(地支沖)도 마찬가지입니다. 결과적으로 부딪히는 오행관계는 천간충(天干沖)과 같다는 것을 알 수 있습니다. 그럼 다른 표를 한 번 살펴볼까요?"

| 목오행 | | | 화오행 | | | 금오행 | | | 수오행 | | |
|--------|----|----|--------|----|----|--------|----|----|--------|----|----|
| 봄 | | | 여름 | | | 가을 | | | 겨울 | | |
| 인 | 묘 | 진 | 사 | 오 | 미 | 신 | 유 | 술 | 해 | 자 | 축 |
| 寅 | 卯 | 辰 | 巳 | 午 | 未 | 申 | 酉 | 戌 | 亥 | 子 | 丑 |
| 1월 | 2월 | 3월 | 4월 | 5월 | 6월 | 7월 | 8월 | 9월 | 10월 | 11월 | 12월 |

새로운 표와 함께 현마의 설명이 이어졌다. 학생들은 긴장한 채로 현마

의 말에 귀를 기울였다. 학생들은 현마의 말을 단 한마디라도 놓치면 큰 일 날 것 같은 표정으로 집중했다.

"결국 천간충이나 지지충은 반대의 기운을 가진 오행의 충돌이라고 도 할 수 있고, 반대되는 계절의 충돌이라고 할 수도 있습니다. 표를 보면 봄을 나타내는 지지는 3개입니다. 인(寅), 묘(卯), 진(辰). 이 세 글자와 가을을 나타내는 지지 3개가 충을 하고 있습니다. 인신충(寅申沖), 묘유충(卯酉沖), 진술충(辰戌沖). 그렇지요? 여름을 나타내는 사(巳), 오(午), 미(未)는 어떤가요? 역시 겨울을 나타내는 해(亥), 자(子), 축(丑)과 사해충(巳亥沖), 자오충(子午沖), 축미충(丑未沖)을 하고 있습니다. 이 표를 반복해서 공부하고 외우게 되면 각 오행에 해당하는 계절, 지지를 바로 말할 수 있고, 그렇게 되면 충 또한 쉽게 찾을 수가 있습니다."

현마는 어려워하는 학생들의 표정을 보자 참으려고 해도 계속 미소가 번져 나왔다.

"지금 단계에서 원리까지 알아야 할 필요는 없습니다. 그보다 더 중요한 것은 어떤 글자들이 만났을 때 충(沖)이 되는지를 빨리 알아내는 일입니다. 예를 들어 갑(甲)과 경(庚)이 나란히 있는데도 갑경충(甲庚沖)을 생각해 내지 못하면 정확한 사주분석을 할 수 없습니다. 하지만 원리부터 시작해서 기억하려면 시간이 너무 많이 걸릴 것입니다. 따라서 갑과 경이란 글자를 보면 바로 갑경충(甲庚沖)을 생각해 낼 수 있도록 마치 구구단처럼 외울 필요가 있습니다. 그럼 함께 천간충을 한 번 읽어볼까요?"

학생들은 동시에 천간충을 말하기 시작했다.

"갑경충, 을신충, 병임충, 정계충."

잠시 뒤, 학생들은 지지충을 읊기 시작했다.

"자오충, 축미충, 인신충, 묘유충, 진술충, 사해충."

산아는 처음보다 훨씬 잘 외워진다는 느낌을 받았다. 현마의 말처럼 구구단같이 바로바로 튀어나올 수 있게 외워야겠다고 다짐했다.

| 목오행 | | | 화오행 | | | 금오행 | | | 수오행 | | |
|---|---|---|---|---|---|---|---|---|---|---|---|
| 봄 | | | 여름 | | | 가을 | | | 겨울 | | |
| 인 | 묘 | **진** | 사 | 오 | **미** | 신 | 유 | **술** | 해 | 자 | **축** |
| 寅 | 卯 | **辰** | 巳 | 午 | **未** | 申 | 酉 | **戌** | 亥 | 子 | **丑** |
| 1월 | 2월 | 3월 | 4월 | 5월 | 6월 | 7월 | 8월 | 9월 | 10월 | 11월 | 12월 |

"그리고 다시 표를 보세요. 계절의 끝에는 진, 미, 술, 축이라는 글자가 오게 됩니다. 이 네 글자는 어떤 오행입니까?"

누구보다 빠른 소니의 대답이 들렸다.

"진, 술, 축, 미는 토오행입니다."

현마는 진, 술, 축, 미의 글자 위에 동그라미를 쳤다.

"전에 설명했듯이 토오행은 계절과 계절의 사이에 존재하면서 서서히 변화시키는 역할을 하게 됩니다. 자신이 속한 계절의 기운을 약하게 하면서 다음 계절을 받아들일 수 있게 하는 것입니다."

현마의 말이 끝나고 산아가 질문을 했다.

"선생님, 그런데 밑에 있는 숫자는 뭔가요?"
"그건…… 다음 시간에 하겠습니다."

복잡한 내용의 강의였는지 학생들도 빨리 쉬고 싶어 했다. 이것을 간파한 현마는 다음 시간을 약속하며 강의를 끝냈다. 현마는 앞으로도 많은 공부를 해야만 하는 학생들이 벌써부터 지치면 곤란하다고 생각했다. 가르치고 싶은 자신의 열정을 주체하지 못해 한꺼번에 너무 많은 내용을 학생들에게 가르쳐본 적이 있었다. 그 결과 가장 많은 중도탈락자를 발생시키는 결과를 가져왔다. 현마는 그 모든 것이 자신의 책임이라고 생각했다. 조화와 균형을 중요시하라고 했으면서 정작 자신은 지키지 못했다고 자책했다. 그 이후, 현마는 학생들을 가르치는 것에 있어서 과욕하지 않으려고 노력했다. 강요하지 않아도 학생들은 스스로 자신의 꿈을 위해 누구보다 열심히 노력하고 있었다. 학생들은 미래예측사라는 단어만 들어도 가슴이 설레고 있을 것이다. 현마 또한 그랬으니까.

# 절기력(節氣曆)

또다시 새로운 강의가 시작되었다. 강의를 시작하기 전, 현마는 학생들에게 천간충과 지지충을 말해보라고 했다. 현마가 생각할 때 반복학습이 암기에는 가장 좋은 방법이었다.

"갑경충, 을신충, 병임충, 정계충. 자오충, 축미충, 인신충, 묘유충, 진술충, 사해충."

산아를 비롯한 학생들은 이제 책을 보지 않고도 쉽게 외울 수 있었다. 며칠 동안 반복해서 노력한 결과였다. 암기가 끝나자, 현마는 지난 시간에 보여줬던 표를 다시 모니터에 띄웠다.

| 목오행 | | | 화오행 | | | 금오행 | | | 수오행 | | |
|---|---|---|---|---|---|---|---|---|---|---|---|
| 봄 | | | 여름 | | | 가을 | | | 겨울 | | |
| 인 | 묘 | 진 | 사 | 오 | 미 | 신 | 유 | 술 | 해 | 자 | 축 |
| 寅 | 卯 | 辰 | 巳 | 午 | 未 | 申 | 酉 | 戌 | 亥 | 子 | 丑 |
| 1월 | 2월 | 3월 | 4월 | 5월 | 6월 | 7월 | 8월 | 9월 | 10월 | 11월 | 12월 |

"오늘 배울 내용은 암기할 필요 없이 그저 이해하면 됩니다. 그러니까

너무 부담스럽게 생각하지 마세요."

암기할 필요가 없다는 말에 학생들의 표정이 밝아졌다.

"사주를 분석할 때 사용하는 달력은 우리가 흔히 쓰는 양력이나 음력이 아닙니다. 태양의 고도에 따라 일 년을 24절기로 나눈 절기력(節氣曆)을 사용합니다. 그중에서 12절기만을 사용하는데 그 12절기가 그대로 열두 개의 달(月)이 된다고 생각하면 됩니다."

| 봄 | | | 여름 | | | 가을 | | | 겨울 | | |
|---|---|---|---|---|---|---|---|---|---|---|---|
| 입춘 | 경칩 | 청명 | 입하 | 망종 | 소서 | 입추 | 백로 | 한로 | 입동 | 대설 | 소한 |
| 1월 | 2월 | 3월 | 4월 | 5월 | 6월 | 7월 | 8월 | 9월 | 10월 | 11월 | 12월 |
| 인월<br>寅月 | 묘월<br>卯月 | 진월<br>辰月 | 사월<br>巳月 | 오월<br>午月 | 미월<br>未月 | 신월<br>申月 | 유월<br>酉月 | 술월<br>戌月 | 해월<br>亥月 | 자월<br>子月 | 축월<br>丑月 |

새로운 표가 모니터에 나타났다.

"24절기 중에서 사용되는 12개의 절기입니다. 각 계절의 앞에는 시작을 알리는 입(立)이라는 글자가 붙습니다. 봄이 시작되는 입춘, 여름이 시작되는 입하, 가을이 시작되는 입추, 겨울이 시작되는 입동처럼 말입니다. 그리고 그 뒤에 각각 두 개의 절기가 더 붙어서 모두 12개가 됩니다. 입춘부터 1월이 되는 것입니다. 12지로 월을 표시하면 1월은 인월(寅月)부터 시작됩니다. 왜 가장 먼저 있는 자(子)부터 시작하지 않을까요? 자(子)와 축(丑)은 아직 겨울이기 때문에 봄의 시작인 인(寅)부터 1월로 정한 것입니다. 우리나라의 기후와도 맞고, 오행의 분류와도 맞습니다. 그런데 여기서 궁금한 내용이 있을 것 같은데 혹시 질문 없나요?"

현마를 학생들의 질문을 기다렸다.

"사실 1월은 봄이라고 하기에는 아직 춥습니다. 그런데 여기서 말하는 1월은 양력의 1월이 아니라는 것을 알아야 합니다. 절기상 1월, 즉 입춘은 보통 2월 초(혹은 1월 말)에 있습니다. 다시 말하자면 절기력상 월(月)은 양력보다는 1개월에서 1개월 반 정도 뒤라고 생각하면 맞습니다. 위 표에서 보자면 여름이 시작되는 입하(立夏)는 절기력으로 계산할 때는 4월로 표시하지만 우리가 쓰는 양력으로는 5월초에서 중순입니다. 여름의 시작이 맞습니다. 다시 말해서, 절기력상 4월, 5월, 6월이지만 양력으로 계산해보면 5월, 6월, 7월이므로 여름이 맞습니다. 사주분석에 사용되는 절기력상 겨울은 양력으로 보면 11월, 12월, 1월이 됩니다. 그럼 실제 기후와도 맞는 셈입니다. 지금까지 설명한 내용을 알지 못해도 사주분석을 하는 것은 아무런 문제가 없습니다. 왜 그렇지요?"

세라의 경쾌한 답이 강의실에 퍼졌다.

"만세력 어플리케이션이 대신 계산해 줍니다."

세라의 대답은 현마와 학생들을 수시로 웃게 했다.

"맞아요. 전에 설명했듯이 사주분석을 요청하는 사람의 생년, 월, 일, 시간을 만세력 어플리케이션에 입력만 하면 사주 8개 글자가 바로 표시됩니다. 예전처럼 각 해(年)의 절기가 적힌 만세력 책을 보면서 사주 여덟 글자를 뽑을 필요가 없습니다. 하지만 한 번쯤 원리를 알아보는 것도 괜찮다는 생각에서 오늘 이렇게 설명을 하고 있습니다. 절기상, 입춘과 경칩 사이에 태어나면 그 사람의 월은 인월(寅月, 1월)이 됩니다. 예를 들어, 이때 월(月)의 천간이 갑이었다면 두 글자가 합쳐진 월의 기둥(월주)은 갑인월(甲寅月)이 되겠습니다. 그럼 어떤 사람이 망종부터 소서 사이에 태어났고, 월의 천간이 병이었다면 그 사람의 월주는 어떤 글자가 될까요?"

계산이 빠른 세라가 대답했다.

"월은 오(午)월이기 때문에 천간의 병(丙)과 합쳐져서 병오월(丙午月)이 됩니다."

곧바로 현마의 다음 문제가 이어졌다.

"대설이 지나고 소한 전에 태어난 사람의 월은 무엇일까요?"

이번에는 소니가 대답했다.

"자월(子月)입니다."

학생들은 사주분석에 사용되는 절기력에 대한 이해를 어느 정도 했다. 산아는 현마의 말처럼 이제 만세력 책을 보고 사주 8개 글자를 찾는 시대는 아니지만, 그래도 원리를 들을 수 있어서 다행이라고 생각했다.

"오늘 배운 것을 조금 응용해 볼까요? 우리는 태어난 해에 따라 무슨 따라는 말을 사용합니다. 이 띠가 바뀌는 기준이 바로 해가 바뀌는 기준입니다. 그것이 바로 입춘입니다. 입춘이 지나야 새로운 띠가 되는 것이며, 새로운 해(年)가 되는 것입니다. 그런데 아까 설명했듯이 입춘은 양력으로 보면 1월 말에서 2월 초가 됩니다. 따라서 양력으로 1월이 지났다고 해서 띠가 바뀐 것이 아니라는 의미입니다. 입춘이 되기 전에 태어난 사람들은 아직 그 전해의 띠를 따라야 하는 것입니다."

마치 현마의 설명에 덧붙이듯이 여명이 말했다.

"그러면 양력으로 1월에 태어난 사람들은 아직 띠가 바뀐 것이 아니네요. 입춘이 되기 전이니까요."

현마가 마무리 설명을 했다.

"그래서 매년 초에 태어난 사람들이 자신의 띠를 잘못 알고 있는 경우가 많습니다. 양력으로 2018년 1월에 태어났어도 절기상 입춘이 지나지 않았다면 2017년도의 띠인 닭띠가 되는 것입니다."

이런 내용을 처음 알게 된 학생들은 고개를 끄덕이며 흥미를 나타냈다.

"이제 시간이 날 때마다 이 표를 반복해서 읽는 습관을 가져 보세요. 봄은 인-묘-진(寅卯辰), 여름은 사-오-미(巳午未), 가을은 신-유-술(申酉戌), 겨울은 해-자-축(亥子丑)! 이런 식으로 반복합니다. 자꾸 반복하다 보면 어떤 계절을 떠올릴 때 자연스럽게 그 계절에 해당하는 지지(地支)까지 함께 생각이 납니다. 그렇게 되면 사주를 분석하는 데 많은 도움이 되고, 시간도 절약할 수 있습니다."

산아는 현마의 말에 따라 계속 계절별 글자들을 조용히 읽어봤다.

"이제 시간에 대해 알아볼까요? 사주를 분석할 때는 하루 24시간을 2시간씩 나눠서 시간을 배분합니다."

| 오후 11시 ~ 오전 1시 | 오전 1시 ~ 오전 3시 | 오전 3시 ~ 오전 5시 | 오전 5시 ~ 오전 7시 | 오전 7시 ~ 오전 9시 | 오전 9시 ~ 오전 11시 | 오전 11시 ~ 오후 1시 | 오후 1시 ~ 오후 3시 | 오후 3시 ~ 오후 5시 | 오후 5시 ~ 오후 7시 | 오후 7시 ~ 오후 9시 | 오후 9시 ~ 오후 11시 |
|---|---|---|---|---|---|---|---|---|---|---|---|
| **자시** 子時 | **축시** 丑時 | **인시** 寅時 | **묘시** 卯時 | **진시** 辰時 | **사시** 巳時 | **오시** 午時 | **미시** 未時 | **신시** 申時 | **유시** 酉時 | **술시** 戌時 | **해시** 亥時 |

현마는 시간배분표를 학생들에게 나눠준 뒤 설명에 들어갔다.

"밤 11시부터 그 다음날 오전 1시가 자시(子時)가 되는데, 이때 날이 바뀌면서 하루가 시작되는 것입니다. 그리고 2시간씩 나눠서 12지의 순서대로 시간이 이름을 붙입니다. 12지 순서를 다 같이 한 번 말해볼까요?"

우렁한 학생들의 목소리가 들려왔다.

"자-축-인-묘-진-사-오-미-신-유-술-해!"

현마는 사주분석에 사용되는 시간에 대해 설명했다.

"시간 배분표를 보면 이렇게 요약할 수 있어요. 해-자-축(亥子丑)은 한밤중, 인-묘-진(寅卯辰)은 아침, 사-오-미(巳午未)는 한낮, 신-유-술(申酉戌)은 저녁이 됩니다. 오늘 배운 내용을 모두 종합해보면 공통점이 있습니다. 표를 볼까요?"

| 지지<br>(地支) | 인<br>寅 | 묘<br>卯 | 진<br>辰 | 사<br>巳 | 오<br>午 | 미<br>未 | 신<br>申 | 유<br>酉 | 술<br>戌 | 해<br>亥 | 자<br>子 | 축<br>丑 |
|---|---|---|---|---|---|---|---|---|---|---|---|---|
| 오행 | 목오행 | | | 화오행 | | | 금오행 | | | 수오행 | | |
| 계절월 | 봄 | | | 여름 | | | 가을 | | | 겨울 | | |
| 시간 | 아침 | | | 한낮 | | | 저녁 | | | 한밤 | | |

학생들의 시선이 표를 향하는 가운데 현마의 설명이 이어졌다.

"인월, 묘월, 진월에 태어났다면 봄에 태어난 것이며, 목오행의 영향을 받고 있다고 생각하면 됩니다. 또한 인시, 묘시, 진시에 태어났다면 아침(계절로 보면 봄)에 태어난 것이며, 역시 목오행의 영향을 받고 있습니다. 사월, 오월, 미월에 태어났다면 여름에 태어난 것이며, 화오행의 영향을 받습니다. 또한 사시, 오시, 미시에 태어났다면 한낮(계절로 보면 여름)에 태어난 것이며, 역시 화오행의 영향을 받고 있다고 봅니다. 신월, 유월, 술월에 태어났다면 가을에 태어난 것이고, 금오행의 영향을 받고 있다고 보며, 신시, 유시, 술시에 태어났다면 저녁(계절로 보면 가을)에 태어난 것이며 역시 금오행의 영향을 받습니다. 해월, 자월, 축월에 태어났다면 겨울에 태어난 것이며, 수오행의 영향을 받고 있습니다. 또한 태어난 시간이 해시, 자시, 축시라면 한밤중(계절로 보면 겨울)에 태어난 것으로, 수오행의 영향을 받게 됩니다."

학생들은 표를 보면서 현마의 말에 집중했다.

"연습을 할 때 이렇게 하면 더 쉽게 외울 수 있습니다. 인묘진 하면 봄+아침, 목기운을 함께 연결하여 생각하는 연습을 합니다. 사오미 하면 여름+한낮, 화기운을 연결해서 생각하고, 신유술 하면 가을+저녁, 금기운을 연결해서 생각하며, 해자축 하면 겨울+한밤, 수오행이라고 생각합니다. 이렇게 서로의 공통점을 연결시켜서 생각하면 이해도 빨리 되고, 더 익숙해지면 사주를 분석할 때 많은 도움이 됩니다."

현마의 말을 따라 산아와 학생들은 머릿속으로 서로 연결시켜서 생각하는 연습을 했다.

"만일 글자에서 온도까지 느낄 수 있으면 더 좋겠습니다. 인묘진의 따뜻함, 사오미의 뜨거움, 신유술의 시원함, 해자축의 차가움!"

산아는 글자에서 온도까지 느낄 수 있으려면 얼마나 더 열심히 노력해야 할지 아직 감이 오지 않았다. 하지만 현마의 말처럼 반복하고 또 반복해서 공부한다면 분명히 가능할 것이라고 생각했다. 글자를 보는 것만으로도 온도를 느끼고, 그 온도를 바탕으로 미래예측을 할 수 있다니! 참 멋진 일일 것이었다. 이런 생각을 하니 자기도 모르게 웃음이 났다.

"오늘 수업을 마치면서 질문을 하나 해 볼까요? 어떤 사람의 사주가 해자축 위주로 너무 치우쳤다면 기본적으로 어떤 오행의 지지(地支)가 오면 좋을까요?"

마지막 질문은 소니가 답을 했다.

"제가 생각할 때는 따뜻한 목오행이나 화오행의 지지(地支)가 오면 좋을 것 같습니다."

소니의 대답을 끝으로 강의는 끝이 났다. 산아는 혼자 강의실에 남아 생각에 잠겼다.

'선생님 말씀대로 사주를 분석할 때는 많은 것을 생각해야 하지만 역시 가장 중요한 것은 어느 한쪽으로 치우치지 않게 조화와 균형을 잡는 것이구나! 너무 뜨거우면 식혀주고, 너무 차가우면 따뜻하게 해줘야 해. 발산으로 치우치면 수렴할 수 있게 해줘야 좋은 것이고, 너무 수렴만 하려고 하면 발산할 수 있게 해줘야 조화와 균형을 잡을 수 있어.'

산아는 자신도 모르게 어느새 한 단계 발전해 있었다.

# 월(月)과 시간(時間)의 규칙성

지난 시간은 사주분석에 사용되는 절기력에 대한 내용을 공부했다. 그리고 각 오행별, 계절별, 시간별 지지(地支)의 공통적인 특성에 대해서도 공부를 했다. 산아, 세라, 여명, 소니는 잠이 들기 직전까지 토론실에 모여 배운 내용에 대해 서로 질문과 대답을 하면서 자연스럽게 암기를 했다. 처음에 생각했던 것보다 외워야 할 것이 많아서 어려움도 있었지만, 모두 극복할 수 있었다. 내용을 이해하기 쉽게 설명해주는 현마가 있었고, 같은 길을 걸어가는 친구들이 있었기 때문이다. 서로가 서로에게 힘이 되었다.

다음날, 새로운 내용을 배우기 위해 현마와 학생들이 강의실에 모였다. 늘 그렇듯이 지난 시간에 배운 내용을 먼저 복습하기 시작했다. 강의실 앞쪽 대형 모니터에 표가 나타났다.

| 지지<br>(地支) | 인<br>寅 | 묘<br>卯 | 진<br>辰 | 사<br>巳 | 오<br>午 | 미<br>未 | 신<br>申 | 유<br>酉 | 술<br>戌 | 해<br>亥 | 자<br>子 | 축<br>丑 |
|---|---|---|---|---|---|---|---|---|---|---|---|---|
| 절기 | 입춘 | 경칩 | 청명 | 입하 | 망종 | 소서 | 입추 | 백로 | 한로 | 입동 | 대설 | 소한 |
| 월(월) | 1 | 2 | 3 | 4 | 5 | 6 | 7 | 8 | 9 | 10 | 11 | 12 |
| 오행 | 木오행 | | | 火오행 | | | 金오행 | | | 水오행 | | |
| 계절 | 봄 | | | 여름 | | | 가을 | | | 겨울 | | |
| 시간 | 아침 | | | 한낮 | | | 저녁 | | | 한밤 | | |

"지난 시간에 배운 내용들입니다. 우리는 사주분석에 사용되는 월(月)의 개념이 양력이나 음력과는 약간씩 다르다는 것을 배웠습니다. 태양의 고도에 따라 일 년을 24절기로 나누어 그중 12개의 절기를 사용합니다. 12개의 절기는 입춘(立春)부터 시작하여 소한(小寒)으로 마무리됩니다. 그러한 12개의 절기를 사주분석을 위해 글자로 바꾸게 되는데, 이때 12지(十二支)를 사용합니다. 즉, 12절기의 순서에 맞춰서 인월(寅月)부터 축월(丑月)까지 변환되게 됩니다. 다시 설명하자면 입춘부터 다음 절기인 경칩 사이에 태어나면 인월(寅月)에 태어난 것이 됩니다. 물론 사주분석을 위해 천간부분에 한 글자(갑~계)가 더 붙게 됩니다. 천간의 글자는 순환되는 경우에 따라 달라질 수도 있습니다. 예를 들자면 갑인월(甲寅月)이 될 수도 있고, 병인월(丙寅月)이나 무인월(戊寅月)이 될 수도 있습니다. 하지만 지지의 인(寅)이라는 글자는 달라지지 않습니다. 왜냐하면 12절기가 계속 순환되고, 지지 또한 12개이기 때문에 항상 절기에 따라 월을 나타내는 글자는 같게 되기 때문입니다. 하지만 천간의 경우에는 글자의 수가 10개이기 때문에 달라질 수 있는 것입니다. 다른 표를 한 번 볼까요?"

**2017년 절기에 따른 월(月)의 천간(天干)과 지지(地支)**

| 천간 | 갑 | 을 | 병 | 정 | 무 | 기 | 임 | 계 | 경 | 신 | 갑 | 을 |
|---|---|---|---|---|---|---|---|---|---|---|---|---|
| 지지 | 인 | 묘 | 진 | 사 | 오 | 미 | 신 | 유 | 술 | 해 | 자 | 축 |
| 절기 | 입춘 | 경칩 | 청명 | 입하 | 망종 | 소서 | 입추 | 백로 | 한로 | 입동 | 대설 | 소한 |
| 月 | 1 | 2 | 3 | 4 | 5 | 6 | 7 | 8 | 9 | 10 | 11 | 12 |

**2018년 절기에 따른 월(月)의 천간(天干)과 지지(地支)**

| 천간 | 병 | 정 | 무 | 기 | 경 | 신 | 임 | 계 | 갑 | 을 | 병 | 정 |
|---|---|---|---|---|---|---|---|---|---|---|---|---|
| 지지 | 인 | 묘 | 진 | 사 | 오 | 미 | 신 | 유 | 술 | 해 | 자 | 축 |
| 절기 | 입춘 | 경칩 | 청명 | 입하 | 망종 | 소서 | 입추 | 백로 | 한로 | 입동 | 대설 | 소한 |
| 月 | 1 | 2 | 3 | 4 | 5 | 6 | 7 | 8 | 9 | 10 | 11 | 12 |

"예를 들어서 2017년의 월의 천간과 지지가 이 표와 같다고 가정하겠습니다. 천간은 을(乙)로 끝났고, 지지는 축(丑)으로 끝났습니다. 그럼 다음해인 2018년은 천간은 을(乙)의 다음 글자인 병(丙)부터 시작하게 되지만, 지지는 2017년과 같이 인(寅)으로 똑같이 시작합니다. 이것은 월(절기)의 숫자와 지지의 숫자가 같기 때문에(12개) 생기는 현상입니다. 그렇다면 위의 표를 이용한다고 생각하고 2019년 입춘이 지나고 경칩 사이에 태어난 사람의 월주(천간+지지)는 어떤 글자가 될까요?

학생들은 표를 보면서 열심히 계산에 들어갔다. 역시 가장 먼저 대답을 한 사람은 세라였다.

"2018년의 천간이 정(丁)으로 끝났기 때문에 다음 글자인 무(戊)자가 천간에 오게 되고, 지지는 인(寅)이 되기 때문에 무인월(戊寅月)이 됩니다."

세라의 답은 틀린 적이 없었다. 산아는 그런 세라의 빠른 계산력이 늘 부러웠다.

"정확합니다. 만일 입하(立夏)가 지나고, 다음 절기인 망종(亡種) 전에 태어난 사람의 월(月)은 망종에 해당하는 오월(午月)에 해당하기 때문에 월(月)을 나타내는 기둥의 아랫부분인 지지(地支)에는 오(午)라는 글자가 들어가게 됩니다. 월(月)을 나타내는 기둥인 월주(月柱)는 두 글자로 구성이 되기 때문에 오(午)라는 글자 위에 천간의 순환되는 순서에 따라 각각 다른 글자가 오게 됩니다. 아까 얘기한 것처럼 예를 들어 무오월(戊午月)이 될 수도 있고, 경오월(庚午月)이나 임오월(壬午月)이 될 수도 있는 것입니다. 하지만 지지의 오(午)라는 글자는 바뀌지 않습니다. 12개 절기의 숫자와 12개 지지(地支)의 숫자가 같기 때문에 매년 반복하게 됩니다."

산아가 질문을 했다.

"그럼 시간도 같은 원리로 순환된다고 생각하면 되겠네요?"
"그렇게 생각한 이유를 설명해 볼까요?"

현마의 질문에 산아가 대답했다.

"하루는 24시간이지만 실제로 사주분석을 할 때는 12개의 시간으로 나눠서 사용하기 때문입니다. 천간에 들어가는 글자는 12개가 아니라 10개라서 월(月)의 경우와 마찬가지로 순환하면서 바뀌겠지만, 시간을 나타내는 지지(地支)의 경우에는 12개의 시간과 똑같이 12개이기 때문에 바뀌지 않고 계속 동일하게 됩니다."

| 시간 | 오후 11시 ~ 오전 1시 | 오전 1시 ~ 오전 3시 | 오전 3시 ~ 오전 5시 | 오전 5시 ~ 오전 7시 | 오전 7시 ~ 오전 9시 | 오전 9시 ~ 오전 11시 | 오전 11시 ~ 오후 1시 | 오후 1시 ~ 오후 3시 | 오후 3시 ~ 오후 5시 | 오후 5시 ~ 오후 7시 | 오후 7시 ~ 오후 9시 | 오후 9시 ~ 오후 11시 |
|---|---|---|---|---|---|---|---|---|---|---|---|---|
| 오늘 | 갑甲 | 을乙 | 병丙 | 정丁 | 무戊 | 기己 | 경庚 | 신辛 | 임壬 | 계癸 | 갑甲 | 을乙 |
|  | 자시 子時 | 축시 丑時 | 인시 寅時 | 묘시 卯時 | 진시 辰時 | 사시 巳時 | 오시 午時 | 미시 未時 | 신시 申時 | 유시 酉時 | 술시 戌時 | 해시 亥時 |
| 내일 | 병丙 | 정丁 | 무戊 | 기己 | 경庚 | 신辛 | 임壬 | 계癸 | 갑甲 | 을乙 | 병丙 | 정丁 |
|  | 자시 子時 | 축시 丑時 | 인시 寅時 | 묘시 卯時 | 진시 辰時 | 사시 巳時 | 오시 午時 | 미시 未時 | 신시 申時 | 유시 酉時 | 술시 戌時 | 해시 亥時 |

현마는 새로운 표를 그린 뒤 학생들에게 설명했다.

"예를 들어서 오늘 시간의 마지막이 을(乙)로 끝났기 때문에 내일의 첫 글자는 을(乙) 다음인 병(丙)이 오게 됩니다. 하지만 지지(地支)는 시간의 분류와 똑같이 12개이기 때문에 다시 처음인 자(子)부터 시작됩니다. 이 것은 매일 똑같습니다. 예를 들어 표에서 보는 것처럼 오늘 오전 5시부터 7시 사이에 태어난 사람은 시간을 나타내는 기둥(시주 時柱)으로 정묘(丁卯) 라는 글자를 갖게 됩니다. 그런데 다음날 같은 시간에 태어나는 사람은 묘시(卯時)라는 것은 같지만 천간이 다른 기묘(己卯)라는 글자가 되는 것입 니다."

학생들은 서서히 현마의 말을 이해했다.

'사주(四柱) 여덟 글자, 그리고 천간(天干)과 지지(地支)라는 것, 또 오행(五行)은 그 속에 참으로 많은 것을 담고 있구나. 또 아무런 연관성이 없는 것 같으면서도 실제로는 서로 많은 연관성이 있어. 그것도 아주 규칙적인 관계로 존재하는구나.'

산아는 새로운 내용을 배울 때마다 사주분석 방법의 심오함에 놀랄 때가 많았다. 그런데 어떻게 생각하면 그것이 당연한 것일 수도 있었다. 다른 것도 아닌 사람의 미래를 예측하고 인생의 나아갈 길을 제시해 주는 역할을 하는 학문이었기 때문이다. 다른 어떤 것보다 정확할 필요가 있었다.

"자, 그럼 월(月)과 시간(時間)의 간지(干支: 천간+지지)의 규칙성에 대해서 배웠습니다. 그럼 이것을 어떻게 이용할 수 있을까요? 사실 우리는 만세력 어플리케이션을 이용하면 쉽게 4개의 기둥과 8개의 글자를 알 수 있습니다. 이렇게 복잡하게 생각하지 않아도 됩니다. 그런데 왜 이런 원리에 대해 공부를 할까요?"

학생들은 대답하지 못한 채 현마의 다음 말을 기다렸다. 학생들은 항상 현마의 새로운 가르침을 기대하고 또 기대했다. 배움의 열망이 이토록 컸던 적은 없었다. 그만큼 학생들은 간절하게 미래예측사가 되고 싶었다.

"우리는 어떤 사람의 태어난 월을 나타내는 두 글자인 월주(月柱)와 시간을 나타내는 시주(時柱)가 규칙성을 갖고 있다는 것을 배웠습니다. 즉, 윗부분인 천간(天干)은 바뀌더라도 밑부분인 지지(地支)는 바뀌지 않는다는 사실입니다. 그것을 이용하면 그 사람이 태어난 월(月)을 보고 어떤 계절에 태어났는지 알 수 있습니다. 이것은 어떤 오행의 기운이 강한지를 알 수 있다는 의미입니다. 예를 들어 월주가 무오월(戊午月)인 사람이 있다고 가정하겠습니다. 이 사람은 한참 더울 때인 오월(午月)에 태어난 것을 알려주고 있습니다. 오(午)라는 글자는 오행으로 보면 화오행에 속하며 발산의 기운을 가진 글자입니다. 그리고 뜨거운 느낌의 글자입니다. 분석하지 않더라도 눈으로 보고 바로 알게 되는 것입니다. 사주에서는 월(月)이 아주 중요합니다. 왜냐하면 절기력의 기준이 태양의 고도에 따라 정해진 것으로, 이 변화(태양의 고도)는 연(年), 일(日), 시(時)보다는 월(月)에 가장 많은 영향을 끼치기 때문입니다. 나중에 다시 말씀드리겠지만 이러한 사실 때문에 사주 8개 글자 중에서 가장 중요한 것이 바로 태어난 월을 나타내는 기둥인 월주의 지지(月支)라고 판단합니다. 그렇게 중요한 부분을 보면서 그것이 지닌 의미를 바로 알 수 있는 것입니다. 또한 시간도 마찬가지입니다. 태어난 시간을 의미하는 시주(時柱) 중에서 아랫부분인 지지는 변하지 않는다고 했습니다. 예를 들어 경자시(庚子時)에 태어난 사람이나 임자시(壬子時)에 태어난 사람은 천간은 달라도 모두 자시(子時: 오후 11시~오전 11시)에 태어난 것을 바로 알 수 있습니다. 자(子)라는 것은 오행으로 보면 수오행에 해당하며, 차가운 느낌이며, 안으로 집어넣으려는 수렴의 기운입니다. 눈으로 글자를 보는 것만으로 이러한 내용을 알 수 있는 것은 바로 규칙성 때문입니다."

월(月)과 시(時)의 지지(地支)를 보는 것만으로 그 글자의 오행과 성향을 즉시 알 수 있다는 사실에 학생들은 놀라워했다. 본격적인 사주분석을 하기도 전에 어느 정도 그 사람에 대한 정보를 알 수 있는 방법이었다. 이것은 미래예측사가 되려는 학생들에게는 많은 도움이 되는 내용이었다.

"연(年)은 제한이 없어서 60개의 간지(干支: 천간과 지지)를 모두 사용하고, 일(日)은 그 숫자가 30이라서 월(月)이나 시(時)와 같은 규칙성이 없습니다. 만일 한 달이 12일로 구성된다면 일(日) 역시 규칙성이 있었을 것입니다."

| 시 時 | 일 日 | 월 月 | 연 年 | |
|---|---|---|---|---|
| 무 戊 | 갑 甲 | 계 癸 | 임 壬 | 천간 |
| **자 子** | 신 申 | **축 丑** | 자 子 | 지지 |

"이 사람의 월(月)과 시(時)의 특징에 대해서 말해보겠어요?"

소니가 표를 보면서 대답했다.

"축월(丑月)에 태어난 사람으로 계절은 겨울이고 수오행에 해당합니다. 안으로 수렴하는 특징을 가진 계절입니다. 또한 자시(子時)에 태어났는데 자시는 오후 11시에서 오전 1시로 한밤중입니다. 오행으로 판단하면 수오행입니다."

소니의 대답을 들은 현마가 다시 질문을 던졌다.

"맞아요. 그렇다면 다른 글자들은 생각하지 말고, 월(月)과 시(時)의 지지(地支)만으로 판단한다면 어떤 조언을 해 줄 수 있을까요?"

현마의 질문에 대한 답은 누구보다 열심히 공부하고, 현마의 말을 집중해서 들었던 산아가 했다.

"이 사람의 월(月)과 시(時)는 모두 수오행입니다. 계절로 말하면 겨울이고, 시간으로 보자면 밤입니다. 즉, 겨울의 한밤중에 태어난 사람입니다. 기본적으로 수오행의 특징인 수렴하는 특징이 강하고, 온도적으로는 너무 차갑습니다. 따라서 반대되는 오행인 화오행의 기운이 필요할 것으로 생각됩니다. 화오행이 들어오는 해(年)가 좋을 것으로 예상되며, 화오행에 해당하는 방향으로 이동하거나, 화오행에 해당되는 색을 이용하는 것도 좋을 것으로 예상됩니다."

산아는 현마가 예상한 것보다 훨씬 높은 수준의 대답을 했다. 학생들 또한 자신들이 미처 생각하지 못한 내용을 산아가 말하자 놀라는 눈치였다.

"내가 원했던 것보다 훨씬 좋은 답을 했습니다. 물론 실제로 사주분석을 하면 한두 개의 글자만으로 좋고 나쁨을 결정하지는 않습니다. 하지만 기본적으로 글자에 대한 느낌을 항상 기억해둬야 조금 더 쉽게 사주분석을 할 수 있습니다. 인-묘-진(寅卯辰)하면 목오행이며, 봄의 따뜻함, 시작, 쭉쭉 뻗어나가는 느낌, 사-오-미(巳午未)하면 화오행이며, 여름의 뜨거움, 활짝 드러내는 느낌, 발산하는 느낌, 활발함, 그리고 신-유-술(申酉戌)하면 금오행이며, 가을의 시원함, 열매, 단단한 느낌, 마지막으로 해-자-축(亥子丑)하면 수오행이며, 겨울의 차가움, 휴식, 준비라는 단어를 바로바로 떠올릴 수 있어야 합니다."

산아는 현마의 설명이 선배 미래예측사로서의 경험담이라고 생각했다. 현마의 말대로 글자에 대한 느낌을 반복해서 익힌다면 사주분석을 할 때 빠른 분석이 가능할 것이라는 생각이 들었다.

"그리고 계절의 맨 끝에 있는 토오행은 그 글자가 속한 계절의 기운을 가장 많이 갖고 있지만, 다음 계절을 준비하는 기운도 어느 정도 있다고 생각하면 됩니다. 예를 들자면 진(辰)의 경우, 봄의 기운이라고 배웠지만 진월(辰月)이 끝날 때쯤에는 다음 계절인 여름의 기운을 준비할 수 있도록 봄의 기운을 완전히 덮어 버리고, 다음 계절을 준비할 수 있게 합니다. 그것이 토오행의 특성입니다. 가을의 마지막에 있는 술월(戌月)의 경우에도 마찬가지입니다. 술월(戌月)의 중간까지는 가을의 기운이 강하지만 끝으로 갈수록 가을의 기운은 점점 약해지다가 어느 순간 완전히 없어지고, 다음 계절인 겨울을 준비하는 시간을 갖습니다. 이런 것이 바로 토오행의 특성입니다. 성질이 다른 것 사이에서 자연스럽게 그것들은 연결되도록 해 주는 중립적인 성향입니다."

현마는 새로운 내용을 학생들에게 설명했다.

"태어난 해(年)와 월(月), 일(日), 시간(時間)을 각각 4개의 기둥과 8개의 글자로 바꾼 것이 바로 사주팔자(四柱八字: 4개의 기둥과 8개의 글자)입니다. 그 8개 글자의 음양과 오행(다섯 개의 기운)을 파악해서 좋은 오행은 더욱 강하게 될 수 있도록 도와주고, 좋지 않은 오행은 그 기운을 약하게 만들어야 한다고 했습니다. 그렇게 하기 위해서는 8개 글자 중에 기준이 되는 글자가 있어야 합니다. 기준이 있어야 어떤 오행을 그 기준과 비교해서 좋은지, 나쁜지를 비로소 평가할 수 있기 때문입니다. 기준이 없다면 비교할 대상이 없기 때문에 분석 자체가 불가능합니다. 다시 말해, 사주분석을 의뢰한 사람이 있다면 그 사람의 사주 8개 글자 가운데 그 사람(사주 의뢰한 사람)을 나타내는 글자가 있다는 것입니다. 그 글자는 곧 그 사람을 상징합니다."

| 시(時) | 일(日) | 월(月) | 연(年) | |
|--------|--------|--------|--------|--------|
| 무(戊)<br>시간(時干) | 정(丁): 나<br>**일간(日干)** | 임(壬)<br>월간(月干) | 무(戊)<br>연간(年干) | 천간(天干) |
| 신(申)<br>시지(時支) | 묘(卯)<br>일지(日支) | 진(辰)<br>월지(月支) | 술(戌)<br>연지(年支) | 지지(地支) |
| 시주(時柱) | 일주(日柱) | 월주(月柱) | 연주(年柱) | |

어떤 사람의 사주가 화면에 나타났다.

"어떤 사람의 사주를 글자로 변환했더니 이런 표가 되었습니다. 먼저 새로운 명칭이 등장했기 때문에 살펴보겠습니다. 기둥의 윗부분에 들어가는 글자는 십간(十干)인데 위쪽에 자리 잡아서 하늘 천(天)자를 써서 천간(天干)이라고 했습니다. 그 천간이 연(年)에 있으면 연간(年干: 연의 천간)이라고 하고, 월(月)에 있으면 월간(月干: 월의 천간)이라고 하며, 일(日)에 있으면 일간(日干: 일의 천간)이라고 합니다. 마지막으로 시(時)에 있는 천간을 시간(時干: 시의 천간)이라고 부릅니다. 전에 말했듯이 표시는 왼쪽에서부터 오른쪽으로 합니다."

'연간(年干), 월간(月干), 일간(日干), 시간(時干).'

산아는 현마의 말을 마음속으로 반복하며 따라했다.

"그리고 각 기둥의 아래에는 12지(十二支)가 들어가는데 기둥의 아래에 들어가기 때문에 땅지(地)자를 써서 지지(地支)라고 부른다고 배웠습니다. 연의 기둥(年柱) 아래에 있는 지지를 연지(年支: 연의 지지)라고 부르고, 월의 기둥(月柱) 아래에 있는 지지를 월지(月支: 월의 지지)라고 부르며, 일의 기둥(日柱) 아래에 있는 지지를 일지(日支: 일의 지지)라고 부릅니다. 마지막으로 시간의 기둥(時柱) 아래에 있는 지지를 시지(時支: 시간의 지지)라고 부릅니다."

'연지(年支), 월지(月支), 일지(日支), 시지(時支).'

나머지 학생들도 산아처럼 현마의 말을 속으로 몇 번이고 중얼거렸다.

"지금은 어렵게 느껴지지만 몇 번 반복해서 읽다보면 쉽게 이해되는 부분이기 때문에 걱정할 필요는 없습니다. 연간과 연지, 월간과 월지, 일간과 일지, 시간과 시지라고 반복하면서 읽어봅니다. 천간과 지지를 이렇게 여덟 글자로 세분화해서 부르는데 그것은 각 글자의 역할이 다르기 때문입니다."

그때 산아의 머릿속으로 하나의 의문이 지나갔다.

'그렇다면 선생님이 말씀하신 나를 나타내는 글자는 여덟 개의 글자 중 어떤 글자일까?'

마치 산아의 마음속을 읽은 것처럼 현마가 입을 열었다.

"이 8개의 글자 중에 나를 나타내는 글자는 바로 태어난 일(日)의 천간인 **일간**(日干)입니다. 일간(日干)이 그 사주를 가진 사람을 의미합니다. 따라서 일간(日干)에게 좋은 오행이라는 말은 그 사람에게 좋은 오행이라는 말과 같습니다. 반대로 일간(日干)에게 좋지 않은 오행이라는 말은 그 사람에게 좋지 못한 오행이라는 말이 됩니다. 결국 사주의 주인공을 의미하는 일간(日干)과 다른 일곱 글자들과의 관계를 밝히는 것이 바로 사주를 분석하는 것입니다."

| 시(時) | 일(日) | 월(月) | 연(年) | |
|---|---|---|---|---|
| 무(戊)<br>시간(時干) | 정(丁): 나<br>일간(日干) | 임(壬)<br>월간(月干) | 무(戊)<br>연간(年干) | 천간(天干) |
| 신(申)<br>시지(時支) | 묘(卯)<br>일지(日支) | 진(辰)<br>월지(月支) | 술(戌)<br>연지(年支) | 지지(地支) |
| 시주(時柱) | 일주(日柱) | 월주(月柱) | 연주(年柱) | |

현마는 표를 가리키며 학생들에게 질문을 했다.

"그럼 이 표에서 사주의 주인공을 나타내는 글자는 어떤 것일까요?"

소니가 가장 먼저 대답했다.

"일간(日干)인 정(丁)입니다. 이 정(丁)이 바로 이 사주를 가진 사람을 의미합니다."

소니의 대답을 끝내자마자 현마는 앞의 질문과 연결되는 또 다른 질문을 했다.

"소니의 말처럼 이 사주에서 일간(日干)인 정(丁)이 바로 이 사람을 상징하는 글자입니다. 상징한다는 것은 그 글자가 바로 그 사람 자체라는 의미입니다. 만약 사주를 분석해서 정(丁)이라는 글자에는 수오행이 좋다고 분석결과가 나온다면 그것은 그 사람에게 수오행이 좋다는 의미입니다. 그럼 여기서 또 하나 물어보겠습니다. 만일 이 사주에서 일간에게 도움이 되는 오행이 목오행이라는 결론이 났다고 가정해 보겠습니다. 그렇다면 22개의 글자 중에서 어떤 글자가 이 사람에게 도움이 되는 글자일까요?"

좀 더 구체적이고 복잡한 문제였다. 산아는 이전과는 달리 이제 뭔가 구체적으로 사주를 분석하는 기분이 들었다. 마치 미래예측사라도 된 느낌이었다. 이번 질문에 대한 대답은 세라가 했다.

"이 사람에게 도움이 되는 기운을 알기 위해서는 사주 8개 글자 중에서 이 사람을 대신하는 글자를 먼저 알아야 합니다. 이 사람을 대신하는 글자는 바로 일간인 정(丁)입니다. 선생님의 질문처럼 도움이 되는 오행이 목오행이라면 사주 8개 글자 중에서 목오행의 기운을 가진 글자를 찾으면 됩니다. 일간인 정(丁)을 제외한 나머지 일곱 글자 가운데 목오행은 바로 일지(日支)에 있는 묘(卯)입니다."

현마의 질문은 끝날 줄 몰랐다.

"그렇다면 목오행이 좋다는 전제하에 이 사람에게 좋은 해(年)를 말해볼까요?"

마치 기다렸던 것처럼 여명이 대답했다.

"목오행으로 천간과 지지가 이루어진 해(年)가 온다면 일이 잘 풀릴 것으로 예상됩니다. 예를 들자면 갑인년(甲寅年), 을묘년(乙卯年) 등이 있습니다."

학생들은 현마의 모든 질문에 대해 거의 완벽하게 대답했다.

"그렇습니다. 나중에 설명하겠지만 위와 아래가 다른 오행으로 이루어진 경우에는 상황에 따라 다른 판단이 필요합니다. 예를 들어서 갑오년(甲午年) 같은 경우를 보면 천간(天干)인 윗부분은 갑(甲)으로 목오행이지만, 아랫부분 지지(地支) 글자인 오(午)의 경우는 화오행입니다. 목오행이나 화오행 모두가 좋을 수도 있겠지만, 모두가 나쁠 수도 있고, 상황에 따라 목오행은 좋지만 화오행은 좋지 않을 수도 있습니다. 이러한 판단은 상황에 따라 달라집니다. 앞으로 공부하면서 배워보도록 하겠습니다."

# 일간(日干)별 성향, 오행의 과다와 부족

학생들은 매일같이 그동안 배운 내용에 대해 수없이 반복하며 공부했다. 음양오행(陰陽五行)에 대한 내용, 십간(十干) 10개의 글자와 12지(十二支) 12개 글자가 속한 오행 등 모든 내용을 계속해서 공부해 나갔다. 산아의 경우에는 이제 보지 않고도 외울 수 있는 정도에까지 이르렀다. 잠을 자기 직전까지 책에 매달린 결과였다.

지난 시간에 이어 일간(日干)과 관련된 현마의 강의가 시작되었다.

"간단하게 지난 시간 내용을 복습해 보겠습니다. 사주 8개 글자 중에서 그 사람을 상징하는 것은 어떤 글자라고 했습니까?"

누구라고 할 것도 없이 학생들은 동시에 대답했다.

"일간(日干)입니다!"

마치 합창을 하는 것 같은 경쾌한 대답이었다.

"그럼 이 일간(日干)에는 몇 개의 글자가 올 수 있을까요?"

배우지 않은 내용이었지만 산아는 그동안의 공부로 어렵지 않게 대답할 수 있었다.

"일간(日干)은 십간(十干)의 글자로 이루어집니다. 십간(十干)이 모두 10개이므로 일간(日干)에는 모두 10개의 글자가 올 수 있습니다. 이것은 일간뿐 아니라 연간(年干), 월간(月干), 시간(時干)도 마찬가지로, 각각 10개의 글자 중에서 하나가 오게 됩니다."

산아의 대답은 언제나 그랬던 것처럼 결코 현마를 실망시키지 않았다.

"십간(十干)을 모두 외워볼까요?"
"갑-을-병-정-무-기-경-신-임-계(甲乙丙丁戊己庚申壬癸)!"

학생들에게 이제 십간(十干)이나 12지(十二支)는 쉬운 내용이었다. 현마는 시간이 날 때마다 학생들에게 암기를 시켰다. 천간충(天干沖: 천간끼리의 충돌), 지지충(地支沖: 지지끼리의 충돌)도 자주 반복시키는 내용 중에 하나였다. 자신의 경험으로 볼 때 사주공부를 위해서 가장 좋은 방법은 반복, 또 반복이었다. 미래예측사로 이름을 떨치고 있는 지금도 현마는 매일같이 기본적인 내용을 반복하면서 공부했다.

"산아가 말한 것처럼 사주 각 기둥의 위쪽을 나타내는 천간(天干)에는 각각 10개의 글자가 들어갈 수 있습니다. 그리고 기둥의 아래쪽을 나타내는 지지(地支)에는 각각 12개의 글자가 들어갈 수 있습니다."

현마의 말뜻을 이해한 학생들이 고개를 끄덕였다.

"일간(日干)에 들어오는 10개의 글자는 기본적으로 그 특성이 모두 다릅니다. 일간(日干)이 사람을 대신한다고 했기 때문에 이 글자의 특성은 바로 그 사람의 기본적인 성향을 나타냅니다. 다시 말하자면, 일간(日干)을 보면 그 사람의 기본적인 성향을 알 수 있다는 의미가 됩니다. 다만 10개의 글자만으로 분류한 것이기 때문에, 가장 단순한 성향 분석 정도로 생각해야 합니다. 정확한 성향 분석은 다른 글자들과의 관계를 모두 확인한 다음에 가능합니다."

일간(日干)별 성격의 특성이 담긴 표가 강의실 벽면 모니터에 나타났다.

| 일간 | 특성 |
|---|---|
| 갑(甲) | 진취적, 장남-장녀(역할), 도전, 독립심, 자존심↑<br>자기표현력 강함, 일단 시작(용두사미 가능성↑) |
| 을(乙) | 유연성, 생활력↑, 적응력↑, 재물 집착, 욕심, 영리, 고집, 주변 의식 |
| 병(丙) | 성격 급함, 화끈함, 공익중시, 솔직, 진실<br>타인 일에 간섭(충돌 가능성), 비밀유지x(솔직해서) |
| 정(丁) | 성격 급함, 온화, 정직, 봉사, 예민(영성(종교적) 발달), 언변 좋음, 화려 |
| 무(戊) | 무게감, 믿음직, 생활력↑, 융통성 적음, 신용중시, 비밀스러움, 원리원칙, 고집 |
| 기(己) | 포용성, 자애심, 고지식, 산만, 의존경향, 변덕, 다재다능, 의존경향 |
| 경(庚) | 고집, 과감함, 저돌성, 강직, 집념, 원리원칙, 추진력<br>배려부족, 융통성부족, 세밀함 부족 |
| 신(辛) | 자존심↑, 뒤끝(욱하는 기운), 경쟁심, 영리, 멋, 세심, 예민, 기억력 좋음 |
| 임(壬) | 정확함, 실천성, 연구심, 영리, 정직, 결단력, 교육 분야의 재능, 자애심 |
| 계(癸) | 꼼꼼함, 섬세, 다정다감, 희생, 봉사, 영리, 사교성, 융통성 적음, 고집↑ |

'일간(日干)에 들어온 글자에 따라 그 사람의 성격을 어느 정도는 알 수

있구나.'

산아는 모니터를 뚫어져라 바라보며 조용히 내용을 읽어 내려갔다.

"매우 기본적인 성향으로 주변 글자들에 의해 변화가 올 수도 있습니다. 이 표는 가장 기초적인 자료로만 사용해야 합니다. 물론 사람에 따라서는 적중률이 상당히 높을 수도 있습니다."

현마는 순서대로 표를 읽어가며 설명을 덧붙였다.

"**갑(甲) 일간**을 가진 사람은 진취적이고 도전적이며, 자립심이 있습니다. 독립적이고 자존심이 강한데 특히 자존심을 다치면 크게 상처를 받기도 합니다. 또한 장남이나 장녀가 많은데, 장남이나 장녀가 아니더라도 집안에서 그런 역할을 할 가능성이 많습니다. 또한 단체의 리더일 경우도 많습니다. 자기 표현력이 강하고, 어떤 일이든 일단 거침없이 시작을 잘합니다. 대신, 끝맺음이 약한 경우가 많습니다.

**을(乙) 일간**을 가진 사람은 같은 목오행인 갑(甲) 일간의 사람보다는 생각이나 사람관계에서 유연성이 있고, 생활력이 높습니다. 어떤 환경에서도 적응력이 좋고, 재물에 대한 집착이나 욕심이 있습니다. 영리하고 고집스러운 면도 있습니다. 그리고 주변에서 나를 어떻게 생각하는지에 대해 많은 생각(남의 시선 의식)을 하는 편입니다.

**병(丙) 일간**을 가진 사람은 화오행 중에서도 태양을 상징하기 때문에 성격이 급하면서도 화끈합니다. 공익을 중시하여 룰이나 규칙을 지키지 않는 사람과 다툴 수도 있습니다. 숨기는 것 없이 솔직합니다. 경우에 따라서는 너무 정직하고 솔직해서 비밀 유지가 어려울 수도 있습니다.

다른 사람의 일에 간섭하는 경우가 있어서 다툴 가능성도 많습니다.

**정(丁) 일간**을 가진 사람은 병(丙) 일간보다 심하지 않지만 그래도 성격은 급한 편입니다. 하지만 기본적으로 따뜻하고, 정직합니다. 말을 잘하는 경우가 많고, 의외로 화려한 것을 추구합니다. 다른 사람을 돕는 일(봉사)에 관심이 많고, 예민합니다. 그래서 종교인들이 많습니다.

**무(戊) 일간**을 가진 사람은 토오행의 전형적인 특성을 보입니다. 하는 행동이나 말에 무게감이 있고 믿음직합니다. 생활력이 있고 신용을 중시합니다. 자신이 옳다고 생각하면 밀고 나가는데, 고집이 있어서 융통성이 없다는 평가를 받을 수도 있습니다. 원리원칙을 중요하게 생각하고, 비밀을 잘 지키며, 자신의 감정을 쉽게 털어놓지 않습니다.

**기(己) 일간**을 가진 사람은 다른 사람을 이해하고 감싸주는 포용성과 자애심이 있습니다. 한편으로 고지식한 면이 있고, 때때로 한곳에 집중하지 못하고 산만하거나 변덕스러움도 있습니다. 다른 사람에게 의존하려는 경향도 있지만, 다양한 분야에 대한 지식을 알고 있거나 조금씩은 다 할 줄 아는 다재다능한 면도 있습니다.

**경(庚) 일간**을 가진 사람은 어떤 것을 하겠다고 결심하면 과감하게 추진하는 능력이 있습니다. 고집과 과감한 면이 있고, 저돌성도 있습니다. 원리원칙을 추구하고 강직한 면이 있습니다. 이런 행동들 때문에 주변 사람들로부터 냉철하다거나 차갑다는 평가를 받을 수도 있습니다. 타인에 대한 배려가 부족할 수 있고, 일을 추진하는 능력에 비해 세부 과정에 대한 세밀함과 융통성은 부족할 가능성이 있습니다.

**신(辛) 일간**을 가진 사람은 자존심이 세고, 만약 본인이 상처를 받았거나 피해를 받았다면 잊지 않고 기억합니다. 경우에 따라 욱하는 기분도 존재합니다. 승부욕과 경쟁심이 있습니다. 영리하고, 세심하며, 예민합니다. 멋쟁이들이 많고 특정한 것에 대한 기억력이 좋습니다.

**임(壬) 일간**을 가진 사람은 수오행의 특성을 잘 보여줍니다. 일처리나 사람 관계에 있어서 매사 정확하고, 정직합니다. 영리하고, 연구하는 능력이 좋아 교육 분야에 재능이 있습니다. 따뜻한 마음의 자애심도 있고, 드러내지는 않으나 결단력도 있습니다.

**계(癸) 일간**을 가진 사람은 꼼꼼하며, 섬세합니다. 다정다감하고 남을 위한 봉사심과 희생정신이 있습니다. 영리하며, 사교성이 있습니다. 다만 고집이 세고, 융통성이 적은 성향이 있습니다."

현마의 설명을 들으며 산아는 본인 나름대로 정리를 했다.

'각 일간은 본인들이 속한 오행의 특성을 많이 담고 있어. 그런데 같은 오행이라고 해도 음양의 다르기 때문에 성격적으로는 약간씩의 차이가 있구나.'

산아는 현마가 설명하지 않았지만, 스스로 일간의 성향에 대해 나름대로 정리할 수 있었다.

현마는 학생들에게 만세력 어플리케이션을 이용해 자신의 일간이 무엇인지 확인해 보라고 이야기했다. 그리고 방금 전에 설명한 일간별 성향을 보면서 자신의 성향과 비교해보라고도 했다. 산아는 임(壬) 일간이었고, 세라는 병(丙) 일간이었다. 여명은 경(庚) 일간이며, 마지막으로 소니는 계(癸) 일간이었다. 학생들은 자신들의 일간과 현마가 설명한 일간별 성향이 거의 맞아떨어짐을 확인하고는 놀라는 표정이 되었다. 학생들의 이런 표정을 보며 현마는 자신의 어린 시절이 떠올랐다. 미래예측사가 되기 위해 사주분석 공부를 하면서 새로운 내용을 접할 때마다 가슴이 설레고 행복했다. 꿈을 향해 점점 가까이 가고 있다는 것이 행복했고, 새로운 것을 배운다는 사실이 행복했다. 무엇보다 같은 길을 걷고 있는 친구들이 있어서 행복했다. 지금 자신의 앞에 앉아있는 네 명의 학생들처럼.

"어때요? 여러분의 일간(日干)과 제가 설명한 일간의 성향이 비슷한가요?"

학생들의 대답은 모두가 자신의 성향과 비슷하다는 것이었다.

"처음에 여러분에게 말했듯이 일간만으로 모든 것을 판단할 수는 없어요. 그야말로 기본적인 성향이라고만 생각하세요. 그럼 지금까지 배운 내용을 복습해 보겠습니다. 사주 8개의 글자 중에서 나를 가리키는 글자가 어떤 것이라고 했나요?"

여명이 대답했다.

"태어난 일(日)을 나타내는 일주(日柱)의 위쪽 글자인 일간(日干)입니다."

여명의 대답을 들은 뒤, 현마의 설명은 계속되었다.

"네, 일간(日干)입니다. 왜 이렇게 자꾸 반복하는지 궁금할 수도 있습니다. 그 이유는 앞으로 공부를 하다 보면 설명하지 않아도 알게 됩니다."

산아 또한 중요도가 높을수록 현마가 반복해서 말을 한다는 사실을 이미 알고 있었다.

"우리는 이전 시간에 천간에 들어가는 10개 글자와 지지에 들어가는 12개 글자가 각각 어떤 오행에 들어가는지 살펴봤습니다. 그래서 22개 글자는 반드시 하나의 오행에 속한다는 사실을 알게 되었습니다. 그럼 연습을 해 볼까요?"

| 시간 | 일간 | 월간 | 연간 | |
|------|------|------|------|------|
| 무 戊 | 정 丁 | 임 壬 | 무 戊 | 천간 |
| 신 申 | 묘 卯 | 진 辰 | 술 戌 | 지지 |
| 시지 | 일지 | 월지 | 연지 | |

현마는 모니터에 새로운 표를 하나 띄웠다.

"어떤 사람의 사주가 이렇게 있다고 가정하겠습니다. 그럼 지금부터 여러분은 이 사주를 보고 각 오행에 해당하는 글자가 몇 개씩 있는지 한번 써 보세요."

학생들은 1분도 되지 않아 모두 답을 작성했다.

"모두 답을 쓴 것 같으니까 정답을 공개하겠습니다."

문제에 대한 답을 표시한 새로운 표가 나타났다.

| 시간 | 일간 | 월간 | 연간 | |
|------|------|------|------|------|
| 무 戊<br>→ 土 | 정 丁<br>→ 火 | 임 壬<br>→ 水 | 무 戊<br>→ 土 | 천간 |
| 신 申<br>→ 金 | 묘 卯<br>→ 木 | 진 辰<br>→ 土 | 술 戌<br>→ 土 | 지지 |
| 시지 | 일지 | 월지 | 연지 | |

"목오행은 묘(卯) 1개, 화오행은 정(丁) 1개, 토오행은 모두 4개(무戊 2개, 진 辰 1개, 술戌 1개), 금오행은 신(申) 1개, 수오행은 임(壬) 1개 있습니다. 이것을 간단한 표로 만들어 보면 다음과 같습니다."

| 목오행 | 화오행 | 토오행 | 금오행 | 수오행 |
|--------|--------|--------|--------|--------|
| 1 | 1 | 4 | 1 | 1 |

각 오행별로 개수만 표시된 간단한 표가 나타났다. 네 명의 학생들은 모두 정답을 적었다. 각 오행에 속하는 글자를 모두 알고 있었기 때문이다.

| 오행 | 좋은 오행일 때의 장점 |
|------|------------------------|
| **木**오행 | 인자함, 자비, 정직 |
| **火**오행 | 예의, 공경, 겸손, 공익추구(봉사) |
| **土**오행 | 성실, 책임감, 인자, 자비로움 |
| **金**오행 | 용감, 총명함, 결단력, 판단력 |
| **水**오행 | 지혜, 학문, 예술 |

현마는 화이트보드에 각 오행의 장점(좋은 오행으로써 작용할 때)을 적었다.

"한 사람의 사주 8개 글자가 각각 속한 오행이 좋은 역할을 하기도 하고, 좋지 않은 역할을 하기도 한다고 했습니다. 그런데 오행이 좋은 역할을 할 때는 이 표에서 보는 것처럼 각 오행별로 장점이 있게 됩니다."

학생들이 완전히 이해하지 못한 표정을 보이자, 현마가 설명을 덧붙였다.

"그 사람을 나타내는 글자가 일간(日干)이라고 했습니다. 그 일간에게 도움이 되는 오행이 좋은 오행입니다. 그런데 그런 역할을 하는 오행이 예를 들어 수오행이라고 하겠습니다. 그 사람의 사주 안에 수오행이 있다면 위 표에 있는 것처럼 그 사람은 지혜가 있고, 학문이나 예술에 재능을 가지고 있다는 것으로 분석할 수 있습니다. 만약 일간에게 좋은 영향을 주는 오행이 토오행인데 그 사람의 사주 여덟 글자 안에 토오행이 있다면 어떤 장점이 있을까요?"

복잡한 문제에 강한 산아가 대답했다.

"토오행이 장점으로 작용하기 때문에 성실하고, 책임감이 있으며 자비로움을 가지고 있습니다."

산아의 대답이 끝나자 현마는 다른 그림을 모니터에 띄웠다.

| 오행 | 좋지 않게 작용할 경우 |
|---|---|
| **木**오행 | 정신력 허약, 고집, 질투심, 인자함↓, 좌절 |
| **火**오행 | 성격 급함, 간섭 많음, 화려한 것 좋아함 |
| **土**오행 | 논리성 부족, 비밀 많음, 자만심 |
| **金**오행 | 타협부족, 권력(명예)중시, 무리한 도모 |
| **水**오행 | 고집, 독단적 행동 |

"아까와는 반대로 일간에게 있어서 오행이 좋지 않게 사용될 경우에는 이 표와 같은 단점들이 나타날 수 있습니다. 자세히 보면 장점을 완전히 반대로 표현한 것입니다. 그 사람의 사주 안에 있는 오행이 좋지 않게 작용할 경우, 이런 단점들이 생겨납니다. 예를 들어, 화오행의 글자가 좋지 않게 쓰이고 있다면, 혹은 나쁜 영향력을 발휘한다면 성격이 급하게 되고, 남의 일에 자꾸 간섭을 해서 다툼이 많아지게 되며, 내면보다는 외면의 꾸미기에만 집중하게 됩니다. 소니한테 물어볼까요? 어떤 사람의 사주 안에서 금오행이 나쁜 영향을 주면서 잘못 사용되고 있다면 그 사람은 어떤 단점을 가졌을 가능성이 많을까요?"

소니는 차분하게 대답했다.

"자신과 의견이 다른 사람과 타협할 줄 모르고, 권력이나 명예를 중시하며, 어떤 일을 하는 데 있어서 무모하게 진행할 가능성이 많습니다."
"잘했습니다. 이 표에서처럼 어떤 오행이 좋지 않게 쓰이고 있을 때는 같은 오행의 같은 글자라 하더라도 좋은 영향을 보일 때와는 다른 모습이 나오게 됩니다. 한 가지 예를 들어보겠습니다. 어떤 하나의 오행이 너무 많은 경우입니다. 이런 경우에는 치우쳤다는 표현을 쓰게 됩니다. 또는 오행의 과다라는 표현을 쓰기도 합니다. 필요 이상으로 어떤 오행이 많을 경우, 대부분 좋지 않은 역할로 작용(경우에 따라 다름)합니다. 그런데 아예 어떤 오행이 없는 사주도 존재합니다. 그럴 경우에는 이런 단점이 있습니다."

| 오행 | 아예 없는 경우 |
|------|---------------|
| **木**오행 | 흔들리기 쉽고(마음 약함), 인색, 속기 쉬움 |
| **火**오행 | 나태, 흔들리기 쉬움 |
| **土**오행 | 자기주장만 내세움, 사치, 남에겐 인색, 떠돌아다님 |
| **金**오행 | 결단력↓, 판단력↓, 실행력↓, 끝맺음 없음 |
| **水**오행 | 오만, 냉정 |

새로운 표를 살펴보던 산아는 이런 생각을 했다.

'어떤 오행이 없는 경우에는 그 오행이 있을 때의 장점과 완전히 반대의 성향을 가지는구나! 나쁘게 작용할 때와는 약간의 차이가 있네.'

"장점으로 작용할 때와 단점으로 작용할 때, 그리고 필요한데 아예 없을 경우는 각각 약간의 차이가 있습니다. 하지만 잠깐만 생각해보면 어렵지 않게 그 차이를 알 수 있습니다. 예를 들어 화오행에 대해 이야기해보겠습니다. 좋은 역할을 할 때의 화오행은 자신의 그 뜨거움과 드러내는 기운을 적절히 조절하여 좋은 곳에 좋은 방향으로 사용할 수 있습니다. 하지만 지나치면(과다) 그러한 기운을 조절하는 데 실패합니다. 더욱 더 급한 성격이 되고, 더 심하면 불같은 성격이 되어 폭발하게 됩니다. 자연히 남과의 다툼이 많을 수밖에 없습니다. 하지만 아예 없으면 일에 대한 뜨거운 열정이나 드러내는 기운이 없어서 자신감이 없고, 자기의 주장이 약하며, 자기 의견을 드러내지 못해 다른 사람들에게 휘둘릴 수밖에 없습니다."

현마의 세심한 설명은 학생들의 이해를 돕기에 충분했다.

"금오행으로 하나 더 예를 들어볼까요? 금오행이 장점으로 작용할 때는 어떤 일에 대한 추진력이나 결단력, 용기 등의 모습으로 나타납니다. 그런데 금오행이 너무 많으면(과다) 원래 장점보다 무리하다는 의미가 추가됩니다. 무리해서 어떤 일을 추진하고, 어느 정도를 넘어서까지 과감하게 행동한다면 당연히 문제가 생길 수밖에 없을 것입니다. 이번에는 아예 없다고 가정을 해보겠습니다. 장점으로 갖고 있던 추진력이나 결단력, 어떤 일에 대한 용기가 부족하다는 것입니다."

현마는 잠시 말을 멈추고 학생들을 차례로 바라봤다. 그리고 나지막한 목소리로 말했다.

"그래서 전에 말했던 것처럼 항상 조화와 균형이 중요합니다. 없으면 당연히 좋지 않겠지만 너무 많아도 좋지 않습니다. 그것은 사주분석뿐만이 아니라 세상 모든 일과 모든 인간관계에 똑같이 적용됩니다. 항상 기억하기 바랍니다."

# 십신(十神) 1

지난밤, 학생들은 거의 잠을 이루지 못하고 현마에게 배운 내용을 공부했다. 특히 좋은 역할을 할 때 각 오행의 장점과, 좋지 않은 역할을 할 때의 단점, 그리고 부족할 때 보일 수 있는 현상에 대해서 집중적으로 공부했다. 그러면서 자연스럽게 각 오행이 가진 특성에 대해 더 깊이 알게 되었다. 산아가 생각할 때 사주 8개의 글자는 각각 어떤 오행이든 무조건 하나의 오행에 속해 있었기 때문에 오행에 대해 확실히 알지 못하고서는 결코 사주분석을 할 수 없을 것이라고 느껴졌다. 그리고 가장 중요한 사항은 노트가 아닌 마음속에 새겼다.

'조화와 균형!'

처음 명리수양관에 입학했을 때와 비교하면 학생들 모두 내면적으로 많이 성장해 있었다. 혼자서 공부하거나 생각하는 시간이 많은 까닭이었다. 이러한 학생들의 성장은 그들 자신보다 현마의 마음을 더욱 뿌듯하게 만들었다. 현마는 학생들이 단순히 사주분석법만을 배우기를 원하지 않았다. 다른 이의 미래를 예측해주기 전에 먼저 본인들의 마음이 넓어지기를 원했다. 모든 것을, 모든 사람을 다 포용하고 이해할 수 있는 너그러운 마음. 그런 마음은 단순히 공부하는 것만으로는 채워지지 않는다고 생각했다. 공부를 많이 한 미래예측사보다는 다른 이의 마음을 따뜻하게 감싸줄 수 있는 미래예측사가 되기를 바랐다. 학생들이 그렇게 될 수만 있다면 자신은 어떠한 노력도 감수할 생각이 있었다. 지금 학생들은 그의 소원대로 잘 성장해가고 있었다.

현마와 네 명의 학생들은 다시 강의실에서 모여 공부에 빠져 들었다. 현마는 예전에 배웠던 오행분류표를 보면서 말했다.

| 오행 | 木 | | 火 | | 土 | | 金 | | 水 | |
|------|----|----|----|----|----|----|----|----|----|----|
| 해당 천간 | 갑 | 을 | 병 | 정 | 무 | 기 | 경 | 신 | 임 | 계 |
| 해당 지지 | 인 | 묘 | 사 | 오 | 진술 | 축미 | 신 | 유 | 해 | 자 |

"오늘 본 강의에 들어가기 전에 반드시 반복해야 할 내용이 있습니다. 이제는 여러분이 완전히 암기를 하고 있는 각 오행별 글자들입니다. 이 것은 언제라도 바로 대답할 수 있도록 기본적으로 암기하고 있어야 합니다."

그리고 현마는 오행의 상생(相生)에 대해 설명했다.

| 木 | → | 火 | → | 土 | → | 金 | → | 水 | → | 木 |
|----|----|----|----|----|----|----|----|----|----|----|
| 木은 불이 잘 탈 수 있게 한다. | | 火는 태워서 땅을 비옥하게 한다. | | 土 안에서 쇠가 생성한다. | | 金은 물을 솟아나게 한다. | | 水는 나무를 자랄 수 있도록 한다. | | |

"한 오행이 다른 오행에게 힘을 실어주는 오행의 상생(相生)관계를 다시

설명하겠습니다.

　나무(木)는 불(火)이 잘 탈 수 있도록 도와줍니다. 불(火)은 물질을 태워서 흙(土)이 비옥할 수 있도록 도와줍니다. 흙(土)은 자신의 안에서 쇠(金)가 만들어질 수 있도록 도와줍니다. 쇠(金)는 물(水)을 솟아날 수 있게 도와줍니다. 마지막으로 물(水)은 나무(木)에게 영양분을 제공하여 잘 자랄 수 있게 도와줍니다.”

| 木 | → | 土 | → | 水 | → | 火 | → | 金 | → | 木 |
|---|---|---|---|---|---|---|---|---|---|---|
| 木은 뿌리로 흙을 잡는다. | | 土는 물을 가둔다. | | 水는 불을 없앤다. | | 火는 쇠를 녹인다. | | 金은 나무를 쪼갠다. | | |

　“이번에는 오행이 다른 오행의 움직임을 막거나 방해하고, 공격하는 오행의 상극(相剋)에 대해서 복습해 보겠습니다. 나무(木)는 뿌리로 흙(土)을 잡아 움직이지 못하게 막고, 흙(土)은 물(水)을 둘러싸서 물이 흐르는 것을 방해하고, 물(水)은 불(火)이 더 이상 타오르지 못하게 꺼 버리며, 불(火)은 뜨거운 열로 쇠(金)를 녹여버리고, 마지막으로 쇠(金)는 나무(木)를 베어 버리거나 쪼개서 자라지 못하게 막아 버립니다. 상생관계와는 반대로 방해하거나 막는 역할을 하는 것입니다.”

　모니터에 예전에 공부했던 오행의 상생, 상극 관계표가 나타났다.

"여러분이 이미 다 알고 있는 내용이라고 생각합니다. 하지만 이렇게 다시 반복하는 이유는 오늘 공부하게 될 십신(十神)이라는 것과 밀접한 관계가 있기 때문입니다. 이 십신(十神)에 대한 공부가 사주분석에 있어서 가장 중요합니다. 그 이유는 오행 간의 관계를 명확하게 밝혀서 좋은 오행과 그렇지 않은 오행을 찾아낼 수 있기 때문입니다."

중요한 부분을 공부하게 되었다는 것은 다른 때보다 진지한 현마의 태도에서도 잘 알 수 있었다. 말 한마디 한마디에 온 신경을 집중하고 있다는 것을 학생들도 알 수 있었다.

어느 순간, 강의실 모니터에 한 사주가 나타났다. 학생들은 숨을 죽이며 현마의 다음 말을 기다렸다.

| 시간 | 일간 | 월간 | 연간 | |
|------|------|------|------|------|
| 무 戊 | 정 丁 | 임 壬 | 계 癸 | 천간 天干 |
| 신 申 | 묘 卯 | 진 辰 | 유 酉 | 지지 地支 |
| 시지 | 일지 | 월지 | 연지 | |
| 시주(時柱) | 일주(日柱) | 월주(月柱) | 연주(年柱) | |

"어떤 사람의 사주가 다음과 같다고 가정하겠습니다. 각 기둥(연주, 월주, 일주, 시주)에 위치한 글자들의 개별 명칭이 나타나 있습니다. 이 글자들 중에서 해당 사주 본인을 나타내는 글자는 일간(日干)이라고 배웠습니다. 태어난 날을 나타내는 기둥인 일주(日柱)의 천간 부분을 일간(日干)이라고 하며 이것이 바로 사주 당사자(의뢰인)를 나타냅니다. 이렇게 기준이 정해 져야 해당 글자와 다른 글자들 사이의 관계를 규명할 수 있는 것입니다. 이 사주에서 보면 본인을 나타내는 글자는 바로 정(丁)입니다. 사주 주인 공이 바로 정(丁)이라는 의미로, 이 글자를 중심으로 사주분석의 모든 관계가 시작됩니다. 가장 먼저 글자들의 오행을 표시해 보겠습니다."

현마는 사주 8개 글자의 오행을 모두 분류하여 오행을 표시했다.

| 시간 | 일간 | 월간 | 연간 |
|------|------|------|------|
| 무 戊 → 土 | 정 丁 → 火 | 임 壬 → 水 | 계 癸 → 水 |
| 신 申 → 金 | 묘 卯 → 木 | 진 辰 → 土 | 유 酉 → 金 |
| 시지 | 일지 | 월지 | 연지 |

"사주 내에 들어온 오행의 숫자는 木: 1(묘丁), 火: 1(정丁), 土: 2(무戊, 진 辰), 金: 2(신申, 유酉), 水: 2(계癸, 임壬)입니다. 그리고 음양을 살펴보면 양: 4 개(무戊, 신申, 임壬, 진辰), 음: 4개(정丁, 묘卯, 계癸, 유酉)임을 알 수 있습니다. 음

양의 입장에서 보면 균형을 이루고 있습니다. 이제 다음 단계로 가보겠습니다. 복잡할 수도 있기 때문에 예전에 배웠던 **오행의 상생(相生)-상극(相剋)표**를 보면 더 쉽게 이해할 수 있습니다."

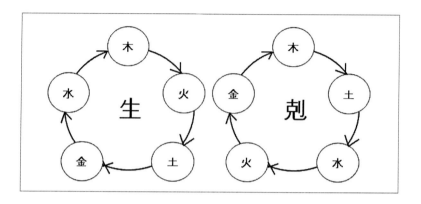

현마의 설명은 계속되었고, 학생들은 점점 현마의 설명에 몰입되었다.

"오행의 상생상극 관계를 일간(日干)인 정(丁)의 입장에서 적용해 보면 다음과 같습니다."

> *화(火)오행 정(丁)이 생(生)하는 오행: 토(土)오행
> → 여기서는 무(戊), 진(辰)
> *화(火)오행 정(丁)이 극(剋)하는 오행: 금(金)오행
> → 여기서는 신(申), 유(酉)
> *화(火)오행 정(丁)을 생(生)하는 오행: 목(木)오행
> → 여기서는 묘(卯)
> *화(火)오행 정(丁)을 극(剋)하는 오행: 수(水)오행
> → 여기서는 임(壬), 계(癸)

현마는 사주의 당사자를 나타내는 일간(丁)의 입장에서 나머지 일곱 글자들과의 상생 및 상극 관계를 하나의 표로 정리했다.

"일간(日干)이 다른 오행의 글자를 생(生)하여 주는지, 아니면 다른 오행의 글자가 일간을 생(生)하여 주는지를 구분하여 표시합니다. 또한 일간이 다른 오행의 글자를 극(剋)하는지, 다른 오행의 글자가 일간을 극(剋)하는지를 구분하여 표시합니다. 마지막으로 일간과 같은 오행이 있다면 이 글자도 표시하면 됩니다. 복잡하게 보이지만 이런 분류를 단순화시키면 다음과 같이 됩니다."

현마는 자신이 설명한 이야기를 간단한 표로 정리했다.

| 1 | 생(生)하는 관계 | 일간을 생(生)하는 오행 |
|---|---|---|
| 2 | | 일간이 생(生)하는 오행 |
| 3 | 극(剋)하는 관계 | 일간을 극(剋)하는 오행 |
| 4 | | 일간이 극(剋)하는 오행 |
| 5 | 같은 오행 | 일간과 같은 오행 |

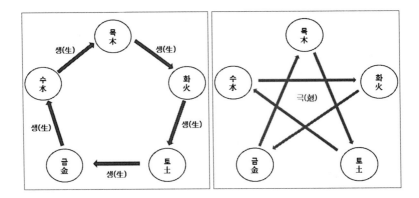

"결국 기준이 되는 글자(일간)와 다른 오행간의 관계는 위에서 설명한 다섯 가지 중에 하나에 속하게 됩니다. **① 내가 생하는지 ② 나를 생하는지 ③ 내가 극하는지 ④ 나를 극하는지 ⑤ 나와 같은지** 이렇게 말입니

다. 오행의 순서는 전에 얘기한 것처럼 목-화-토-금-수(木火土金水)의 순서로 암기하는 것이 좋습니다. 계절의 변화순서이기도 하면서, 서로를 생(生)해주는 순서이기 때문입니다. 목화토금수의 순서에서는 앞의 오행이 다음 오행을 생해주는 규칙이 있습니다. 목(木)이 화(火)를 생해주고, 화(火)가 토(土)를 생해주고, 토(土)가 금(金)을 생해주고, 금(金)이 수(水)를 생해주고, 수(水)가 목(木)을 생해주며 계속 순환합니다. 목화토금수의 순서에서 극하는 것도 규칙이 있습니다. 바로 앞의 오행은 생(生)해주지만 두칸 앞의 오행은 극(剋)하는 규칙이 있습니다. 즉, 목(木)이 토(土)를 극하고, 토(土)가 수(水)를 극하고, 수(水)가 화(火)를 극하고, 화(火)가 금(金)을 극하고, 금(金)이 목(木)을 극합니다. 목화토금수에서 한 칸 앞의 오행은 생해주고, 두 칸 앞의 오행은 극한다는 것을 알면 되겠습니다."

현마는 방금 전에 설명한 오행의 상생과 상극의 규칙성에 대한 표를 학생들에게 보여주었다. 목화토금수의 순서로 생(生)하는데, 이때는 바로 자신보다 한 칸 앞의 오행을 생(生)하며, 자신보다 두 칸 앞의 오행은 극(剋)한다는 내용이었다.

**목화토금수의 순서로 진행한다고 가정할 경우 오행 사이의 생(生)하는 규칙**

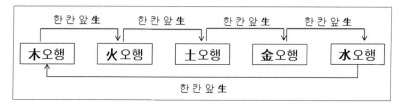

목화토금수의 순서로 진행한다고 가정할 경우 오행 사이의 극(剋)하는 규칙

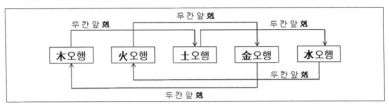

그리고 현마는 마지막으로 목화토금수 오행의 생(生)하는 흐름과 극(剋)하는 흐름을 한꺼번에 표현한 그림을 학생들에게 보여주었다.

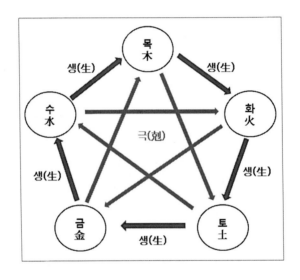

산아를 비롯한 학생들은 입 밖으로 소리를 내지는 않았지만 마음속으로 수없이 반복하며 현마의 가르침을 되뇌었다.

'하나의 오행이 있다고 가정하면 그 오행과 다른 오행과의 관계는 다섯 가지 경우 중 하나에 속하게 되어 있다. 그 오행을 나라고 했을 때, 첫 번째는 내가 생해주는 오행이 있고, 두 번째는 나를 생해주는 오행이 있으며, 세 번째는 내가 극하는 오행이 있고, 네 번째는 나를 극하는 오행이

있다. 마지막으로 나와 같은 오행이 있다.'

학생들은 말을 하지는 않았지만 어려워하는 감정이 얼굴을 통해 그대로 드러났다. 그런 얼굴을 보자 현마는 미소가 지어졌다. 자신도 이 과정을 배우며 상당히 머리가 복잡했던 기억 때문이다. 복잡하지만 사주분석을 하는 데 있어 그만큼 결정적인 부분이라 어쩔 수 없었다.

"어렵지요?"
"네."

현마의 말에 학생들은 조용히 대답했다. 복잡한 것이 사실이었다.

"내가 자주 하는 말 기억하고 있지요? 시간이 지나면 자연스럽게 알게 됩니다. 그리고 만세력 어플리케이션을 이용하면 사주 8개 글자 간의 오행관계도 모두 알려줍니다. 그 알려주는 시간은 단 1초도 걸리지 않습니다. 우리는 어플리케이션이 표시해주는 그 관계를 해석만 하면 사주분석을 할 수 있습니다. 그런데 왜 이렇게 오행의 상생상극 관계 원리를 배워야 할까요? 스마트폰을 이용하면 1초도 걸리지 않을 내용인데 왜 이렇게 복잡한 것을 공부할까요?"

산아가 대답했다.

"원리를 배우면 더 빨리 이해할 수 있고, 더 빨리 외울 수 있습니다."

산아는 현마가 원하는 대답을 정확하게 했다.

"산아의 말처럼 더 빨리 이해할 수 있습니다. 그렇기 때문에 원리를 반드시 알아야 합니다. 다른 분야도 마찬가지겠지만 특히 미래예측사가 되기 위한 공부를 할 때는 가능하면 그 원리를 먼저 알고 외우는 습관이 필요합니다. 다시 오행 간의 관계를 계속 공부해보겠습니다. 천간(天干) 중에서 태어난 일을 나타내는 일간(日干)이 바로 나라고 했습니다. 여기서 나라는 건 바로 그 사주의 주인공을 말합니다. 그 **일간과 나머지 일곱 글자와의 관계를 밝히는 것이 사주를 분석하는 것**이기 때문에 **일간의 오행과 일곱 글자의 오행이 어떤 관계가 있는지 분석**해야 합니다. 그런 관계가 다섯 개 있다고 했습니다. 말해볼까요?"

학생들의 합창 같은 대답이 이어졌다.

"내가 생하거나, 나를 생하거나, 내가 극하거나, 나를 극하거나, 마지막으로 나와 같은 오행입니다."

현마는 학생들의 대답이 끝나자마자, 곧바로 진도를 나갔다.

"그러한 다섯 가지의 오행관계를 각각 부르는 이름이 있습니다. 이름이 없다면 나를 생하는 오행 혹은 나를 극하는 오행, 또 내가 극하는 오행처럼 길게 부를 수밖에 없기 때문에 불편할 것입니다. 그래서 그런 다섯 가지의 관계를 간편하게 부를 수 있는 이름이 만들어지게 되었습니다. 그런데 여기서 조금 더 깊이 생각해 봐야 할 점이 있습니다. 예를 들어서 내가(일간) 생해주는 오행이 있다고 가정하면 그 오행에도 분명히 음양(陰陽)이 있을 것입니다. 다시 말해서, 내가(일간) 음(-)의 오행을 생해줄 수도 있고, 양(+)의 오행을 생해줄 수도 있습니다. 그렇기 때문에 음의 오행을 생해줄 때와 양의 오행을 생해줄 때를 구분하여 부르게 됩니다. 이것을 다르게 설명해보면 내가 생해주는 오행이 나와 같은 음양인지, 다른 음양인지에 따라 이름이 달라진다는 것입니다. 내가 양의 오행일 때 내가 생해주는 오행이 나와 같은 양의 오행인지, 아니면 음의 오행인지에 따라 부르는 이름이 다릅니다. 표를 볼까요?"

| 내용 | 같은 음양 | 다른 음양 | 통칭 |
|---|---|---|---|
| 일간(나)과 같은 오행 | 비견(比肩) | 겁재(劫財) | 비겁(比劫) |
| 일간(나)이 생해주는 오행 | 식신(食神) | 상관(傷官) | 식상(食傷) |
| 일간(나)이 극하는 오행 | 편재(偏財) | 정재(正財) | 재성(財星) |
| 일간(나)을 극하는 오행 | 편관(偏官) | 정관(正官) | 관성(官星) |
| 일간(나)을 생해주는 오행 | 편인(偏印) | 정인(正印) | 인성(印星) |

표는 지금까지 보던 것들보다 훨씬 복잡하고 어려워 보였다.

"표를 보면 굉장히 복잡해 보이지만 설명을 듣고 이해한다면 결코 어렵지 않습니다. 표에 나타난 10개의 관계만 정확히 알고 있으면 여러분은 사주분석을 할 수 있게 됩니다. 그만큼 사주분석을 하는 데 있어서 직접적인 역할을 하는 글자들입니다."

이 10개의 글자들만 알고 있으면 사주분석을 할 수 있다는 말은 학생들의 의지를 불러 일으켰다. 학생들에게 10개의 새로운 단어를 외우는 것은 아무것도 아니었다.

"일단 간단한 것부터 해보겠습니다. 항상 기준은 일간(나)이 됩니다. 나

(일간)와 같은 오행이면서 음양도 같으면 비견(比肩)이라고 하고, 오행은 같지만 음양이 다른 것을 겁재(劫財)라고 합니다. 예를 들어서 일간이 갑(甲)인데 일곱 글자 가운데 갑(甲)이 있다면 이것은 오행도 같고 음양도 같습니다. 완전히 나와 같습니다. 이런 경우에는 비견(比肩)이라고 합니다. 그런데 을(乙)이 있다고 가정해 보겠습니다. 갑과 을은 목오행으로 오행은 같지만 음양이 다릅니다. 갑은 양(+)이고 을은 음(-)입니다. 이 경우에 을은 겁재(劫財)라는 관계가 됩니다. 오행 간의 관계가 곧 이름이 되겠습니다. 여기서 질문을 하나 하겠습니다. 그럼 일간이 경(庚)이라고 가정할 때 나머지 일곱 글자 중에 신(辛)이 있다고 하면 그 신(辛)을 뭐라고 불러야 할까요?"

열심히 계산하던 세라가 대답을 했다.

"일간이 경(庚)인데 신(辛)이 있다면 두 글자는 같은 금오행입니다. 하지만 경(庚)은 양(+)이고 신(辛)은 음(-)으로 음양이 다릅니다. 따라서 겁재(劫財) 관계이며 신(辛)을 겁재(劫財)라고 불러야 합니다."

세라의 대답을 들으면서 다른 학생들도 모두 이해를 하게 되었다. 현마의 설명이 계속되었다.

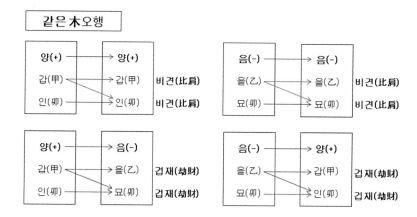

같은 木오행

양(+) → 양(+)
갑(甲) → 갑(甲)    비견(比肩)
인(卯) → 인(卯)    비견(比肩)

음(-) → 음(-)
을(乙) → 을(乙)    비견(比肩)
묘(卯) → 묘(卯)    비견(比肩)

양(+) → 음(-)
갑(甲) → 을(乙)    겁재(劫財)
인(卯) → 묘(卯)    겁재(劫財)

음(-) → 양(+)
을(乙) → 갑(甲)    겁재(劫財)
묘(卯) → 인(卯)    겁재(劫財)

"그럼 다음 관계를 볼까요? 일간(나)이 생해주는 오행관계가 있습니다. 그런데 내가 생해주는 오행의 음양이 나와 같으면 식신(食神)이라고 하고, 내가 생해주는 오행의 음양이 나와 다르면 상관(傷官)이라고 합니다. 예를 들어 내가(일간) 갑(甲)이라고 가정하면 내가 생해주는 오행은 화오행이 될 것입니다. 왜냐하면 나는 갑(甲)인데 갑(甲)은 목오행이고 목오행이 생해주는 오행이 화오행이기 때문입니다. 나무가 자신을 태워서 불을 활활 타오르게 한다는 표현을 떠올리면 됩니다. 내가 갑(甲)인데 화오행의 글자 중에 같은 음양인 병(丙)을 만나게 되면 그 관계는 식신(食神)이 되며, 병을 식신(食神)이라고 부르게 됩니다. 만약 내가 생해주기는 하지만 음양이 다른 정(丁)을 만나게 되면 그 관계는 상관(傷官)이 되며, 정(丁)을 상관(傷官)이라고 부르게 됩니다."

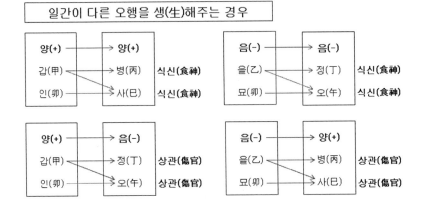

일간이 다른 오행을 생(生)해주는 경우

학생들을 향한 현마의 질문은 계속되었다.

"만약 나를 나타내는 일간(日干)이 토오행인 기(己)인데, 사주 여덟 글자 가운데 경(庚)이라는 글자가 있다면 일간인 기(己) 입장에서 경(庚)은 어떤 관계일까요?"

글자 간의 관계를 따져보던 산아가 가장 먼저 대답했다.

"일간인 기(己)는 토오행이며, 경(庚)은 금오행입니다. 두 오행의 관계는 토오행이 금오행을 생해주는 관계입니다. 즉, 일간이 다른 오행을 생해주는 관계로써 식신(食神)이나 상관(傷官) 중에 하나가 될 것입니다. 그런데 기(己)의 음양은 음(-)이고 경(庚)은 양(+)입니다. 일간이 생해주는 오행이면서 음양이 다르기 때문에 둘의 관계는 상관이 되고, 경(庚)을 상관이라고 부릅니다."

산아의 대답은 완벽했다.

"아주 정확하게 표현했습니다. 이번에는 일간을 생해주는 오행관계입니다. 일간을 생해주는 오행관계는 두 개가 있습니다. 일간을 생해주는 글자와 일간의 음양이 같으면 편인(偏印)이라고 하고, 음양이 다르면 정인(正印)이라고 합니다. 예를 들어서 일간이 갑(甲)이라고 할 때 사주 여덟 글자 중에 계(癸)라는 글자와의 관계를 알아보겠습니다. 갑(甲)은 목오행이고 임(壬)은 수오행입니다. 수오행이 목오행을 생하는 관계입니다. 즉, 다른 오행이 일간을 생하는 관계로써 편인(偏印)이나 정인(正印)이 될 것입니다. 음양 관계를 살펴보면 일간인 갑(甲)은 양(+)이며, 계(癸)는 음(-)입니다. 따라서 음양이 다르기 때문에 둘의 관계는 정인(正印)이 되며, 일간의 입장에서 계(癸)를 정인이라고 부릅니다. 그럼 다시 질문합니다. 만일 일간이 무(戊)라고 한다면 병(丙)과의 관계는 어떻게 될까요?"

소니의 경쾌한 목소리가 들려왔다. 이번에는 가장 먼저 계산을 끝냈다.

"일간인 무(戊)는 토오행입니다. 그리고 병(丙)은 화오행입니다. 가장 먼저 오행관계를 살펴보면 화오행이 토오행을 생하는 관계임을 알 수 있습니다. 즉, 다른 오행이 일간을 생하는 것으로 편인(偏印)이나 정인(正印)이 될 것이라는 것을 알 수 있습니다. 다음으로 음양을 살펴보면 일간인 무는 양(+)이고, 병도 양(+)입니다. 일간을 생해주면서 음양도 같기 때문에 편인(偏印) 관계이며, 일간의 입장에서 무(戊)를 편인이라고 부릅니다."

현마는 소니의 대답에 대해 칭찬하고, 다음 설명에 들어갔다.

"이번에는 극하는 관계를 살펴보겠습니다. 일간이 극하는 오행 관계는 두 가지가 있습니다. 일간이 극하는 글자의 음양이 일간과 같으면 편재

(偏財)라고 부르며, 음양이 다르면 정재(正財)라고 부릅니다. 예를 들어서 일간이 갑(甲)이라고 할 경우, 무(戊)와의 관계를 살펴보겠습니다. 먼저 오행관계를 살펴봅니다. 갑은 목오행이고 무는 토오행입니다. 두 오행의 관계는 목오행이 토오행을 극하는 관계입니다. 나무의 뿌리가 흙이 움직이지 못하도록 잡고 있다는 표현을 기억하세요. 따라서 일간이 다른 오행을 극하는 것으로 편재(偏財)나 정재(正財)가 된다는 사실을 알게 되었습니다. 이번에는 음양 관계를 살펴봅니다. 갑(甲)과 무(戊)는 같은 양(+)입니다. 따라서 둘의 관계는 편재(偏財)가 됩니다. 그럼 다시 문제를 내보겠습니다. 일간이 임(壬)입니다. 그럴 경우 정(丁)이라는 글자와는 어떤 관계가 될까요?"

현마의 질문을 미리 생각하고 있던 여명이 대답했다.

"가장 먼저 두 글자의 오행관계를 확인해야 합니다. 일간인 임(壬)은 수오행이고, 정(丁)은 화오행입니다. 수오행과 화오행의 관계를 보면 수오행이 화오행을 극하는 관계입니다. 따라서 일간이 다른 오행을 극하는 관계로써 편재(偏財)나 정재(正財)가 나올 것임을 알 수 있습니다. 다음 단계로, 일간과 해당 글자의 음양 관계를 살펴봅니다. 일간인 임(壬)은 양(+)이고, 정(丁)은 음(-)입니다. 따라서 임(壬)의 입장에서 볼 때 정(丁)은 정재(正財)입니다."

이제 현마는 마지막으로 다섯 번째 관계를 설명하기 시작했다.

"이제 마지막 관계입니다. 일간을 극하는 관계는 두 가지가 있습니다. 편관(偏官)과 정관(正官)입니다. 다른 오행의 글자가 일간을 극하면서 일간과 음양이 같으면 편관(偏官)이라고 하고, 음양이 다르면 정관(正官)이라고 합니다. 예를 들어서 설명해 보겠습니다. 일간이 갑(甲)이라고 했을 때, 경(庚)이라는 글자와의 관계를 알아보겠습니다. 가장 먼저 오행관계를 알아보면 일간인 갑(甲)은 목오행이고 경(庚)은 금오행입니다. 목오행의 입장에서 봤을 때 금오행은 자신을 극하는 관계입니다. 쇠로 만든 장비(도끼 등)로 나무를 잘라내는 생각을 하면 이해가 쉽습니다. 따라서 다른 오행이 일간을 극하는 관계이기 때문에, 결국 편관(偏官)이나 정관(正官) 중에 하나가 될 것입니다. 다음 순서로 음양을 살펴봅니다. 갑(甲)과 경(庚)은 둘 다 양(+)입니다. 따라서 일간 갑(甲)의 입장에서 경(庚)은 편관(偏官)이 됩니다. 그럼 이것과 관련된 질문입니다. 일간이 계(癸)일 경우, 기(己)와의 관계는 어떻게 될까요?"

산아가 마무리를 했다.

"먼저 두 글자의 오행관계를 살펴봐야 합니다. 계(癸)는 수오행이며, 기(己)는 토오행입니다. 일간의 입장에서 보면 토오행으로부터 극을 당하는 관계입니다. 즉, 다른 오행으로부터 일간이 극을 받는 관계로써 편관(偏官)이나 정관(正官)이 나올 것임을 알 수 있습니다. 다음으로 음양 관계를 비교합니다. 계(癸)와 기(己)는 둘 다 음(-)입니다. 따라서 일간 계(癸)의 입장에서 기(己)는 편관(偏官)임을 알 수 있습니다."

현마는 다시 산아에게 질문을 했다.

"만약 음양이 다르면 어떻게 될까요?"

산아는 어려움 없이 대답했다.

"정관(正官)이 됩니다."

현마는 표를 가리키면서 설명에 들어갔다.

"오늘 우리는 오행 간의 다섯 가지 관계에 대해서 알아봤습니다. 관계는 다섯 개지만 음양에 따라 모두 열 개의 관계가 만들어집니다. 이 열 개의 관계가 사주를 분석하는 데 결정적인 역할을 하게 됩니다. 이러한 열 개의 관계가 중요하다는 뜻에서 열 개의 신(神)이라는 이름을 붙였습니다. 그것이 바로 십신(十神)입니다. 또는 열 개의 별이라는 의미로 십성(十星)이라고도 합니다. 그 외에도 다양한 명칭이 있습니다. 우리는 앞으로 여러 개의 명칭 중에서 일반적으로 가장 많이 사용하는 십신(十神)이라는 단어를 사용할 것입니다."

| 내용 | 같은 음양 | 다른 음양 | 통칭 |
| --- | --- | --- | --- |
| 일간(나)과 같은 오행 | 비견(比肩) | 겁재(劫財) | 비겁(比劫) |
| 일간(나)이 생해주는 오행 | 식신(食神) | 상관(傷官) | 식상(食傷) |
| 일간(나)이 극하는 오행 | 편재(偏財) | 정재(正財) | 재성(財星) |
| 일간(나)을 극하는 오행 | 편관(偏官) | 정관(正官) | 관성(官星) |
| 일간(나)을 생해주는 오행 | 편인(偏印) | 정인(正印) | 인성(印星) |

현마는 십신(十神)표를 보면서 학생들에게 설명했다.

"열 개의 십신(十神)은 보통 앞의 한 글자씩만 따서 부르기도 합니다. 음양의 차이로 이름을 나누기는 하지만, 오행은 같기 때문에 오행의 공통된 속성을 어느 정도 함께 갖고 있습니다. 그래서 둘을 합쳐서 한 단어로 부르기도 합니다. 합쳐서 부르는 이름을 소개하자면 **비**견(比肩)과 **겁**재(劫財)를 합쳐서 비겁(比劫)이라고 합니다. **식신**(食神)과 **상관**(傷官)을 합쳐서는 식상(食傷)이라고 하고, 편재(偏財)와 정재(正財)는 재성(財星)이라고 합니다. 편관(偏官)과 정관(正官)은 관성(官星)이라고 하며, 편인(偏印)과 정인(正印)은 합쳐서 인성(印星)이라고 합니다. 비겁과 식상을 제외하고 나머지는 편이라는 글자와 정이라는 글자가 붙게 됩니다. 음양이 같으면 편재, 편관, 편인이 된다고 배웠습니다. 여기서 편은 치우칠 편(偏)자를 사용합니다. 즉, 한쪽으로 치우쳤다는 의미입니다. 같은 양이나 같은 음으로 치우쳤기 때문에 붙여진 이름입니다. 정은 바를 정(正)자를 사용합니다. 음(-)과 양(+)이 만났기 때문에 치우친 것보다는 바른 만남이라는 의미가 담겨 있습니다. 하지만 기억하세요. 편(偏)으로 시작되는 글자가 무조건 나쁘고 정(正)으로 시작되는 글자만 무조건 좋은 것만은 아니라는 것을. 어떤 것이 중요하다고 했습니까?"

"조화와 균형입니다."

산아는 항상 가슴속에 새기고 있던 말을 꺼내 대답했다.

"그렇습니다. 조화와 균형입니다. 사주를 분석할 때 잊지 말아야 할 최고의 원칙입니다. 다시 십신(十神)을 살펴보겠습니다. 십신(十神) 중에서 비견(比肩)과 겁재(劫財), 식신(食神)과 상관(傷官)만 표현 방법이 다릅니다. 편(偏)이라는 말도, 정(正)이라는 말도 사용하지 않습니다. 사용하려면 사용할 수 있습니다. 하지만 단순히 음양의 차이만으로 이름을 짓기에는 더 중요한 의미가 있기 때문에 다르게 부릅니다. 자세한 내용은 십신(十神)에 대해 더 깊이 공부하면서 알아보겠습니다. 표를 한 번 볼까요?"

| 오행 | 木 | | 火 | | 土 | | 金 | | 水 | |
|---|---|---|---|---|---|---|---|---|---|---|
| 해당 천간 | 갑 | 을 | 병 | 정 | 무 | 기 | 경 | 신 | 임 | 계 |
| 음양 | + | - | + | - | + | - | + | - | + | - |
| 해당 지지 | 인 | 묘 | **사** | **오** | 진술 | 축미 | 신 | 유 | **해** | **자** |
| 원래음양 | + | - | - | + | + | - | + | - | - | + |
| 십신음양 | | | + | - | | | | | + | - |

"예전에 이 표를 보면서 설명을 한 적이 있습니다. 십신(十神)과 관련된 내용이 있기 때문에 오늘 다시 설명합니다. 어렵다고 느끼면 한 번 듣고 지나가도 상관은 없습니다. 다른 글자는 원래 자신이 갖고 있던 음양과 십신(十神)으로 사용될 때의 음양이 같습니다. 하지만 사(巳)와 오(午), 해(亥)와 자(子)는 원래의 음양과 십신(十神)의 음양이 반대임을 알 수 있습니다. 이것은 오행에 따라 천간(天干) 글자들을 분류(배치)하면서 여기에 계절의 순환까지 한꺼번에 맞추는 데서 오는 현상입니다. 다시 설명하면, 5개의 기운으로 나눠지는 천간의 글자들에 4계절로 나눠지는 지지의 글자들을 맞추다 보니 이렇게 된 것입니다. 오행은 그 수가 5이지만, 계절은 5계절이 아니라 4계절입니다. 천간에서는 토오행이 별도로 분류되어 있지만, 지지(地支)가 나타내는 계절로 보면 토오행은 별도로 구분되지 않습니다. 오행에 따라 그 글자들을 분류하게 되면, 결국 계절과 계절 사이에 있는 토오행의 글자들은 별도로 빼내서 배치를 해야 합니다. 그렇게

되면 토오행을 제외한 나머지 글자(지지地支)는 순환하는 순서대로 배열할 수밖에 없습니다. 순서를 역행할 수는 없기 때문입니다. 인묘(寅卯) 다음의 진(辰)과 사오(巳午) 다음의 미(未), 그리고 신유(申酉) 다음의 술(戌), 마지막으로 해자(亥子) 다음의 축(丑)은 모두 토오행으로 이동하게 됩니다. 토오행을 제외한 나머지 글자들이 순서대로 각 오행에 배치되면, 네 글자의 음양은 원래의 음양과는 다르게 배치된 천간의 음양을 그대로 따르게 됩니다. 따라서 십신을 적용할 때는 달라진 음양을 적용합니다. 만일, 글자만의 음양을 따질 때는 원래대로 사(巳)는 음(-), 오(午)는 양(+), 해(亥)는 음(-), 자(子)는 양(+)이 된다는 것을 기억해야 합니다. 기본적으로 천간(天干)과 지지(地支)의 오행 흐름이 다른 이유는 천간(天干)은 하늘 기운의 흐름이며, 지지(地支)는 땅 기운의 흐름으로 그 종류가 다르기 때문입니다. 종류가 다르기 때문에 오행 간에 기운이 변화는 방식에도 차이가 있게 됩니다. 하늘에서의 기운 변화는 땅보다 쉽습니다. 한곳에 매여있지 않은 (어딘가에 걸려있지 않은) 기운의 흐름이기 때문입니다. 하지만 땅에서의 기운 변화는 이미 고착화된 물질(지구) 속에서의 흐름으로 그 변화(계절)가 쉽지 않습니다. 쉽지 않기 때문에 계절이 바뀔 때마다 토오행이 도와주는 역할을 하는 것입니다. 하지만 천간은 크게 바뀌는 지점(목화, 木火발산 → 금수, 金水수렴)에서만 토오행이 작용을 합니다. 그 외의 기운 변화에서는 토오행이 없이도 큰 무리 없이 바뀌기 때문입니다."

그날 강의를 듣고 나서 산아의 머릿속에는 계속해서 한 가지 생각이 떠나지 않았다.

'사람의 과거와 현재를 알아내고, 미래를 예측한다는 것이 어려운 것만큼 그것을 알기 위한 공부도 참 어렵구나!'

하지만 한편으로는 사주분석을 하는 데 가장 중요한 역할을 하는 십신(十神)에 대해 알게 되어 기뻤다. 어려운 부분이었지만 정확하게 이해만 할 수 있다면 금방이라도 사주를 분석할 것 같은 기분이 들었다.

# 십신(十神) 2

십신(十神)에 대한 공부를 밤새 열심히 한 탓인지 학생들은 하나같이 피곤한 표정들이었다. 그만큼 이해하기가 쉽지 않았고, 외우는 것도 만만치 않았다. 하지만 공부 내용이 어렵고 복잡할수록 그 성취감은 컸다. 또한 같이 공부하는 친구들이 있기에 외롭지 않았다.

"모두 밤새운 표정들인데?"

강의실로 들어오던 현마가 학생들에게 말했다. 학생들은 대답 대신 미소로 답했다. 변함없는 현마의 강의가 시작되었다. 현마는 항상 학생들을 존중하는 의미로 강의를 할 때는 존댓말을 사용했다. 이것이 오히려 현마의 말을 듣는 학생들의 집중도를 높여주었다.

"전 시간에 배운 내용에 대해 복습을 한 번 해보겠습니다. 나를 나타내는 일간(日干)과 다른 글자와의 관계를 알아야 사주를 분석할 수 있다고 했습니다. 일간과 다른 오행과의 관계는 크게 다섯 가지이며, 음양까지 고려하면 모두 열 가지입니다. 관계를 분석하는 방법은 똑같습니다. 첫 번째, 일간의 오행과 상대방 글자의 오행이 무엇인지 분석합니다. 두 번째, 일간과 상대방 글자의 오행관계가 무엇인지 분석합니다. 세 번째,

마지막으로 일간의 음양과 상대방 글자의 음양이 무엇인지 분석하여 최종적으로 십신(十神)을 알아냅니다."

학생들은 십신에 대해 밤새 공부를 했기 때문에 별 어려움 없이 현마의 말을 이해할 수 있었다.

"일간과 같은 오행이면 일단 두 개의 십신 중 하나임을 알 수 있습니다. 바로 비견(比肩)과 겁재입니다. 일간과 음양까지 같으면 비견(比肩)이고, 음양이 다르면 겁재(劫財)입니다. 일간을 생해주는 오행이면 일단 두 개의 십신 중 하나임을 알 수 있습니다. 바로 편인(偏印)과 정인(正印)입니다. 일간과 음양까지 같으면 편인(偏印)이고, 음양이 다르면 정인(正印)입니다. 일간이 생해주는 오행이면 일단 두 개의 십신 중 하나임을 알 수 있습니다. 바로 식신(食神)과 상관(傷官)입니다. 일간과 음양까지 같으면 식신(食神)이고, 음양이 다르면 상관(傷官)입니다. 일간이 극하는 오행이면 일단 두 개의 십신 중 하나임을 알 수 있습니다. 편재(偏財)와 정재(正財)입니다. 일간과 음양까지 같으면 편재(偏財)이고, 음양이 다르면 정재(正財)입니다. 일간을 극하는 오행이면 일단 두 개의 십신 중 하나임을 알 수 있습니다. 편관(偏官)이나 정관(正官)입니다. 일간과 음양까지 같으면 편관(偏官)이고, 음양이 다르면 정관(正官)입니다."

| 내 용 | 같은 음양 | 다른 음양 | 통칭 |
| --- | --- | --- | --- |
| 일간(나)과 같은 오행 | 비견(比肩) | 겁재(劫財) | 비겁(比劫) |
| 일간(나)이 생해주는 오행 | 식신(食神) | 상관(傷官) | 식상(食傷) |
| 일간(나)이 극하는 오행 | 편재(偏財) | 정재(正財) | 재성(財星) |
| 일간(나)을 극하는 오행 | 편관(偏官) | 정관(正官) | 관성(官星) |
| 일간(나)을 생해주는 오행 | 편인(偏印) | 정인(正印) | 인성(印星) |

"10개의 십신(十神)으로 각각 구분하기도 하지만 음양이 다르더라도 같은 오행이기 때문에 공통적인 성향이 보이는 면도 있습니다. 그래서 두 개의 십신(十神)을 합쳐서 부르기도 합니다. 비견과 겁재를 합쳐서 비겁(比劫)이라고 부르고, 식신과 상관을 합쳐서 식상(食傷)이라고 부릅니다. 또 편재와 정재를 합쳐서 재성(財星)이라고 부르고, 편관과 정관을 합쳐서 관성(官星)이라고 부릅니다. 마지막으로 편인과 정인을 합쳐서 인성(印星)이라고 부릅니다. 예를 들어서 사주 8개 글자 안에 편재나 정재가 많은 경우에는 재성(財星)이 많다고 표현합니다. 편인이나 정인이 많을 경우 인성(印星)이 많다고 표현합니다. 나머지 십신도 마찬가지로 표현합니다. 우리는 만세력 어플리케이션을 이용하면 십신이 무엇인지 쉽게 알 수 있습니다. 실제로 현장에서 일하는 미래예측사들은 일일이 십신을 구하지 않고, 어플리케이션을 이용하여 십신을 확인한 뒤, 그것을 분석하는 과정만 수행합니다. 그래야 시간을 절약할 수 있습니다. 하지만 미래예측사들이 십신을 직접 구하지 못해서 어플리케이션을 보는 것이 아닙니다. 미래예측사들은 십신을 모두 구할 수 있습니다. 이제 사주 공부를 처음으로 시작하는 여러분과 같은 학생들은 십신의 원리를 알고 나서 어플리케이션을 이용하는 것이 좋습니다. 십신의 원리를 알게 되면 사주를 분석할 때 십신의 명칭만 보고도 바로 조언을 해줄 수 있기 때문입니다. 원리를 이해하지 못하면 의뢰인이 앞에 앉아있어도 빠르게 해답을 찾아 줄 수 없습니다. 그래서 복잡한 내용이지만 이렇게 원리에 대해서 공부하는 것입니다."

산아도 알고 있었다. 태어난 연, 월, 일, 시간의 4개 숫자만 만세력 어플리케이션에 입력하면, 1초도 되지 않아 일간을 제외한 7개 글자의 십신이 표시되었다. 처음에는 그 글자가 무엇을 의미하는지 알 수 없었다.

하지만 이제는 십신의 글자를 보면 일간과의 오행관계가 어떤지 알 수 있게 되었다. 물론 사주분석에 어떻게 쓰이는지는 아직 알 수 없었다.

| 시간 時干 | 일간 日干 | 월간 月干 | 연간 年干 | |
|---|---|---|---|---|
| 정 丁 → 火 | **무 戊 → 土** | 임 壬 → 水 | 병 丙 → 火 | 천간 天干 |
| 사 巳 → 火 | 진 辰 → 土 | 오 午 → 火 | 자 子 → 水 | 지지 地支 |
| 시지 時支 | 일지 日支 | 월지 月支 | 연지 年支 | |

현마는 사주 8개 글자가 들어있는 표를 학생들에게 보여주었다.

"이제는 여러분이 글자의 오행은 모두 알고 있을 것이라고 생각해서 글자 옆에 오행을 미리 표시했습니다. 이 표에서 사주 당사자를 나타내는 글자는 일간(日干)인 무(戊)이며, 오행으로 보면 토(土)입니다. 그리고 전체 오행을 살펴보면 화(火): 4, 토(土): 2, 수(水): 2로 구성되어 있는데 이 경우 화(火)오행으로 오행이 편중되어 있고, 목(木)오행과 금(金)오행은 아예 없습니다. 이제 천간과 지지의 글자들을 십신(十神)으로 바꾸는 작업을 해보겠습니다. 일간인 무(戊)는 양(+)이면서 토오행이므로 이를 기준으로 표를 작성합니다. 방법은 모두 동일합니다. 글자의 오행을 확인하고, 일간과 그 글자의 오행관계를 분석합니다. 그리고 마지막으로 음양을 확인하면 됩니다. 자, 시작해 보세요."

학생들은 표를 보면서 십신을 뽑아보기 시작했다. 현마는 학생들이 어느 정도 작성을 다 했을 때쯤 모니터 화면에 정답을 띄웠다.

| 내용 | 해당 오행 | 같은 음양 | 명칭 | 다른 음양 | 명칭 |
|---|---|---|---|---|---|
| 일간과 같은 오행 | 土 | 진辰 | **비견** | - | 겁재 |
| 일간이 생해주는 오행 | 金 | - | 식신 | - | 상관 |
| 일간이 극하는 오행 | 水 | 임壬 | **편재** | 자子 | **정재** |
| 일간을 극하는 오행 | 木 | - | 편관 | - | 관성 |
| 일간을 생해주는 오행 | 火 | 병丙 사巳 | **편인** | 정丁 오午 | **정인** |

학생들 모두 올바르게 십신(十神)을 찾아냈다.

"십신이라는 것은 일간(나)과 다른 글자와의 관계를 나타냅니다. 따라서 사주분석을 할 때 십신만 보게 되면 일간과의 오행관계를 알게 됩니다. 예를 들어 비견이라는 십신이 있다면, 그 글자는 일간과 똑같은 오행이면서 음양도 같은 글자라는 것을 알게 됩니다. 또한 편재라는 십신이 있다면 일간이 극하는 오행이면서 음양도 같은 글자라는 것을 즉시 알게 됩니다. 그렇게 알게 된 사실로 구체적인 사주분석을 하는 것입니다. 만일 어떤 사람의 사주 8개 글자가 이 표와 같다고 가정한 뒤, 대략적인 사주분석을 해보겠습니다. 이 사람은 인성(편인과 정인)이 상당히 많습니다. 치우쳤다고도 볼 수 있습니다. 인성은 내부에서 생각하는 어떤 힘을 나타내기도 하고, 나를 도와주는 기운을 나타내기도 합니다. 하지만 너무 지나치다 보니 생각만 있고, 실제 행동으로 이어질 가능성이 낮게 보입니다. 받아들이는 능력은 있기 때문에 학습적인 부분(공부)은 괜찮다고 예상됩니다. 이러한 해석은 나중에 배우게 되니 조급해 할 필요는 없습니다. 또한 이 사람은 오행 중에서 금오행과 목오행이 없습니다. 일간(土)의 입장에서 보면 금오행이 없다는 것은 식상(식신, 상관)이 없는 것이며, 목오행이 없다는 것은 관성(편관, 정관)이 없다는 의미입니다. 이것에 대한 단편적인 사주분석을 해보자면 나를 표현하는 것(드러내는 것)이 부족하고, 남들과 어울리는 것을 좋아하지 않고, 행동에 있어서 적극적이지 못하며, 회사나 학교와 같은 단체 생활을 하는 것이 힘든 사주라는 것을 바로 알 수 있습니다. 사주분석을 할 때 사주 내에 들어와 있는 글자에 대한 오행분석과 함께 없는 기운(오행)에 대한 분석도 중요하다는 것을 기억해야 합니다. 그 기운이 없다는 것은 그 기운에 해당하는 어떤 것(품성, 인연, 사회성 등)이 부족하다는 의미이며, 이 때문에 해당 기운이 필요하다는 것을 암시하기 때문입니다."

현마와 학생들은 그 이후에도 몇 번 더 예시의 사주를 놓고 십신으로 변환하는 연습을 했다. 처음보다 십신을 찾아내는(변환하는) 시간이 훨씬 짧아졌다. 현마는 참고용으로 각 오행별 십신변환이 담긴 그림을 학생들에게 나눠주었다.

"일간이 목오행일 경우 화오행은 식상(식신과 상관)이 되며, 토오행은 재성(편재와 정재)이 됩니다. 또한 금오행은 관성(편관과 정관)이 되고, 수오행은 인성(편인과 정인)이 됩니다. 나머지 그림들도 이를 그대로 응용하면 됩니다."

**일간이 목오행일 때 각 오행의 상생상극 관계와 십신**

| 일간이 木 오행일 때 | | |
|---|---|---|
| 오행 구분 | 같은 음양 | 다른 음양 |
| 木오행 | 비겁 | 겁재 |
| 火오행 | 식신 | 상관 |
| 土오행 | 편재 | 정재 |
| 金오행 | 편관 | 정관 |
| 水오행 | 편인 | 정인 |

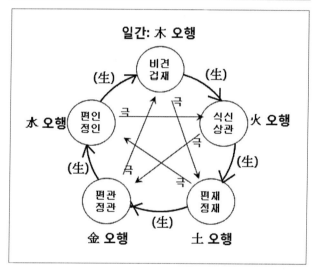

**일간이 화오행일 때 각 오행의 상생상극 관계와 십신**

| 일간이 火 오행일 때 | | |
|---|---|---|
| 오행 구분 | 같은 음양 | 다른 음양 |
| 火오행 | 비겁 | 겁재 |
| 土오행 | 식신 | 상관 |
| 金오행 | 편재 | 정재 |
| 水오행 | 편관 | 정관 |
| 木오행 | 편인 | 정인 |

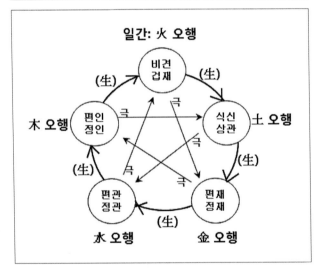

**일간이 토오행일 때 각 오행의 상생상극 관계와 십신**

| 일간이 土 오행일 때 | | |
|---|---|---|
| 오행 구분 | 같은 음양 | 다른 음양 |
| 土오행 | 비겁 | 겁재 |
| 金오행 | 식신 | 상관 |
| 水오행 | 편재 | 정재 |
| 木오행 | 편관 | 정관 |
| 火오행 | 편인 | 정인 |

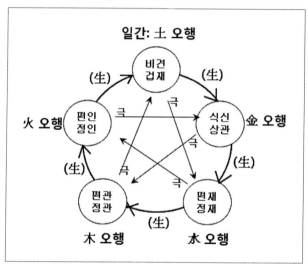

**일간이 금오행일 때 각 오행의 상생상극 관계와 십신**

| 일간이 金 오행일 때 | | |
|---|---|---|
| 오행 구분 | 같은 음양 | 다른 음양 |
| 金오행 | 비겁 | 겁재 |
| 水오행 | 식신 | 상관 |
| 木오행 | 편재 | 정재 |
| 火오행 | 편관 | 정관 |
| 土오행 | 편인 | 정인 |

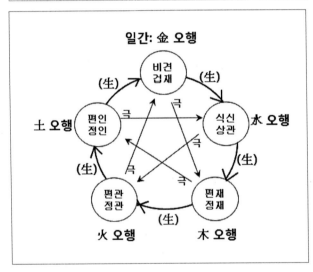

**일간이 수오행일 때 각 오행의 상생상극 관계와 십신**

| 일간이 水 오행일 때 | | |
|---|---|---|
| 오행구분 | 같은 음양 | 다른 음양 |
| 水오행 | 비겁 | 겁재 |
| 木오행 | 식신 | 상관 |
| 火오행 | 편재 | 정재 |
| 土오행 | 편관 | 정관 |
| 金오행 | 편인 | 정인 |

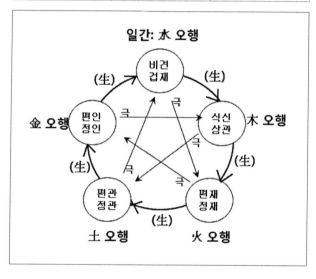

**십신(十神) 도출표 1**

| 일간 | 비견 | 겁재 | 식신 | 상관 | 편재 | 정재 | 편관 | 정관 | 편인 | 정인 |
|---|---|---|---|---|---|---|---|---|---|---|
| 갑(甲) | 갑(甲)<br>인(寅) | 을(乙)<br>묘(卯) | 병(丙)<br>사(巳) | 정(丁)<br>오(午) | 무(戊)<br>진(辰)<br>술(戌) | 기(己)<br>축(丑)<br>미(未) | 경(庚)<br>신(申) | 신(辛)<br>유(酉) | 임(壬)<br>해(亥) | 계(癸)<br>자(子) |
| 을(乙) | 을(乙)<br>묘(卯) | 갑(甲)<br>인(寅) | 정(丁)<br>오(午) | 병(丙)<br>사(巳) | 기(己)<br>축(丑)<br>미(未) | 무(戊)<br>진(辰)<br>술(戌) | 신(辛)<br>유(酉) | 경(庚)<br>신(申) | 계(癸)<br>자(子) | 임(壬)<br>해(亥) |
| 병(丙) | 병(丙)<br>사(巳) | 정(丁)<br>오(午) | 무(戊)<br>진(辰)<br>술(戌) | 기(己)<br>축(丑)<br>미(未) | 경(庚)<br>신(申) | 신(辛)<br>유(酉) | 임(壬)<br>해(亥) | 계(癸)<br>자(子) | 갑(甲)<br>인(寅) | 을(乙)<br>묘(卯) |
| 정(丁) | 정(丁)<br>오(午) | 병(丙)<br>사(巳) | 기(己)<br>축(丑)<br>미(未) | 무(戊)<br>진(辰)<br>술(戌) | 신(辛)<br>유(酉) | 경(庚)<br>신(申) | 계(癸)<br>자(子) | 임(壬)<br>해(亥) | 을(乙)<br>묘(卯) | 갑(甲)<br>인(寅) |
| 무(戊) | 무(戊)<br>진(辰)<br>술(戌) | 기(己)<br>축(丑)<br>미(未) | 경(庚)<br>신(申) | 신(辛)<br>유(酉) | 임(壬)<br>해(亥) | 계(癸)<br>자(子) | 갑(甲)<br>인(寅) | 을(乙)<br>묘(卯) | 병(丙)<br>사(巳) | 정(丁)<br>오(午) |
| 기(己) | 기(己)<br>축(丑)<br>미(未) | 무(戊)<br>진(辰)<br>술(戌) | 신(辛)<br>유(酉) | 경(庚)<br>신(申) | 계(癸)<br>자(子) | 임(壬)<br>해(亥) | 을(乙)<br>묘(卯) | 갑(甲)<br>인(寅) | 정(丁)<br>오(午) | 병(丙)<br>사(巳) |

**대입 방법**

(1) 일간이 갑(甲)일 때 : 맨 왼쪽에서 갑(甲) 선택 후 해당 글자 찾기
  → 천간에 병(丙)이 있으면 식신, 지지에 미(未)가 있으면 정재
(2) 일간이 무(戊)일 때 : 맨 왼쪽에서 무(戊) 선택 후 해당 글자 찾기
  → 천간에 갑(甲)이 들어오면 편관, 지지에 오(午)이면 정인

**십신(十神) 도출표 2**

| 일간 | 비견 | 겁재 | 식신 | 상관 | 편재 | 정재 | 편관 | 정관 | 편인 | 정인 |
|---|---|---|---|---|---|---|---|---|---|---|
| 경(庚) | 경(庚)<br>신(申) | 신(辛)<br>유(酉) | 임(壬)<br>해(亥) | 계(癸)<br>자(子) | 갑(甲)<br>인(寅) | 을(乙)<br>묘(卯) | 병(丙)<br>사(巳) | 정(丁)<br>오(午) | 무(戊)<br>진(辰)<br>술(戌) | 기(己)<br>축(丑)<br>미(未) |
| 신(辛) | 신(辛)<br>유(酉) | 경(庚)<br>신(申) | 계(癸)<br>자(子) | 임(壬)<br>해(亥) | 을(乙)<br>묘(卯) | 갑(甲)<br>인(寅) | 정(丁)<br>오(午) | 병(丙)<br>사(巳) | 기(己)<br>축(丑)<br>미(未) | 무(戊)<br>진(辰)<br>술(戌) |
| 임(壬) | 임(壬)<br>해(亥) | 계(癸)<br>자(子) | 갑(甲)<br>인(寅) | 을(乙)<br>묘(卯) | 병(丙)<br>사(巳) | 정(丁)<br>오(午) | 무(戊)<br>진(辰)<br>술(戌) | 기(己)<br>축(丑)<br>미(未) | 경(庚)<br>신(申) | 신(辛)<br>유(酉) |
| 계(癸) | 계(癸)<br>자(子) | 임(壬)<br>해(亥) | 을(乙)<br>묘(卯) | 갑(甲)<br>인(寅) | 정(丁)<br>오(午) | 병(丙)<br>사(巳) | 기(己)<br>축(丑)<br>미(未) | 무(戊)<br>진(辰)<br>술(戌) | 신(辛)<br>유(酉) | 경(庚)<br>신(申) |

**대입 방법**

(1) 일간이 임(壬)일 때 : 맨 왼쪽에서 임(壬) 선택 후 해당 글자 찾기

　→ 천간에 병(丙)이 있으면 편재, 지지에 미(未)가 있으면 정관

(2) 일간이 신(辛)일 때 : 맨 왼쪽에서 신(辛) 선택 후 해당 글자 찾기

　→ 천간에 갑(甲)이 들어오면 정재, 지지에 오(午)가 있으면 편관

십신도출표를 보고 있는 학생들에게 현마가 말했다.

"앞의 십신도출표를 보면서 반복적으로 연습하다 보면 나중에는 표를 보지 않고도 어떤 일간에 대하여 어떤 십신이 나오게 되는지 바로 알게 되는 순간이 옵니다."

# 중간점검 2

또다시 중간점검 시간이 되었다. 특히 이번 중간점검은 사주분석에 중요한 십신(十神)에 대한 내용이었기 때문에 학생들은 더욱 신경을 써서 준비했다. 현마의 말대로 사주분석을 하는 데 있어서 가장 결정적인 역할을 하는 부분이었기 때문에 수없는 반복과 암기에 최선을 다했다. 중간점검을 위해 현마와 학생들이 강의실에 모였다.

"그럼 자유롭게 시작해볼까요?"

학생들은 자신들이 준비해온 자료를 보면서 숨을 돌렸다. 세라가 가장 먼저 질문을 시작했다.

"사주분석을 의뢰한 사람을 나타내는 글자가 바로 일간(日干)입니다. 이 일간과 나머지 일곱 글자들과의 오행관계를 부르는 이름이 십신(十神)입니다. 그렇다면 어떤 글자가 일간과 같은 오행의 글자라면 이 글자는 어떻게 불러야 할까요? 이유와 하나의 예를 들어서 설명해 주세요."

산아가 대답했다.

"일간과 오행이 같다면 비견(比肩)이나 겁재(劫財)가 될 것입니다. 일간과 음양까지 같다면 그 글자는 비견(比肩)이 될 것이고, 일간과 오행은 같지만 음양이 다르다면 겁재(劫財)가 될 것입니다."

이번에는 산아가 질문을 했다.

"사주 8개 글자 가운데 어떤 글자가 있습니다. 만일 일간(나)이 그 글자를 생해주는 관계라면 어떤 십신(十神)이 되는 것일까요? 이유와 예를 하나 들어서 설명해 주세요."

여명이 답했다.

"일간이 다른 글자를 생해준다면 그 글자의 십신(十神)은 식신(食神)이나 상관(傷官)이 될 것입니다. 일간과 그 글자의 음양이 같다면 식신이 될 것이고, 음양이 다르다면 상관이 될 것입니다. 예를 들자면 일간이 병(丙)인데, 무(戊)라는 글자와의 관계를 살펴보겠습니다. 가장 먼저 오행을 분석합니다. 병은 화오행이고, 무는 토오행입니다. 분석된 두 개의 오행을 놓고 상생-상극관계를 살펴봅니다. 화오행이 토오행을 생(生)하는 관계입니다. 불이 물질을 태워 땅을 비옥하게 되도록 도와준다는 것을 떠올린다면 화(火, 불)가 토(土, 흙)를 생해주는 것에 대한 의미를 쉽게 알 수 있습니다. 일간이 생해주는 글자이기 때문에 식신이나 상관이 나올 것으로 예상됩니다. 마지막으로 음양을 살펴봅니다. 병과 무는 똑같이 양(+)입니다. 따라서 최종적인 무의 십신(十神)은 식신이라는 것을 알 수 있습니다."

현마가 여명에게 물었다.

"만약에 두 글자의 입장이 반대였다면 어떻게 되나요? 일간이 무(戊)이고 만나게 되는 글자가 병(丙)이었다면 두 글자의 십신관계는 어떻게 될까요?"

오행관계를 머릿속으로 분석한 뒤, 여명이 대답을 했다.

"어떤 글자가 오더라도 같은 분석 단계를 적용합니다. 일간이 무(戊)이고 만나게 되는 글자가 병(丙)이기 때문에 가장 먼저 두 글자의 오행을 분석합니다. 무는 토오행이고, 병은 화오행입니다. 오행의 상생상극 관계를 적용하여 오행의 관계를 살펴봅니다. 화오행이 토오행을 도와주는 관계, 즉 생해주는 관계입니다. 다른 오행이 일간을 생해주는 것으로 편인(偏印)이나 정인(正印) 중 하나가 될 것으로 예상됩니다. 마지막으로 일간과의 음양을 비교합니다. 일간인 무와 병은 똑같이 양(+)입니다. 그러므로 일간인 무의 입장에서 봤을 때 병이라는 글자는 편인(偏印)이라는 것을 알 수 있습니다."

학생들을 향해 여명이 질문을 던졌다.

"사주의 글자 가운데 어떤 글자가 있습니다. 만일 일간(나)이 그 글자를 극(剋)하는 관계라면 어떤 십신(十神)이 되는 것일까요? 앞에서 다른 분들이 답했던 것처럼 이유와 예를 하나 들어서 설명해 주세요."

소니가 여명의 질문을 받아 여유 있게 대답을 했다.

"일간이 다른 글자를 극(剋)한다면, 즉 방해하거나 막는 관계라면 그 글자의 십신(十神)은 편재(偏財)나 정재(正財)가 될 것입니다. 일간과 그 글자의 음양이 같다면 편재가 될 것이고, 음양이 다르다면 정재가 될 것입니다. 예를 들자면 일간이 임(壬)일 때 정(丁)이라는 글자와의 관계를 살펴보겠습니다. 가장 먼저 오행을 분석합니다. 임은 수오행이고, 정은 화오행입니다. 분석된 두 개의 오행을 놓고 상생-상극관계를 살펴봅니다. 수오행이 화오행을 극하는 관계입니다. 물이 불을 끄는 원리를 생각하면 이해가 쉽겠습니다. 일간이 극하는 오행의 관계이기 때문에 편재나 정재가 될 것으로 일단 예상할 수 있습니다. 마지막으로 음양을 살펴봅니다. 임은 양(+)이고, 정은 음(-)입니다. 음양이 다르기 때문에 정재가 됩니다."

소니에게도 현마의 질문이 이어졌다.

"그렇다면 똑같은 문제에서 일간이 정(丁)이고 십신을 분석해야 하는 글자가 임(壬)이라면 관계가 어떻게 될까요?"

똑같은 두 글자였지만 일간과 분석해야 하는 글자의 입장이 반대인 경우를 물어보는 질문이었다. 소니는 오행관계를 정리한 뒤 대답했다.

"일간이 정(丁)이고, 만나게 되는 글자가 임(壬)이기 때문에 가장 먼저 두 글자의 오행을 분석합니다. 정은 화오행이고, 임은 수오행입니다. 다음 단계로 오행의 상생상극 관계를 적용하여 오행의 관계를 살펴봅니다. 수오행이 화오행을 극하는 관계라는 것을 알 수 있습니다. 즉, 다른 오행이 일간을 극하는 관계로써 편관(偏官)이나 정관(正官) 중에 하나가 될 것을 예상할 수 있습니다. 마지막으로 일간과의 음양을 비교합니다. 일간인 정은 음(-)이고, 임은 양(+)입니다. 다른 오행이 일간을 극하는 오행관계이고, 두 글자의 음양이 다르기 때문에 정관이 됩니다."

소니를 비롯하여 학생들의 대답은 틀린 곳 하나 없이 완벽했다.

"십신 관계를 분석하면서 항상 기억해야 할 것이 있습니다. 바로 일간의 입장에서 보는 관계라는 사실입니다. 일간이 생하는지, 일간을 생하는지, 일간이 극하는지, 일간을 극하는지, 일간과 같은지를 분석하는 것입니다. 모든 사주분석은 **일간을 기준으로 분석**해야 합니다. 일간에게 좋은 기운인지, 좋지 않은 기운인지, 일간에게 좋은 해(年)인지 그렇지 않은 해(年)인지 등 모든 것은 일간을 위주로 분석해야 합니다. 왜 그럴까요?"

산아가 대답했다.

"일간이 바로 자신이기 때문입니다. 사주분석을 요청하는 의뢰인을 나타내는 글자가 바로 일간이기 때문에 일간을 기준으로 분석해야 합니다."

계속해서 학생들의 질문과 대답이 이어졌다.

"사주의 글자 중에 일간이 계(癸)이고, 나머지 일곱 글자 중에 갑(甲)이라는 글자가 있습니다. 이 두 글자의 십신(十神)관계는 어떻게 될까요?

산아의 질문에 세라가 바로 답을 했다.

"먼저 두 글자가 속하는 오행이 어떤 것인지 알아야 합니다. 계(癸)는 수오행이고, 갑(甲)은 목오행입니다. 다음으로 두 오행의 상생상극 관계를 확인합니다. 일간의 입장에서 볼 때, 수오행이 목오행을 생해주는 관계입니다. 물이 나무에 영양분을 공급해줘서 나무가 잘 자라도록 도와준다고 생각하면 이해가 쉽습니다. 일간이 다른 오행을 생해주는 관계로써 식신(食神)이나 상관(傷官) 중에 하나가 될 것을 예상할 수 있습니다. 마지막으로 두 글자의 음양을 비교합니다. 계는 음(-)이고, 갑은 양(+)이기 때문에 음양이 다릅니다. 따라서 일간인 계의 입장에서 봤을 때 갑은 상관이라는 것을 확인할 수 있습니다."

학생들은 서로에게 질문과 대답을 반복하면서 십신에 대한 이해도를 높였다. 중간점검의 마무리 문제는 현마가 제시했다.

| 시간 | 일간 | 월간 | 연간 | |
|------|------|------|------|------|
| 갑甲 | 병丙 | 병丙 | 을乙 | 천간 |
| 오午 | 자子 | 술戌 | 유酉 | 지지 |
| 시지 | 일지 | 월지 | 연지 | |

현마는 어떤 사람의 사주가 표시된 그림을 학생들에게 나눠주었다.

"어떤 사람의 사주가 이 표와 같다고 가정했을 때 일간인 병(丙)을 기준으로 나머지 일곱 글자의 십신(十神)관계를 각자 한 번 써보세요."

산아는 속으로 일간과 나머지 글자들과의 관계를 따져가며 십신(十神)관계를 종이에 적기 시작했다.

'십신(十神)관계를 확인하기 위해서는 무조건 세 단계를 거쳐야 해. 첫 번째, 두 글자의 오행을 확인한다. 두 번째, 오행의 상생상극 관계를 적용해서 일간과 같은 오행인지, 일간이 생해주는지, 일간을 생해주는지 확인한다. 또한 일간이 극하는지, 일간을 극하는지 확인한다. 세 번째, 두 글자의 음양을 확인해서 최종적으로 십신(十神)관계를 확정한다.'

산아는 일간을 기준으로 현마가 제시한 표의 십신을 작성해 나갔다.

| 시간 | 일간 | 월간 | 연간 |
|---|---|---|---|
| 갑<br>(목오행 / 양+) | | 병<br>(화오행 / 양+) | 을<br>(목오행 / 음-) |
| 일간을 생해준다.<br>음양이 같다. | 병<br>(화오행 / 양+) | 일간과<br>오행이 같다.<br>음양이 같다. | 일간을 생해준다.<br>음양이 다르다. |
| 편인 | | 비견 | 정인 |
| 시지 | 일지 | 월지 | 연지 |
| 오<br>(화오행 / 음-) | 자<br>(수오행 / 음-) | 술<br>(토오행 / 양+) | 유<br>(금오행 / 음-) |
| 일간과<br>오행이 같다.<br>음양이 다르다. | 일간을 극한다.<br>음양이 다르다. | 일간이 생해준다.<br>음양이 같다. | 일간이 극한다.<br>음양이 다르다. |
| 겁재 | 정관 | 식신 | 정재 |

학생들은 현마가 낸 문제에 대한 답을 모두 풀었다. 현마는 학생들이 적어 놓은 것을 확인하고 말했다.

"이제 여러분 모두 십신(十神)을 찾아내는 것은 쉽게 할 수 있습니다. 여러분이 아는 것처럼 만세력 어플리케이션을 이용하면 간단하게 십신을 알 수 있습니다. 연습을 할 때는 항상 여러분이 분석한 십신과 만세력 어플리케이션의 십신이 맞는지 확인해보는 과정이 필요합니다. 그리고 이제 원리를 알았기 때문에 만세력 어플리케이션에 나타나는 십신을 이용해 바로 사주분석을 해도 됩니다. 십신으로 변환되는 원리를 알고 있는 것과 모르는 것은 차이가 많습니다. 원리는 전혀 모른 채 단순히 만세력 어플리케이션만 이용한다면 사주를 분석할 때 해석이 잘 안 되고 막힐 가능성이 많습니다."

현마는 미래예측사 선배로서 학생들에게 자신의 경험을 말해 주었다. 현마의 조언은 학생들의 사주분석에 실제로 많은 도움이 되었다.

# 십신(十神) 3

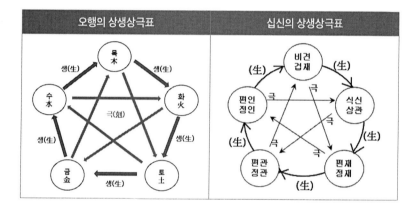

강의실에 들어온 학생들의 시선이 벽면에 붙여진 오행의 상생상극표와 십신의 상생상극표를 향했다. 그동안 배운 오행의 관계와 십신의 관계를 그림으로 표현한 것이었다.

"어떤 오행이 다른 오행을 생(生)한다는 말을 배웠습니다. 생(生)한다는 것은 자신이 가진 기운(힘)을 다른 오행에게 준다거나, 그 오행이 더 강해지도록 도와준다고 표현할 수도 있습니다. 오행의 상생을 간단한 예를 통해 설명해 보겠습니다. 나무(목오행)는 자신을 태워서 불(화오행)이 더 잘탈 수 있도록 도와준다고(생해준다) 합니다. 이럴 때 나무의 입장에서 보자면 나무는 자신의 기운을 모두 사용해서 불을 도와주기 때문에 자신

(나무)의 기운(힘)은 빠지게 되어 있습니다. 다른 표현으로 에너지를 소모 한다고 할 수 있습니다. 이 그림을 볼까요?"

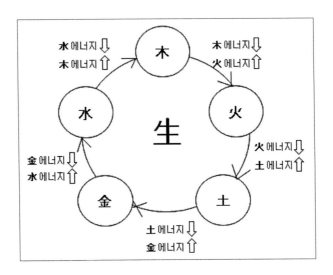

현마는 오행의 상생에 따른 에너지 증감표를 보면서 학생들에게 설명 했다.

"그림에서 보는 것처럼 다른 오행을 생해주는, 즉 자신의 기운(힘)을 다 른 오행에게 전달해주는 오행은 힘이 빠지게 되어 있습니다. 에너지가 감 소한다는 말입니다. 그 감소한 에너지는 어디로 갔을까요? 바로 힘을 받 은 오행에게 에너지가 전달되어 그 오행은 에너지가 증가하게 됩니다. 목 오행이 화오행을 생해주면 목오행의 에너지는 감소하고, 그만큼의 에너지 는 화오행에게 전달되어 화오행의 에너지는 증가합니다. 마찬가지로 화오 행이 토오행을 생해주면 화오행의 에너지는 감소하고, 토오행의 에너지 는 화오행의 에너지가 감소한 만큼 증가합니다. 토오행이 금오행을 생하 게 되는데, 이때 금오행에게 힘을 실어주기 위해 노력하므로 토오행의 에너지는 감소합니다. 반대로 금오행은 토오행이 전달한 에너지를 받아 에너지가 증가하게 됩니다. 즉, 힘이 더욱 커지게 됩니다. 오행의 상생원리에 따라 금오행은 수오행을 생합니다. 수오행을 도와주기 위해 힘을 쏟아 노력하기 때문에 금오행의 에너지는 감소합니다. 반대로 수오행은 금오행이 쏟아 부은 노력 때문에 에너지가 증가하여 힘이 강해지게 됩니다."

복잡한 내용이었지만 산아는 오행의 상생 원리를 곰곰이 생각해 보니 이해할 수 있었다.

'그러니까 오행의 상생원리에서 다른 오행을 생해주는 오행은 자신의 힘을 사용하기 때문에 약해질 수밖에 없어. 결국 자신의 힘을 다른 오행에게 준 것과 같아. 그 대신 다른 오행으로부터 힘을 전달받은 오행은 더욱 강해지는 거야. 자신은 전혀 힘을 사용하지 않고, 가만히 앉아서 남의 힘을 받기만 했으니까.'

현마의 말처럼 오행의 상생과 상극원리는 사주분석을 할 때 중요하게 쓰이고 있었다.

"사주 8개 글자 가운데 같은 오행의 글자들이 많다는 것은 어떤 의미일까요?"

산아가 대답했다.

"그 오행의 기운이 강하게 나타난다는 의미입니다."

"맞습니다. 그 오행의 기운이 강하게 나타난다는 의미입니다. 그렇다면 사주를 분석할 때 어떤 오행의 힘이 강한지 혹은 약한지를 구분하려면 어떤 것을 확인해야 할까요?"

학생들은 선뜻 대답을 하지 못했다.

"같은 오행의 글자가 많으면 그 오행의 기운이 강합니다. 또한 그 오행을 생하는 오행이 많아도 그 오행의 기운은 강하게 됩니다. 아까 설명한 것처럼 다른 오행이 도와주는 에너지를 받기 때문에 강해지는 것입니다. 다시 말해서, 두 가지 경우에 오행의 힘이 강하다고 평가합니다. 같은 오행이 많은 경우와 생해주는(도와주는) 오행이 많은 경우입니다."

현마는 학생들에게 질문을 던졌다.

"어떤 사주에서 금오행이 강한 경우는 어떤 것일까요?"

세라가 가장 먼저 손을 들고 대답했다.

"금오행이 많이 있거나, 금오행을 생해주는 토오행이 많이 있는 경우입니다."

다음으로 현마는 극(剋)하는 관계에서의 에너지 소모에 대해 설명했다.

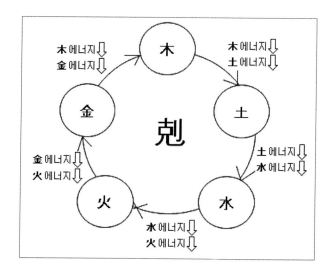

현마는 오행의 상극원리에서 발생하는 에너지 소모표를 보면서 설명
했다.

"나무(목오행)가 흙(토오행)을 뿌리로 잡고 움직이지 못하게 방해하면서
공격하는 것이 목극토(木剋土)라고 했습니다. 목이 토를 극한다는 의미입
니다. 여기에서 나무는 흙을 잡고 있어야 하기 때문에, 또 흙을 막고 방
해해야 하기 때문에 힘을 소비합니다. 흙 또한 가만히 있는 것이 아니라
움직이려고 하고, 나무로부터 빠져 나가려고 하기 때문에 역시 힘을 소비
합니다. 이것을 다르게 표현하자면 목오행은 토오행을 극하기 위해 에너
지를 소모하고, 토오행 또한 목오행의 방해와 공격을 당하기 때문에 에너
지를 소모한다고 설명할 수 있습니다. 결국 극을 하는 목오행과 극을 받
는 토오행 모두 에너지를 소비하게 됩니다. 이처럼 극을 하는 관계에서는
극을 하는 오행이나 극을 받는 오행 모두 에너지가 소모됩니다. 즉, 두 개
의 오행 모두 반대 방향(공격과 수비 혹은 쫓거나 도망가거나)으로 힘을 쓰기
때문에 결국 둘 다 힘이 약해지게 됩니다."

산아는 현마의 설명을 들으면서 생각에 잠겼다.

'서로 생(生)하는 오행관계에서는 한쪽은 힘이 빠지는 대신, 한쪽은 힘이 강해졌는데, 서로 극(剋)하는 오행관계에서는 둘 다 힘이 빠지면서 약해지는구나.'

"목오행이 토오행을 극하는 경우(木剋土), 토오행이 수오행을 극하는 경우(土剋水), 수오행이 화오행을 극하는 경우(水剋火), 화오행이 금오행을 극하는 경우(火剋金), 금오행이 목오행을 극하는 경우(金剋木) 모두 똑같습니다. 극을 하는 오행이나 극을 당하는 오행 모두 힘이 빠지게 됩니다. 힘이 빠지게 된다는 것은 기운이 약하게 되는 것을 의미합니다. 다만 극을 당하는 쪽이 더욱 피해가 크다고 봅니다."

현마의 질문이 이어졌다.

"그렇다면 사주분석을 할 때 어떤 오행을 극하는 글자가 많다고 가정하면 극을 당하는 그 오행은 어떨까요?"

여명이 대답했다.

"많은 글자들로부터 공격을 당하기 때문에 힘이 많이 빠져서 기운이 약하게 됩니다. 그래서 그 오행 특유의 기운을 발휘할 수 없습니다."

여명의 대답은 현마가 기대하던 것보다 더 높은 수준의 내용이었다.

"좋은 표현입니다. 중요한 사실은 공격을 많이 받아서 그 오행이 가진 기운을 펼칠 수 없다는 것입니다. 그렇다면 약해진 그 오행을 다시 살리는 방법은 무엇일까요?"

다른 종류의 질문이 이어지자 학생들은 답을 찾기 위해 배운 내용들을 떠올렸다. 무엇인가를 떠올린 산아가 번쩍 손을 들었다.

"약해진 그 오행과 같은 기운의 글자를 만나거나, 그 오행을 생해줄 수 있는 오행의 글자를 만나는 것입니다. 그렇게 된다면 힘을 얻어서 강해질 수 있고, 그 오행 특유의 기운도 펼칠 수 있습니다."

현마는 산아에게 연달아 질문을 했다.

"오행으로 예를 들어볼까요?"
"예를 들어서 금오행이 있다고 가정하겠습니다. 그런데 금오행을 극하는 화오행이 많아서 공격을 받게 된다면 금오행은 기운이 약해질 것입니다. 하지만 같은 금오행이 있거나 금오행을 생해주는 토오행이 있다면 금오행의 기운은 다시 강해질 것입니다."

산아의 대답을 들은 현마는 만족스러웠다. 산아는 정확하게 내용을 이해한 것이었다.

"정리하자면 다음과 같습니다. 다른 오행을 생해주는 오행은 힘이 약해지지만, 그 오행으로부터 도움을 받은 오행은 힘이 강해집니다. 서로 극하는 관계에서는 극을 하는 오행이나 극을 받는 오행 모두 힘이 빠지게 됩니다. 이것은 공격을 하면서 힘을 빼고, 공격을 당하면서 기운이 약해지기 때문입니다. 그리고 자신과 같은 오행이 많을 경우 그 오행의 기운이 강한 것으로 분석합니다."

다음으로 현마는 각 십신의 특성에 대한 표를 붙이고 설명에 들어갔다.

| | 음양 | 명칭 | 장점(좋은 작용) | 단점(나쁜 작용) |
|---|---|---|---|---|
| 나와 같은 오행 | 음양 같음 | **비견** | 독립심, 주체성 | 고집, 융통성↓ 협력↓ |
| | 음양 다름 | **겁재** | 과감, 경쟁, 투쟁 | 지나친 경쟁심 질투 |

"우리는 지금까지 일간과의 오행관계를 분석해서 십신(十神)을 찾아냈습니다. 이제 찾아낸 십신의 특성에 대해 알아보겠습니다. 앞으로 많은 반복과 공부를 통해서 사주분석을 할 때 십신의 명칭만 봐도 바로 그 십신의 특성을 말할 수 있도록 해야 합니다. 일단은 음양의 세부적 구분보다 해당 십신 전체에 대한 특징을 알아보겠습니다. 그 이유는 지난 시간에 설명했던 것처럼 음양의 차이로 세부적인 면에서는 다른 면이 분명히 있지만 같은 오행이기 때문에 공통적인 면 또한 강하기 때문입니다. 먼저 비견(比肩)과 겁재(劫財)를 합친 **비겁(比劫)**에 대해 알아볼까요? 비겁은 나와 같은 오행입니다. 내가 있는데 또 내가 있는 것과 마찬가지입니다. 다시 말해 일간과 같은 오행이 중복되어 있는 것입니다. 그럼 일간의 힘은 어떻게 될까요? 같은 오행이기 때문에 힘은 강해지고 해당되는 오행의 기운이 강하게 나옵니다. 특성은 나와 같은 내가 또 있으니 내 생각에 대한 주관, 주체성이나 독립심, 고집이 강하게 표출됩니다. 그렇다면 반대로 이러한 비겁이 아예 없다면 어떨까요? 그럴 때에는 반대의 해석이 가

능합니다. 내 의견, 내 생각에 대한 신념이나 주체성이 약해서 나약하고, 남의 생각대로 움직이는 약한 모습이 나타날 가능성이 많습니다. 비겁은 당연히 필요한 십신입니다. 하지만 지나치면 자기 의견만을 내세우면서 남의 말을 듣지 않습니다. 사회생활을 하는 데 있어서 문제가 생길 수밖에 없습니다. 특히 겁재는 승부욕이 강한 특성이 있어서 제어하지 못하면 경쟁과 관련해서 문제가 발생합니다. 어떻게 해서라도 이기려고만 하기 때문입니다."

| | 음양 | 명칭 | 장점(좋은 작용) | 단점(나쁜 작용) |
|---|---|---|---|---|
| 내가 생하는 오행 | 음양 같음 | 식신 | 표현력, 사교성 활동성, 글, 연구 | 집착, 방종 |
| | 음양 다름 | 상관 | 표현력, 예술 언어, 사교성 | 사치, 방종 |

식상(食傷)에 대한 설명을 하는 현마.

"일간(日干)인 내가 생해주는 오행을 식신(食神)과 상관(傷官)이라고 했습니다. 이 **식상(食傷)**을 한마디로 말하면 표현의 욕구이며 활동적인 모습입니다. 일간인 나를 표현하고, 드러내고자 하는 특징이 있습니다. 또한 다른 십신에 비해 감정적인 면이 많습니다. 그렇기 때문에 감정표현, 말, 글 등을 잘 활용합니다. 또한 이성적이기보다는 감정적이고 감성적입니다. 세부적인 특징을 보면, 식신은 특정적인 한 분야에 집중하는 경향이 있으며, 상관은 다양한 분야에 재능이 있는 경우가 많습니다. 모든 십신은 조화와 균형이 중요하듯이 식상 또한 마찬가지입니다. 지나칠 경우 단점으로 작용합니다. 잘못된 욕구 분출로 경계를 뛰어넘은 자유분방함, 사치, 집착, 방종의 모습을 보일 수 있습니다. 일간의 힘에 비해 식상이 너무 많으면 일간의 힘이 빠지게 됩니다. 일간이 약하게 되면, 식상을 제어하지 못해 식상의 좋지 못한 점이 부각됩니다."

| | 음양 | 명칭 | 장점(좋은 작용) | 단점(나쁜 작용) |
|---|---|---|---|---|
| 내가 극하는 오행 | 음양 같음 | 편재 | 큰손, 정보빠름 순발력, 신속 | 조급함, 충동적, 한탕주의 |
| | 음양 다름 | 정재 | 꼼꼼함, 검소, 정확한 계산, 치밀함 | 돈에 집착, 행동력 저하 |

다음으로 현마는 재성(財星)에 대해 설명했다.

"일간(日干)인 내가 극하는 오행을 편재(偏財)와 정재(正財)라고 했습니다. 이 **재성(財星)**을 표현한다면 내가 마음대로 하고 싶은 것, 혹은 하려고 하는 것, 원하는 것, 어떤 일에 대한 결과라고 하겠습니다. 이 때문에 돈과도 연결되는데, 재(財)라는 글자가 바로 재물의 의미이기도 합니다. 앞에서 말한 특징들 때문에 수리력(계산)과 일에 대한 실행력이 있습니다. 현실적이며, 그렇다보니 돈이나 결과에 대한 어느 정도의 집착이 있습니다. 세부적인 특징을 보면 편재의 경우에는 순발력이 있고, 전체적인 관리력이 있고, 결정이 빠릅니다. 정재는 정확하고, 꼼꼼하고 치밀한 특성이 있습니다. 하지만 재성이 좋지 않게 작용할 때는 편재의 경우에는 조급함과 충동적인 모습으로 나타나며, 정재의 경우에는 너무 돈에만 집착하는 모습을 보이거나, 지나치게 꼼꼼한 나머지 기회를 놓칠 수도 있습니다."

| | 음양 | 명칭 | 장점(좋은 작용) | 단점(나쁜 작용) |
|---|---|---|---|---|
| 나를 극하는 오행 | 음양 같음 | 편관 | 예리함, 분석, 개혁 결단력, 인내, 복종 | 강압적, 고집 자학 |
| | 음양 다름 | 정관 | 원리원칙, 법, 규칙 정직, 합리성 | 고지식, 소심 융통성↓ |

관성(官星)에 대한 현마의 설명이 계속되었다.

"일간(日干)인 나를 극하는 오행을 편관(偏官)과 정관(正官)이라고 했습니다. 이 **관성(官星)**을 표현하자면 내가 싫어도 어쩔 수 없이 해야만 하는 것, 지켜야만 하는 것, 어떠한 틀, 규칙이라고 할 수 있습니다. 얼핏 들으면 상당히 나쁜 것으로 생각될 수 있지만 그렇지 않습니다. 해야 하는 것을 해내는 책임감과 인내심을 의미하기도 하기 때문에 반드시 필요한 요소입니다. 결단력이 있고, 규칙을 지키려는 습성이 강합니다. 나보다는 단체, 사회라는 큰 틀을 중요하게 생각합니다. 자기 제어력이 있습니다. 세부적인 특징을 보면 편관은 개혁(뜯어 고치겠다는)적이고, 인내심, 복종심이 있는데 그러다가도 뒤집을 수도 있는 습성이 있습니다. 정관은 원리원칙과 합리적인 규칙 준수를 중요하게 생각합니다. 이러한 관성이 단점으로 작용하면 사회나 인간관계에서 많은 스트레스를 받을 수 있습니다. 편관의 경우 자학적인 모습으로 나타날 수도 있고, 정관에서는 융통성이 결여된 형태로 나타날 수도 있습니다. 기본적으로 공무원이나 회사생활은 관성과 직접적인 관련이 있으며, 관성이 없으면 적성에 맞지 않는 것으로 간주합니다. 합격이 되더라도 끝까지 완주하기는 어렵습니다."

| | 음양 | 명칭 | 장점(좋은 작용) | 단점(나쁜 작용) |
|---|---|---|---|---|
| 나를 생하는 오행 | 음양 같음 | 편인 | 특수/신비분야 교육, 취사선택 분명 | 게으름, 망상, 실천력↓ |
| | 음양 다름 | 정인 | 순수하게 전부 수용 교육 분야 | 이용당할 가능성, 게으름, 실천력↓ |

"일간(日干)인 나를 생해주는 오행을 편인(偏印)과 정인(正印)이라고 했습니다. 이 **인성(印星)**을 표현하면 생각하고, 배우고, 수렴하는 것입니다. 그래야 에너지를 비축할 수 있고, 비축한 에너지를 나에게(일간) 전달해 줄 수 있습니다. 또한 누군가를 생해주는 기운이기 때문에 누군가에게 도움 혹은 뭔가를 준다는 의미도 있습니다. 준다는 것의 의미는 내가 배운 지식을 주는 것일 수도 있고, 실제적인 도움일 수도 있습니다. 또한 생각하고, 배우고, 수렴하는 것이기 때문에 실천력은 약합니다. 생각이 많고, 뭔가를 받아들이는 능력이 좋아서 학습력이 좋습니다. 세부적으로 보면 같은 공부라도 편인의 경우에는 특정 분야에 치우쳐서 배우고 싶은 것에만 깊이 빠지는 경향이 있고, 정인의 경우에는 골고루 받아들이는 경향이 있습니다. 이러한 인성이 여러 가지 요인으로 인해 좋지 않게 작용하면 실천력이 없고, 계획만 세우다가 흐지부지되는 것을 반복하게 됩니다. 또한 의존심이 높을 수도 있습니다."

학생들은 현마로부터 십신의 기본적인 성향에 대한 설명을 듣고 이해하기 위해 노력했다. 이제 본격적으로 십신의 내용에 대해 공부를 하게 된 것이다. 현마의 말대로 십신을 분석한다는 것이 바로 사주를 분석하는 것이었기 때문에 매우 중요한 부분이었다. 현마는 각 십신의 특징이 적힌 표를 읽고 있는 학생들에게 설명을 덧붙였다.

"여러 번 강조했던 것처럼 조화와 균형이 가장 중요합니다. 십신 또한 마찬가지입니다. 조화와 균형을 이룬 상태로 십신이 자리 잡고 있어야 하는데, 너무 많을 경우에는 좋지 않은 모습으로 나타나게 됩니다. 그 사주의 사람에게 그러한 성향이 생긴다는 것입니다. 없을 경우에는 십신의 장점이 아예 없기 때문에 이것 자체가 단점이 됩니다. 예를 들어서 어떤 사람의 사주 8개 글자 안에 아예 식상(食傷)이 없다면 식상의 주된 역할인 표현력이 부족하다는 것이 됩니다. 그렇기 때문에 사람 사이에 친화력이 생기기도 어렵고, 직업이나 일의 선택에 있어서도 상당히 어려움을 겪을 수 있습니다. 표현력이 필요한 일(美 관련, 연예, 광고, 홍보 등)이나 영업적인 일은 그 사람이 하고 싶어 하지도 않고, 하더라도 계속하기는 어렵습니다. 왜냐하면 타고난 적성에 맞지 않기 때문입니다."

산아는 십신의 해석을 잘하기 위해서는 각각의 특징을 정확하게 알아야겠다는 생각을 했다. 현마 또한 같은 의미의 말을 학생들에게 했다.

"십신의 해석을 잘하기 위해서는 십신의 상생상극 관계를 철저하게 이해해야 합니다. 나와 같은지, 나를 생하는지, 내가 생하는지, 내가 극하는지, 나를 극하는지."

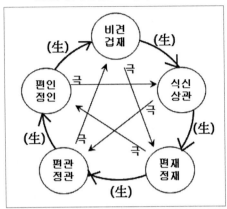

십신(十神)의 상생(相生) 상극(相剋) 관계

강의는 끝났지만, 학생들은 계속 강의실에 남아 십신의 특징에 대해 공부했다. 현마가 강조한 대로 십신의 상생상극 관계를 따져가며 공부하는 것이 사주를 분석하는 데 큰 도움이 되었다.

# 십신(十神)의 특징, 가족관계 분석

강의실에 가장 먼저 온 산아는 자리에 앉아 십신의 상생상극 관계를 떠올렸다.

'비겁은 식상을 생하고, 식상은 재성을 생하고, 재성은 관성을 생하고, 관성은 인성을 생하고, 인성은 비겁을 생한다. 극하는 관계를 보면, 비겁은 재성을 극하고, 재성은 인성을 극하고, 인성은 식상을 극하고, 식상은 관성을 극하고, 관성을 비겁을 극한다.'

이제 산아는 자신이 십신의 상생상극 관계의 순환을 이해한다고 생각했다. 하지만 현마의 말처럼 아직까지는 십신을 보자마자 그 특징을 알수 있는 단계까지는 아니었기 때문에 스스로 연습이 더 필요하다고 느꼈다. 잠시 후, 학생들이 강의실로 들어왔고 마지막으로 현마가 안으로 들어왔다. 그날의 강의는 십신의 특성과 관련된 내용부터 시작되었다.

"우리는 지난 시간에 각 십신(十神)의 특징에 대해서 알아봤습니다. 각 십신의 특징은 나(일간)와의 상생상극 관계를 함께 생각해보면 이해가 쉬울 수도 있습니다. 오행이 같은 글자를 비겁(比劫: 비견+겁재)이라고 했습니다. 오행이 같다는 것은 나와 같다는 의미입니다. 내가 여럿 있다는 의미가 되기에 어려울 때 함께 뭉친다면 내게(일간)는 힘이 될 수도 있습니다. 하지만 서로 경쟁하고 분열할 수도 있는 단점을 가지고 있습니다. 내가 가진 어떤 것을 누군가가 빼앗아 갈 수도 있으며, 그만큼 경쟁이 치열해진다는 뜻도 될 수 있습니다. 이것은 비겁이 사주 8개 글자상에 많을 때 있을 수 있는 예를 든 것입니다. 다음으로 일간이 생해주는 식상(食傷: 식신+상관)을 살펴보겠습니다. 식상은 그 주된 욕구가 표현이고 발산입니다. 일간이 자신의 힘을 표현하고, 발산하는 데 사용하는 것입니다. 세상 사람들에게 나라는 존재를 알리고 싶어 합니다. 그러기 위해서는 표현할 수 있는 방법, 나를 알릴 수 있는 수단이 발달되어야 합니다. 그 수단은 여러 가지가 있을 수 있는데, 기본적인 것이 말과 글입니다. 즉, 식상이 발달된 사람은 말(화술)을 잘하는 경우가 많고, 글쓰기를 잘 하는 편입니다. 또, 사람들 사이에 섞여서 뭔가 함께하기를 바랍니다. 어울리는 것도 좋아하고, 노는 것도 좋아하고, 함께 먹는 것도 좋아합니다. 그리고 자신이 좋아하는 사람이나 일에 대해서 적극적입니다. 표현력이 좋기 때문에 감정표현도 많이 하는 편입니다. 웃음도 많고, 눈물도 많고, 정(情)도 많습니다. 내가 남들을 위해 뭔가를 해줘서, 남들이 기뻐하는 모습을 보는 것을 좋아합니다. 하지만 이 식상이 너무 강하게 되면 자유로움에 대한 욕구가 너무 큰 것을 상징하는 것으로, 어떤 틀에 갇히는 것에 대해 반감을 갖습니다. 간단한 예를 들자면 회사나 학교 등 단체생활에 어려움이 생깁니다. 지켜야 하는 규칙을 답답하게 생각하기 때문입니다. 난 내 마음대로 하고 싶은데 누군가가 하지 말라고 하면 아주 싫어합니다. 지나치면 가정생활을 유지하는 것도 힘들어질 수 있습니다. 왜냐하면 가정이라는 것 또한 지켜야 하는 틀이기 때문입니다. 부모에게는 이렇게 해야 하고, 자식에게는 이렇게 해야 하고, 배우자에게는 이렇게 해야 하는 의무감과 반복되는 생활을 못 참는 것입니다. 그렇게 못 참는 이유는 자신의 감정을 밖으로 표현하고, 발산하는 특성이 다른 십신보다 월등히 강해서 그렇습니다."

산아를 비롯한 학생들은 현마의 설명을 집중해서 듣고 있었다. 오행의 상생, 상극과 이를 응용한 십신의 상생, 상극은 알면 알수록 깊은 의미를 담고 있는 것 같았다. 십신에 대해 어느 정도 이해했다고 생각하면, 또 다른 내용이 숨어 있었다. 하지만 각 십신의 기본적인 느낌은 이제 알 수 있었다.

"이번에 살펴볼 십신은 재성(財星: 편재+재성)입니다. 재성은 내(일간)가 갖고 싶은 것, 원하는 것, 어떤 것에 대한 결과를 의미한다고 했습니다. 원하는 것을 갖기 위해서는 부지런히 움직여야 합니다. 남들이 어떤 것을 가져가기 전에 내가 그것을 가져가야 하는데 그러기 위해서는 단순히 움직이는 수준이 아니라 남들보다 빨리 움직여야 합니다. 재성은 다른 십신보다 빠른 실행력이 두드러지게 나타납니다. 또, 무엇을 얻기 위해서는 머리 회전이 빨라야 합니다. 일이나 사람관계에 대해 계산하기를 좋아하는데, 실제로 계산능력(수리능력)도 좋습니다. 이것은 학습력(공부)과는 또 다른 능력입니다. 배움의 욕구가 있어서가 아니라 소유의 욕구에서 나온 것이기 때문입니다. 그리고 철저하게 현실적입니다. 머릿속의 이상보다는 눈에 보이는 것을 추구합니다. 적정한 재성의 힘은 당연히 좋겠지만, 단점으로 작용할 때의 가장 두드러진 특징은 조급함, 성급함입니다. 서두르다 보니 실수할 확률이 높아집니다. 심하면 과정보다 결과만을 추구하는 모습으로 나타나기도 하고, 단정적인 말투나 행동으로 주변 사람들과 마찰을 일으킬 수도 있습니다."

재성에 대한 설명을 들으며 산아는 나름대로 정리를 했다.

'재성(財星)은 어떤 것을 갖기 위해 빠른 행동으로 실행하는 특성이 있구나. 하지만 너무 심하게 어떤 것을 추구한다면 문제가 생길 거야. 예를 들어서 돈만 생각해서, 무조건 돈을 벌기 위해 아무 행동이나 한다면 문제가 생기듯이 말이야.'

현마는 관성(官星)에 대한 설명으로 넘어갔다.

"다음은 관성(官星: 편관+정관)을 살펴보겠습니다. 나(일간)와의 관계를 살펴보면 나를 극하는 것이 관성입니다. 나를 극한다는 것은 나를 막는다는 것이며, 나를 제어하는 것입니다. 이러한 특성을 본다면 내가 하고 싶은 것을 막는다는 의미는 인내심, 지구력을 의미합니다. 하기 싫지만 의무적으로 해야만 하는 것, 하고 싶지만 사회적으로 해서는 안 될 것이기에 참는 것을 의미하기도 합니다. 또한 단체생활, 틀, 사회적 약속, 규칙을 지키려는 성질이 있기도 합니다. 이러한 특징이 있기 때문에 반드시 필요한 십신이지만 지나치면 다른 십신들처럼 단점으로 바뀝니다. 합리적인 면을 지나치게 내세우다 보면 융통성이 없게 되고, 지나친 인내심은 어느 한순간 폭발하는 모습으로 나타날 수도 있습니다. 또한 세상을 살아가면서 많은 스트레스를 받기도 합니다. 이 스트레스는 바로 나(일간)를 힘들게 합니다. 마지막으로 인성(印星: 편인+정인)의 특징에 대해서 알아보겠습니다. 인성은 나를 생하는 오행관계입니다. 나를 생한다는 것을 다르게 표현하면 나에게 힘을 보태주는 것이고, 결국 나를 도와주는 십신입니다. 내(일간) 입장에서 보면 에너지의 비축창고입니다. 에너지가 쌓여야 나를 도울 수 있기 때문입니다. 외부로 발산하지 않아야 하기 때문에 발산보다는 수렴의 특징을 가집니다. 활발함보다는 조용함, 혹은 휴식의 느낌이라고도 할 수 있습니다. 그리고 행동하기보다는 어떤 것을 계획하거나 생각하는 것입니다. 또한 배움의 욕구가 있고, 받아들이는 수용성도 좋기 때문에 학습적인 면에서 좋은 능력을 가지고 있습니다. 하지만 이러한 인성이 지나치면 앞선 경우들처럼 단점으로 나타납니다. 생각만 하고 실제 행동으로 이어지지 않을 수 있습니다. 게으르고, 의존심이 높다는 평가를 받을 수도 있습니다. 오랫동안 계획만 세우다가 끝날 수도 있습니다."

산아는 현마로부터 십신의 특징에 대해 들으면서 생각했다.

'역시 조화와 균형이 중요하구나. 없어도 문제가 생기고, 너무 많아도 문제가 생기게 되어 있어. 십신의 특징을 정확히 알아야만 문제점에 대한 해결책을 제시해 줄 수 있겠어.'

산아는 십신에 대해 가능하면 많은 내용을 조사해야겠다고 생각했다. 미래예측사로서 정확한 사주분석을 하는 데 반드시 필요할 것이라는 판단을 했기 때문이다. 오행의 종류를 분석하고, 일간의 오행과 나머지 글자들의 오행 관계를 정의한 것이 십신이었다. 따라서 십신을 분석하는 것이 곧 사주를 분석하는 것이었다. 현마의 설명은 계속되었다.

"지금까지 설명한 각 십신(十神)의 특성을 잘 살펴보면 순서를 외우지 않더라도 어떤 십신을 극하는지 알 수 있습니다. 즉, 자신의 특성에 반대이거나 방해가 되는 십신을 공격하게 되어 있습니다. 비겁(比劫)은 나라고 했습니다. 내가 어떤 것을 얻기 위해 계속해서 재성(財星)을 제어합니다.

재성은 내 마음대로 조정하려고 하는 것입니다. 또한 재성은 어떤 것을 성취하기 위한 실행력입니다. 이러한 재성은 생각하고, 계획하는 인성(印星)을 막습니다. 내가 빨리 실행해야 하기 때문에, 그것을 늦추려고 하는 것을 극하는 것입니다. 인성은 에너지를 비축하고 생각하고 받아들이는 수렴의 특징이 있다고 했습니다. 이런 인성의 입장에서 보면 자신을 발산하고 표현하는 데 에너지를 사용하는 식상(食傷)을 공격할 수밖에 없습니다. 그래서 식상이 표현과 발산을 하는 것을 방해하고 통제합니다. 그럼 여기서 질문을 하나 하겠습니다. 이렇게 하나의 십신이 다른 십신을 극하는 것이 나쁜 의미일까요? 좋은 의미일까요?"

현마의 질문에 학생들은 생각에 잠겼다. 쉽지 않은 질문이었다. 산아는 자신이 없었지만 그동안 십신에 대해 공부한 것을 바탕으로 대답했다.

"나쁠 수도 있고 좋을 수도 있습니다. 어떤 십신이 사주 안에서 좋은 역할을 하고 있는데, 다른 십신이 자꾸 극하면서 방해한다면 좋은 역할을 할 수 없습니다. 결과적으로 나쁜 영향을 미치게 될 것입니다. 이 경우와 반대로 처음부터 좋지 못한 역할을 하고 있는 십신이라면 이것은 극하고 방해하는 것이 좋습니다. 좋지 못한 역할을 더 이상 할 수 없도록 힘을 약화시키기 때문입니다."

산아의 대답을 들은 학생들은 비로소 현마가 질문한 의도를 알 수 있었다. 언제나 산아의 대답은 현마를 만족스럽게 했다. 산아가 얼마나 열심히 공부하는지를 알려주는 대답이었다.

"정확하게 대답했습니다. 사주를 분석하는 데 있어서 절대적으로 나쁜 것도 없고, 절대적으로 좋은 것도 없습니다. 조화와 균형만이 있을 뿐입니다. 십신도 마찬가지입니다. 이 사람에게 어떤 오행이 좋지 못한지, 어떤 십신이 좋지 못한지를 판단해서 그에 대한 대비책을 조언해주는 것이 미래예측사의 가장 큰 역할입니다."

학생들은 현아가 미래예측사라는 단어를 언급하기만 해도 가슴이 설레었다. 물론 아직 미래예측사가 된 것도 아니고, 가야 할 길도 멀었지만 미래예측사라는 단어는 학생들에게 꿈의 단어였다. 오직 그 꿈을 이루기 위해 살아가고 있었다.

"지금부터는 사주분석을 통해 나(일간)와 가족 간의 관계를 예측하는 것에 대해 공부하겠습니다. 각 십신이 어떤 관계의 사람을 가리키는 것인지 알아내서 그 십신과 나(일간)와의 관계를 살펴보면 됩니다. 해당하는 십신이 나(일간)에게 좋은 영향을 미치는 관계라면 그 십신이 상징하는 사람과 나와의 사이는 (서로에게 미치는 영향이) 좋은 것으로 분석합니다. 이 또한 나(일간)를 기준으로 오행의 상생상극 관계를 통해 관계가 정해집니다."

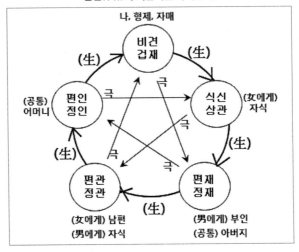

십신(十神)의 기본적인 가족관계

현마는 가족관계를 나타내는 십신표를 보면서 설명했다.

"일단 비겁(比劫)은 나와 같다고 했습니다. 나와 같은 순위의 사람들이라고 생각하면 됩니다. 형제, 자매 등이 되겠습니다. 식상(食傷)은 내가 생해주는 관계입니다. 생해준다는 것을 가족관계로 표현하면 키우고 돌봐주는 의미가 됩니다. 여자에게 있어서 식상은 자식을 의미합니다. 재성(財星)은 내가 주도하고, 제어하려고 하는 관계로 보는데, 남자에게 있어서 부인을 의미합니다. 어떤 일을 하는 데 있어서 부인보다 내가 주도하려고 하고 부인을 제어하려고 한다는 것입니다. 그리고 재성은 아버지를 의미하기도 하는데 그 이유를 알기 위해서는 인성(印星)을 먼저 살펴봐야 합니다. 인성은 나를 생해주는 십신입니다. 식상의 경우처럼 생해준다는 것은 가족관계에 있어서 나를 돌봐주고 키워주는 것으로 해석합니다. 나를 돌봐주고 정성을 다한다는 의미를 부여하기 때문에 인성은 어머니를 상징합니다. 그럼 여기서 좀 전에 설명했던 것을 다시 떠올려 볼까요?

내가 남자일 경우 관계를 주도하고 제어하려는 의미를 가진 재성이 부인을 상징한다고 했습니다. 아버지와 어머니는 부부입니다. 즉, 어머니를 부인이라고 보고, 아버지를 남편이라고 본다면 어머니를 제어하고 극하는 십신이 어머니의 입장에서는 남편이 되고 내 입장에서는 아버지가 됩니다. 따라서 인성을 극하는 재성이 아버지를 상징하게 됩니다. 그래도 이해가 어려우면 남편과 부인 관계를 설명한 내용을 반복해서 생각해 보기 바랍니다. 다음으로 관성(官星)은 여자에게는 남편을 상징합니다. 십신에서는 남편이 나(부인)를 제어(간섭)하는 관계로 보기 때문에 관성은 여자에게 있어서 남편을 상징하게 됩니다. 남자 입장에서 관성은 자식을 상징합니다. 이것은 자식에 대한 책임감, 부담, 의무감을 나타낸다고 이해하면 되겠습니다. 가족관계를 나타내는 설명은 아주 오래전부터 사용된 것으로 현대와는 약간의 차이가 있을 수 있습니다. 경우에 따라서는 거부감을 느낄 수도 있습니다. 하지만 십신의 기본 성향에 따라 분류한 것을 설명하는 과정에서 그런 것일 뿐, 남자만을 존중하고 여성을 낮추는 것은 아닙니다. 또한 미래예측사의 실력에 따라 현실에 맞게 분석하고, 그에 맞는 조언을 하면 됩니다."

현마는 십신의 가족관계를 간단하게 나타낸 표를 모니터에 띄웠다.

현마는 가족관계에 대해 다시 설명했다.

"이렇게 기본적인 가족관계에 대한 내용을 살펴봤습니다. 사주분석을 할 때에는 다음과 같은 순서로 진행합니다. 어떤 사람과의 관계를 분석하기 위해서는 가장 먼저 그 사람을 상징하는 십신을 찾습니다. 그리고 나(일간)와 그 십신과의 관계를 분석합니다. 내게 좋은 영향을 미치는지, 보통인지, 아니면 좋지 않은 영향을 끼치는지를 확인해서 관계를 예측하면 됩니다."

산아는 머릿속으로 뭔가를 떠올렸다.

'그렇다면 예를 들어서 남자의 사주에서 부인과의 관계를 알고 싶다면 부인을 상징하는 재성을 살펴보면 되겠구나. 나(일간, 남자)와 재성과의 관계가 좋은 영향을 미치는 사이라면 좋은 것이고, 그렇지 않다면 부부사이에 문제가 있다는 것이 되겠구나.'

현마는 십신의 인간관계를 확장하는 것에 대해 말하기 시작했다.

"지금까지 살펴본 가족관계는 기본적인 관계입니다. 이 기본적인 관계를 통해 무한정 확장이 됩니다. 다시 말하자면 앞에서 설명하지 않은 관계 또한 십신의 상생상극 관계를 통해 찾을 수 있다는 의미입니다. 예를 들어서 어떤 여성이 있다고 가정해 보겠습니다. 즉, 사주의 주인공이 여성이라는 전제조건입니다. 기본 관계에서는 설명하지 않았던 가족관계를 찾아보겠습니다. 만일 이 여성이 결혼을 했다고 했을 때, 시어머니와의 관계가 좋을지, 아니면 문제가 있을 것인지를 알고 싶어 한다면 어떻게 해야 할까요?"

여명이 대답했다.

"시어머니를 상징하는 십신을 찾아서 나(일간)와의 관계를 분석합니다. 나에게 좋은 영향을 미치는 십신이라면 시어머니와의 관계가 좋은 것으로 분석할 수 있지만, 반대의 경우라면 문제가 있는 것으로 분석합니다."

여명답게 날카롭고도 정확한 답이었다.

"그렇습니다. 어떤 사람과의 관계를 사주분석을 통해서 알기 위해서는 그 사람을 상징하는 십신을 먼저 찾습니다. 그다음 그 십신과 나(일간)와의 관계를 확인하면 됩니다. 그렇다면 이 여성의 사주에서 시어머니를 나타내는 것은 어떤 십신일까요? 앞에서 배운 내용을 응용하면 됩니다."

문제가 어려운지 학생들은 누구 하나 쉽게 대답하지 못했다. 어려워하는 학생들을 위해 현마는 답을 찾을 수 있는 실마리를 제공했다.

"시어머니는 남편의 어머니를 말합니다. 시어머니가 상징하는 십신을 알지는 못해도 남편을 상징하는 십신은 알고 있습니다. 그것을 응용한다면 답을 찾을 수 있습니다."

현마의 말뜻을 가장 먼저 알아차린 것은 소니였다.

"여성의 사주에서 남편을 상징하는 십신은 관성입니다. 그리고 남녀 모두 자신을 생해주는 인성이 바로 어머니라고 했습니다. 따라서 남편을 상징하는 관성을 생해주는 재성이 시어머니가 됩니다. 따라서 이 여성과 시어머니의 관계를 사주를 통해서 분석하려면 여성(일간)과 재성의 관계를 살펴보면 됩니다."

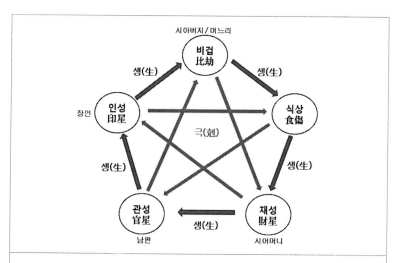

**기본 관계의 확장 방법 예시**

① 시어머니: 남편을 생해주는 관계(어머니)이기 때문에 남편을 상징하는 관성을 생해주는 재성이 시어머니를 나타낸다.

　(여자에게 관성은 남편을 의미)

② 시아버지: ①에서 구한 시어머니를 나타내는 재성을 극하는 비겁이 시아버지를 의미한다.

　(시아버지가 부인인 시어머니를 관리, 제어)

③ 장모: 부인을 생해주는 관계(어머니)이기 때문에 부인을 상징하는 재성을 생해주는 식상이 장모를 나타낸다.

　(남자에게 재성은 부인을 의미)

④ 장인: ③에서 구한 장모를 나타내는 식상을 극하는 인성이 장인을 의미한다.

　(부부관계인 장모를 관리, 제어)

⑤ 며느리: (시아버지 입장에서) 남자에게 자식은 관성인데, 그 관성인 아들이 결혼할 경우 아들 입장에서 부인은 관성이 극하는 비겁이 된다. 즉 비겁이 아들의 처, 시아버지 입장에서 볼 때는 며느리가 되는 것이다.

"앞에서 설명한 것처럼 기본 가족관계는 물론이고 가족관계의 확장도 모두 그 시작점은 오행 및 십신의 상생(相生)과 상극(相剋)에 있음을 알아야 합니다. 또한 십신을 자유자재로 활용하기 위해서는 각 십신의 상생 상극 관계를 꿰뚫고 있어야 합니다. 비겁을 기준으로 한 기본적인 십신의 상생상극 관계뿐만 아니라 각 십신을 기준으로 한 상생상극 관계도 완전히 이해하고 있어야 합니다. 예를 들어 식상을 생해주는 것은 비겁이며 식상이 생해주는 것은 재성이다. 재성을 생해주는 것은 식상이고, 재성이 생해주는 것은 관성이다 등의 식으로 머릿속에서 언제든지 꺼낼 수 있게 그림 자체를 외우고 있어야 한다는 것입니다. 처음에는 외우는 것이 복잡할지 몰라도 몇 번만 반복하면 차츰 적용 속도가 빨라지는 것을 스스로 느낄 수 있습니다."

현마의 말을 들으며 산아는 생각했다.

'비겁뿐 아니라, 식상, 재성, 관성, 인성의 입장에서도 상생, 상극 관계를 항상 담아두었다가 사주를 분석할 때 바로 꺼낼 수 있으면 참 좋겠다. 그 관계를 그림으로 기억한다면 더 쉽게 사용할 수 있어.'

산아는 비겁의 입장에서 보는 오행의 관계뿐만 아니라, 식상이나 재성, 관성, 인성의 입장에서 보는 오행의 관계도 반복해서 공부하기로 했다. 다섯 가지의 오행관계란 첫 번째 나와 같은 오행, 두 번째 나를 생하는 오행, 세 번째 내가 생하는 오행, 네 번째 내가 극하는 오행, 다섯 번째 나를 극하는 오행의 관계였다.

그날의 강의를 끝맺으며 현마가 말했다.

"지금 현재 미래예측사들의 사주분석 수준은 어느 정도일까요? 더 이상 발전할 것이 없는 완성의 단계일까요?"

처음 듣는 질문이었다. 사주분석의 단계라니?

"완성의 단계라고 생각하지 마세요. 인류의 역사가 끝나지 않는 한 모든 것은 계속 발전하게 됩니다. 사주분석도 마찬가지입니다. 앞으로 더욱 발전할 것이기 때문에 현재의 내용들이 완전한 결론이라고 생각해서는 안 됩니다. 앞으로 더 공부해보면 알겠지만, 어떤 내용에 대해서는 왜 그런지에 대한 명확한 근거가 없는 것도 있습니다. 예전부터 적중률이 높아서 반복적으로 사주분석에 사용되는 것들이 바로 그런 예라고 할 수 있습니다. 또한 예전에는 좋지 않은 시선으로 봤던 분석결과가 지금은 오히려 좋은 쪽으로 해석되는 것도 있습니다. 시대가 변하는 만큼 사주분석의 전개방법도 바뀌고 있고, 앞으로도 많이 바뀔 것입니다. 아주 기본적인 오행의 상생상극 관계가 바뀌지는 않겠지만 그 외의 분석방법은 많이 바뀌어 왔습니다. 또한, 예전의 사주 해석방법만으로는 현재의 시대를 완전히 반영할 수 없습니다. 사주분석도 시대가 변하는 것처럼 변화합니다. 여러분이 미래예측사로서 활동할 시기에는 여러분이 주인공이 되어 사주를 분석하는 방법과 내용을 그 시대에 맞게 더욱더 발전시켜주면 좋겠습니다. 아니, 그래야만 합니다."

현마는 진심어린 표정으로 학생들에게 당부했다.

**가족관계의 사주분석과 관련하여 필자가 드리는 글**

본 책에서는 음양을 구분하지 않고 육친을 말씀드렸습니다. 다른 책이나 이론을 보면 보통 정재는 자신과 결혼한 부인을 의미하며, 편재는 부인이 아닌 여자(혹은 비밀스런 여자친구)라고 합니다. 또한 정관이 결혼한 자신의 정식 남편이며, 편관은 애인(비밀스런 남자친구)으로 묘사하고 있습니다. 나머지 관계들도 마찬가지로 음양에 따라 인성을 어머니(정인)와 계모(편인)로 구분하고, 부친을 아버지와 계부 등으로 구분합니다. 하지만 실제 상담과정에서 보면 음양에 따른 십신의 구별로 그 가족관계를 찾는 것은 별 의미가 없었습니다. 예를 들자면 남자의 사주에 편재만 있다고 해서 부인이 아닌 특별한(?) 관계의 여자만 있다는 것을 의미하는 것은 아닐 것이고, 이는 여자 또한 마찬가지일 것입니다. 상황(사주)에 따라 편재가 부인이 되기도 하며, 편관이 남편이 되기도 하는 것입니다. 또한 관성이 없다고 해서 여자의 입장에서 무조건 남편이 없다거나 결혼을 하지 못한다는 것을 의미하지는 않습니다. 자식을 나타내는 식상이 있을 경우, 남편이 있는 것으로 간주되기 때문입니다. 이런 식의 해석은 다양하게 존재합니다. 그런 의미에서 본다면 음양에 따라 육친을 구분하는 것은, 그렇지 않은 경우와 비교하여 큰 차이가 없다고 생각합니다. (실제 사주 상담에서 보면 구분하기 어렵거나 구분의 의미가 없는 경우가 비일비재합니다.) 그러나 재성이 아예 없는 남성이나 관성 및 식상이 아예 없는 여성의 경우, 결혼이나 이성에 대한 만남이 잘 이루어지지 않는 경우는 그렇지 않은 경우(십신이 있는 경우)보다 월등히 높은 것은 사실입니다.

# 합(合)

산아는 처음 명리수양관에 들어왔을 때를 떠올렸다. 합격했다는 것만으로도 참 행복했다. 그리고 그동안 강의를 들으면서 어려운 내용 때문에 힘든 적도 많았지만 모든 것을 다 참고 이겨냈다. 처음보다는 많은 것을 배웠지만, 앞으로 더 많은 것을 배워야 하는 것도 잘 알고 있었다. 산아는 어떤 어려움이 있더라도 미래예측사가 되고야 말겠다는 다짐을 매일같이 반복했다. 새삼스럽게 강의실에 앉아있는 다른 친구들이 사랑스러워졌다. 단순한 친구관계가 아닌 같은 길을 걸어갈 인생의 친구였기 때문이다. 그때, 학생들에게 미래예측사의 길을 단단하게 만들어주고 있는 현마가 강의실 안으로 들어왔다. 현마의 얼굴에는 언제나 밝은 기운이 가득했다.

"그동안 계속해서 십신(十神)에 대해서만 공부를 해서 어려운 점이 많았을 겁니다. 오늘은 합(合)에 대해서 알아보겠습니다. 합(合)이라는 것은 말 그대로 합해진다는 의미입니다. 여러분들도 알고 있듯이 사주 8개 글자 안에 위치하게 되는 글자는 각각 하나씩의 오행 기운을 가지게 됩니다. 바로 목-화-토-금-수(木火土金水) 중에서 하나에 속하게 되는 것입니다. 그래서 자기가 가진 오행의 기운을 펼치게 되는 것인데, 어떤 특정한 글자끼리 만나게 되면 특별한 형태로 변하게 되면서 오행의 기운에도 변화가 생기게 됩니다. 여기서 만나게 된다는 것의 의미는 사주 8개 글자 중에 동시에 위치하는 것을 의미합니다. 이렇게 되면 보통 두 가지의 형태 중 하나로 변하게 됩니다. 첫 번째는 만나는 글자 중 하나의 기운(오행의 기운)만 남고, 나머지 기운은 약하게 되는 경우가 있습니다. 두 번째는 만나는 글자들이 가진 원래 오행의 기운 대신, 전혀 새로운 오행의 기운이 생기는 것입니다. 예를 들어 천간합(天干合) 가운데 갑기합토(甲己合土)에 대해 설명해 보겠습니다. 이 의미는 천간의 글자인 목오행의 갑(甲)과 토오행의 기(己)가 만나면(합) 목의 기운은 약화되고, 토의 기운이 강화된다는 것입니다. 이것은 위에서 설명한 글자 중 하나의 기운만 남고, 나머지 기운은 약하게 되는 경우라고 하겠습니다. 그럼 이번에는 병신합수(丙辛合水)라는 합(合)의 형태를 살펴보겠습니다. 천간에서 화오행의 병(丙)과 금오행의 신(辛)이 서로 만나게 되면 화오행도 금오행도 아닌 수오행이 생성됩니다. 이것은 위에서 설명한 것처럼 서로 만나는 글자들의 오행 기운 대신, 전혀 새로운 오행의 기운이 나타내는 형태입니다. 그럼 먼저 천간합에 대해서 알아보겠습니다."

현마는 강의실에 설치된 대형 모니터에 천간합(天干合)과 관련된 표를 표시했다. 학생들의 시선이 일제히 표를 향했다.

　"천간합(天干合)이란 그림에서 보는 것처럼 각 기둥의 위쪽인 천간(天干)에 있는 글자들끼리 만나서 합(合)을 이루는 것을 말합니다. 첫 번째 그림처럼 일간과 월간에서 만날 수도 있고, 시간과 일간에서 만날 수도 있으며, 월간과 연간에서 만날 수도 있습니다. 또한 글자의 왼쪽 오른쪽 배치와는 상관이 없습니다. 위의 경우에서 예를 든다면 갑기(甲己)의 순서가 될 수도 있고, 기갑(己甲)의 순서가 될 수도 있다는 뜻입니다. 대신 마지막 그림처럼 두 글자가 떨어져 있는 경우, 합이 되지 않을 가능성이 많고, 되더라도 강하지 않다고 판단합니다. 모든 천간합에 위 설명을 동일하게 적용합니다."

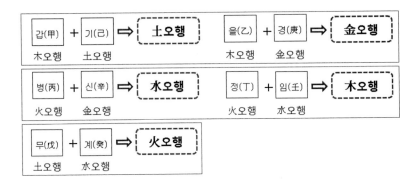

새로운 표가 화면에 나타났다. 화면에 대한 현마의 설명이 이어졌다.

"사주 8개 글자 안에서 천간합에 해당되는 두 글자를 발견하는 순간, 바로 합(合)이 되는 것을 알 수 있어야 합니다. 갑기합토(甲己合土)라는 것은 목오행의 갑(甲)과 토오행의 기(己)가 만나면 토오행의 기운이 된다는 것입니다. 기(己)는 원래 토오행이었으므로 결국 갑(甲)이 원래 가진 목오행의 특징이 발휘되지 못하면서(묶이면서) 오히려 토오행을 강하게 만들어 주는 형태입니다. 을경합금(乙庚合金)은 목오행의 을(乙)과 금오행의 경(庚)이 만나면 금오행의 기운이 된다는 것입니다. 경(庚)은 원래 금오행이었으므로 결국 을(乙)이 원래 가진 목오행의 특징이 밖으로 나오지 못하고, 금오행을 더욱 강하게 만들어 주는 형태가 되는 것입니다. 병신합수(丙辛合水)는 화오행의 병(丙)과 금오행의 신(辛)이 만나면서 화오행도 금오행도 아닌 수오행의 기운을 만들게 되는 형태입니다. 정임합목(丁壬合木)은 화오행의 정(丁)과 수오행의 임(壬)이 만나면서 화오행도 수오행도 아닌, 목오행의 기운을 만들어 낸다는 의미를 갖고 있습니다. 천간합의 마지막은 무계합화(戊癸合火)입니다. 토오행의 무(戊)와 수오행의 계(癸)가 만나 토오행이나 수오행이 아닌 화오행의 기운을 만들어내는 형태를 보여주고 있습니다. 이렇게 간단하게나마 다섯 가지의 천간합에 대해 알아보았습니다. 실제 사주분석에서 사용되는 모습을 설명해 보겠습니다. 합이 되는 두 글자에 해당하는 십신(十神)이 존재할 것입니다. 그런데 그 십신이 더욱 강화되거나 약화되는 모습을 보이고, 전혀 새로운 십신이 등장하기도 합니다. 따라서 사주분석은 그 십신에 맞게 하면 됩니다. 그 십신이 일이나 직장과 관련된 것이었는데 기운이 약화되었다면 관련된 일이나 직장운이 좋지 않게 되는 것을 상징하게 된다고 해석합니다. 또는 좋은 역할을 하는 십신이었는데 합(合)이 되면서 그 기운이 더 강화되었다면 당연히 좋은 결과를 가져오는 합(合)이라고 생각할 수 있습니다. 하지만 합(合)이 되면서 생성된 기운이 좋지 못한 역할을 하게 된다면, 그 십신이 상징하는 것(일, 직장, 배우자, 재물 등)이 좋지 않게 될 가능성을 예측할 수 있습니다. 좀 더 깊이 해석하면 어떤 원인 때문에 그렇게 되는지도 알 수 있습니다. 물론 개인의 공부 깊이나 십신의 해석능력에 따라 달라집니다."

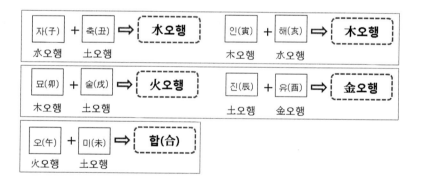

모니터에 있던 천간합(天干合) 표가 다른 표로 바뀌었다. 표를 가리키며 설명하는 현마.

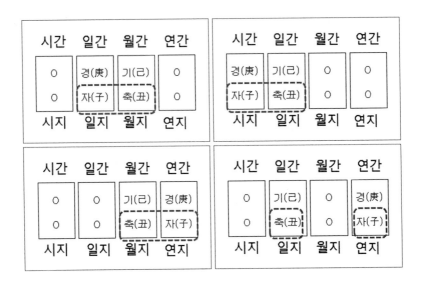

"4개의 기둥 윗부분을 가리키는 천간(天干)들이 합(合)을 하는 것처럼, 기둥의 아랫부분인 지지(地支)의 글자들도 합(合)을 하게 됩니다. 물론 특정한 글자가 만났을 때입니다. 지지(地支)가 만났다는 것은 천간합(天干合)을 설명했을 때와 같습니다."

지지합(地支合)에 대한 설명을 계속하는 현마. 이번에는 지지(地支)의 글자들이 만난다는 것에 대한 의미였다.

"첫 번째 그림처럼 일지와 월지에서 만날 수도 있고, 시지와 일지에서 만날 수도 있으며, 월지와 연지에서 만날 수도 있습니다. 또한 글자의 왼쪽 오른쪽 배치와는 상관이 없습니다. 위의 경우에서 예를 든다면 자축(子丑)의 순서가 될 수도 있고, 축자(丑子)의 순서가 될 수도 있다는 뜻입니다. 대신 마지막 그림처럼 두 글자가 떨어져 있는 경우, 합이 되지 않을 가능성이 많고, 되더라도 강하지 않다고 판단합니다. 모든 지지합(地支合)

에 위 설명을 동일하게 적용합니다."

잠시 학생들이 정리할 시간을 준 뒤, 현마는 다시 강의를 진행했다.

"수오행의 자(子)와 토오행의 축(丑)이 만나 수오행의 기운을 더욱 강하게 만들어 주는 효과를 만들어 냅니다. 목오행의 인(寅)과 수오행의 해(亥)가 만나 목오행의 기운을 더욱 강하게 합니다. 목오행의 묘(卯)와 토오행의 술(戌)이 만나 목오행도 아니고, 토오행도 아닌 화기운을 만들어 냅니다. 토오행의 진(辰)과 금오행의 유(酉)가 만나면 금오행을 더욱 강하게 합니다. 화오행의 사(巳)와 금오행의 신(申)이 만나 화오행도 아니고, 금오행도 아닌 수오행을 만들어 냅니다. 화오행의 오(午)와 토오행의 미(未)가 만나면 어느 한쪽으로 치우치지 않고 각각의 기운(화오행과 토오행)이 서로 강화되는 효과를 나타냅니다. 화오행과 토오행이 원래 좋은 역할을 하고 있는 십신(十神)이었다면 더욱 좋은 효과를 나타내겠지만, 반대의 경우라면 더 좋지 않은 방향으로 움직일 수 있음을 예측해야 합니다. 다음으로 방합에 대해서 알아보겠습니다."

| 봄 | | | 여름 | | | 가을 | | | 겨울 | | |
|---|---|---|---|---|---|---|---|---|---|---|---|
| 1월 | 2월 | 3월 | 4월 | 5월 | 6월 | 7월 | 8월 | 9월 | 10월 | 11월 | 12월 |
| 인寅 | 묘卯 | 진辰 | 사巳 | 오午 | 미未 | 신申 | 유酉 | 술戌 | 해亥 | 자子 | 축丑 |
| 동쪽 | | | 남쪽 | | | 서쪽 | | | 북쪽 | | |
| 목국(木局) | | | 화국(火局) | | | 금국(金局) | | | 수국(水國) | | |

산아는 예전에 배웠던 오행에 따른 계절 분류가 생각났다. 또한, 절기

력에 대한 공부를 할 때도 여러 번 봤기 때문에 익숙했다.

'인묘진(寅卯辰)은 목오행이면서 나무가 자라나는 봄, 사오미(巳午未)는 화오행이면서 뜨거운 여름, 신유술(申酉戌)은 금오행이면서 열매가 단단하게 맺히는 가을, 해자축(亥子丑)은 수오행이면서 모든 것이 응축(얼음)되는 추운 겨울.'

산아는 배운 내용을 떠올렸다. 각 오행의 글자들이 계절과 어울리면서 쉽게 이해할 수 있는 내용이었다.

"지금부터 공부하게 되는 합(合)은 두 글자끼리의 만남이 아닌 세 글자가 만날 때의 합(合)입니다. 방합(方合)을 간단하게 말하자면 같은 방향, 같은 기운의 글자들끼리 만나서 더 큰 힘(세력, 집단)으로 변하는 것입니다. 그렇게 변하는 이유는 세 글자가 가리키는 방향과 계절이 같아서 서로 간에 결속하는 힘이 크기 때문입니다. 다른 오행들이 모였을 때보다 손발이 더 잘 맞는다고도 표현할 수 있습니다. 앞뒤로 서로 기운을 주고받으면서 순차적으로 연결되어 단순히 같은 오행이 모여 있을 때보다 더 강한 힘이 뿜어져 나오게 됩니다. 각 글자들이 가리키는(속한) 방향이 같아서 방합(方合)이라고 하며, 계절이 같기 때문에 계절합(季節合)이라고도 합니다. 이렇게 같은 방향성과 같은 계절성을 가진 글자 세 개가 사주 8개 글자 중 지지(地支)에 위치하고 있으면 그 글자들이 속한 오행의 기운이 강하게 작용(세력 형성)하는 것으로 분석합니다."

현마는 방합(方合)을 표시한 그림을 학생들에게 보여주었다.

"사주 8개 글자 중에 세 글자가 만나는 것은 천간합(天干合)이나 지지합(地支合)의 경우와 마찬가지입니다. 첫 번째 그림처럼 나란히 있는 경우나, 두 개는 붙어 있는데 하나는 떨어져 있는 경우 모두 합(合)이 됩니다. 또한 천간합(天干合)과 지지합(地支合)의 경우와 똑같이 글자의 좌우 위치는 상관이 없습니다. 즉, 인묘진(寅卯辰)의 순서가 되어도 되고, 묘진인(卯辰寅) 혹은 진인묘(辰寅卯) 등 모두 같습니다. 또한, 세 글자 모두가 들어오지 않고 두 글자만 만나게 되어도 효과가 있다고 간주합니다. 다만, 그 기운이 세 글자 모두 있을 때보다는 약하다고 봅니다. 예를 들자면 인묘(寅卯)나 묘진(卯辰), 인진(寅辰)도 방합이 된다고 봅니다. 그런데 두 글자라고 해도 약간의 차이가 있습니다. 각 계절을 나타내는 세 글자 중 첫 번째 글자는 계절의 시작을 나타냅니다. 앞 계절의 기운이 어느 정도 남아 있다고 가정합니다. 세 번째 글자는 계절이 바뀌려는 시점입니다. 그 계절의 기운이 점점 빠지고 있는 것을 나타냅니다. 계절의 중앙에 위치한 글자는 그 계절을 대표하는 글자로서 가장 왕성한 기운을 갖고 있습니다."

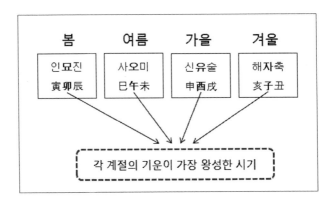

산아는 현마의 설명을 들으며 그 내용에 대해 나름대로 정리를 시작했다.

'선생님 말씀대로라면 봄의 묘(卯)와 여름의 오(午), 그리고 가을의 유(酉)와 겨울의 자(子)라는 글자들이 자신들의 계절별 특징을 가장 강하게 나타내겠구나.'

"예를 들어서 두 글자가 들어와서 합을 하는 경우, 그 계절을 나타내는 가운데 글자(묘, 오, 유, 자)가 있느냐 없느냐에 따라 강도가 다릅니다. 각 계절의 처음과 끝을 나타내는 두 글자만으로 합이 되는 것보다는 가운데 글자가 하나 들어가서 만들어진 두 글자가 더 강하게 오행의 기운을 가지게 됩니다. 봄을 예를 들어보면 인진(寅辰)보다는 인묘(寅卯) 혹은 묘진(卯辰)의 힘이 강하다는 것입니다. 여름의 경우에는 사미(巳未)보다는 사오(巳午)나 오미(午未)가 더 강할 것이라고 예측합니다. 가을의 경우에는 신술(申戌)보다는 신유(申酉)나 유술(酉戌)이 더 강할 것이고, 겨울의 경우에는 해축(亥丑)보다는 해자(亥子)나 자축(子丑)이 수오행의 특성을 더 강하게 가진다고 봅니다. 방합(方合)을 정리해보면 다음과 같습니다."

강의실 모니터에 방합(方合)이 정리된 내용이 나타났다.

| 목국(木局)<br>목오행 | 인묘진<br>寅卯辰 | 인묘<br>寅卯 | 묘진<br>卯辰 | 인진<br>寅辰 |
|---|---|---|---|---|
| 화국(火局)<br>화기운 | 사오미<br>巳午未 | 사오<br>巳午 | 오미<br>午未 | 사미<br>巳未 |
| 금국(金局)<br>금기운 | 신유술<br>申酉戌 | 신유<br>申酉 | 유술<br>酉戌 | 신술<br>申戌 |
| 수국(水國)<br>수기운 | 해자축<br>亥子丑 | 해자<br>亥子 | 자축<br>子丑 | 해축<br>亥丑 |

"인묘진(寅卯辰)의 세 글자가 사주 지지에서 만나면 강한 목오행의 기운(세력)이 만들어지게 됩니다. 이것은 두 글자가 만나도 마찬가지입니다. 두 글자 인묘(寅卯), 묘진(卯辰), 인진(寅辰)이 만나도 목오행의 기운을 만들어 냅니다. 사오미(巳午未)의 세 글자가 사주 지지에서 만나면 강한 화오행의 기운이 만들어지게 됩니다. 이것은 두 글자가 만나도 마찬가지입니다. 두 글자 사오(巳午), 오미(午未), 사미(巳未)가 만나도 화오행의 기운을 만들어 냅니다. 신유술(申酉戌)의 세 글자가 사주 지지에서 만나면 강한 금오행의 기운이 만들어지게 됩니다. 이것은 두 글자가 만나도 마찬가지입니다. 두 글자 사유(巳酉), 유축(酉丑), 사축(巳丑)이 만나도 금오행의 기운을 만들어 냅니다. 마지막으로 해자축(亥子丑)의 세 글자가 사주 지지에서 만나면 강한 수오행의 기운이 만들어지게 됩니다. 이것은 두 글자가 만나도 마찬가지입니다. 두 글자 해자(亥子), 자축(子丑), 해자(亥子)가 만나도 수오행의

기운을 만들어 냅니다."

산아와 학생들은 온 힘을 집중해서 현마의 설명을 들었다. 그만큼 이해하기 쉽지 않은 영역이었다.

"하나의 표 안에 모든 방합(方合)을 표시해서 많은 것처럼 느껴질 수도 있습니다. 하지만 실제로는 우리가 이미 배운 인묘진, 사오미, 신유술, 해자축에서 두 자씩을 차례대로 분리해서 더 나열한 것뿐입니다. 방합(方合)의 해석 또한 십신의 해석과 마찬가지입니다. 지지(地支)가 모두 4글자인데 이 중에서 3글자 혹은 2글자가 같은 오행을 나타낸다는 것으로, 이는 상당히 비중이 크다는 의미로 받아들일 수 있습니다. 이렇게 비중이 큰 오행이 좋은 역할을 하게 되면 긍정적인 힘을 갖게 되겠지만, 좋지 못한 역할을 갖게 된다면 그만큼 더 힘들 것이라고 예상할 수 있는 것입니다. 결국 천간합(天干合)이나 지지합(地支合), 그리고 방합(方合) 모두 나(일간)에게 좋은 역할을 하느냐 하지 않느냐가 중요한 것입니다. 마지막으로 삼합(三合)에 대해서 알아보겠습니다."

현마는 삼합(三合)이 만들어지는 표를 보면서 설명했다.

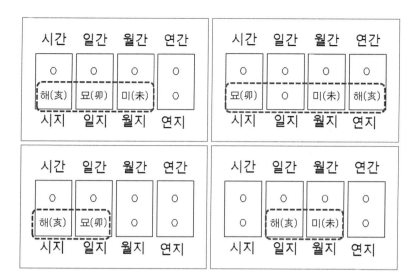

"세 글자가 만나서 합(合)을 이루는 것은 방합(方合)과 동일합니다. 첫 번째 그림처럼 나란히 있는 경우나, 두 번째 그림처럼 두 개는 붙어 있는데 하나는 떨어져 있는 경우 모두 합(合)이 됩니다. 또한 천간합(天干合)과 지지합(地支合)의 경우처럼 글자의 좌우 위치는 상관이 없습니다. 즉, 해묘미(亥卯未)의 순서가 되어도 되고, 묘미해(卯未亥), 혹은 미묘해(未卯亥) 등도 모두 같습니다. 또한, 세 글자 모두가 들어오지 않고 두 글자만 만나게 되어도 효과가 있는 것으로 간주합니다. 다만, 그 기운이 세 글자 모두 있을 때보다는 약하다고 봅니다. 예를 들자면 해묘(亥卯)나 묘미(卯未), 해미(亥未)도 합이 된다고 봅니다. 그런데 두 글자라고 해도 약간의 차이가 있습니다. 삼합(三合)을 상세하게 설명하려면 지지(地支) 속에 담겨진 천간의 기운에 대해 알아야 합니다. 지지(地支) 속에 숨겨진 천간이라는 의미에서 지장간(地藏干)이라고 하는데, 이것에 대해서는 나중에 공부할 예정입니다. 그래서 지금은 간단하게만 설명하겠습니다. 여러분이 아는 것처럼 지지에도 당연히 천간처럼 각 글자에 해당되는 오행이 있습니다. 예를 들자면 지지의 글자인 인(寅)은 천간의 갑(甲)과 같이 취급되며 목오행이라고 배웠습니다. 그런데 지장간을 살펴보면 인(寅) 안에는 우리가 알고 있는 갑(甲) 외에 화오행인 병(丙)이라는 글자도 들어있습니다. 또한 사(巳)라는 글자에 대해 우리는 병(丙)과 같이 취급되며 화오행이라고 배웠습니다. 그런데 사(巳)의 내부(지장간)를 살펴보면 병 외에 금오행인 경(庚)도 들어있습니다. 왜 그럴까요?"

현마는 잠시 학생들을 바라보다가 말을 이어갔다.

"지지(地支)의 글자들이 상징하는 월(月)을 예로 들어 보겠습니다. 월(月)과 월(月)이라는 것은 이어지는 것입니다. 칼로 뭔가를 자르듯이 정확하게 나눌 수 있는 것이 아닙니다. 예를 들어 축월(丑月: 12월)과 인월(寅月: 1월)이 완전히 새로운 달(月)이 아니라는 것입니다. 다시 말해 월(月)이라는 것은 앞 달의 기운이 초반에 어느 정도 섞여 있다가 서서히 자기 달의 본 색깔(해당 오행)로 점점 진해지는 것입니다. 그러다가 다시 달(月)이 바뀌면 또 초반의 일정 기간은 앞 달의 기운이 남아 있다가 점점 그 달의 본 오행 기운으로 바뀌게 되는 것입니다. 물론 초반에 서려 있는 전월(前月)의 기운은 기간도 길지 않고 약합니다. 당연히 그 달(月)을 나타내는 원래 오행의 기운이 기간도 가장 길고 가장 뚜렷한 힘을 발휘합니다. 그래서 본래의 오행 이외에 다른 오행의 기운(천간)이 숨어 있다고 하는 것입니다. 그런데 지장간에는 또 다른 원리가 있습니다."

현마는 학생들에게 삼합(三合)의 이해를 돕기 위해 그림을 통해 설명했다.

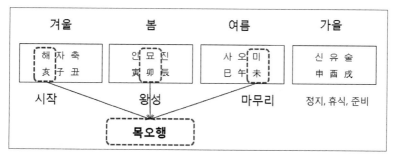

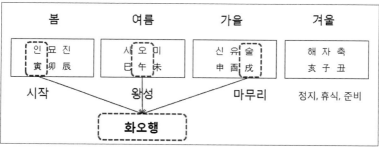

　"지지(地支)는 월(月)을 나타내며, 또한 계절을 가리키고, 오행을 상징합니다. 그런데 오행은 자신을 상징하는 계절의 앞 계절 시작점에서 태어나서(생성), 자신의 계절에서 가장 왕성한 힘을 발휘하고, 자신의 다음 계절의 끝에서 사라지게(소멸) 됩니다. 결국 하나의 오행은 3개의 계절에서 활동하고, 1개의 계절 동안은 새로운 시작을 위한 준비를 할 뿐 아무런 움직임도 없게 됩니다. 목오행의 예를 들자면 자신(봄)의 앞 계절인 겨울의 시작점 해(亥)에서 땅속 깊은 곳부터 봄에 올라올 준비를 시작하게 됩니다. 이것을 목오행의 시작(생성)으로 봅니다. 그러다가 봄이 되면 가장 왕성하게 자신의 기운을 발휘하고, 자신의 다음 계절 여름의 마지막인 미(未)에서 활동을 정지하게 됩니다. 또 다른 시작을 위해 휴식을 한다고 표현할 수도 있습니다. 이러한 행위는 모든 오행에 해당되며 이러한 내용이 지장간에 담겨있습니다. 그러한 시작점과 왕성할 때, 그리고 마무리할 때의 3가지가 모여서 삼합(三合)이 되는 것입니다."

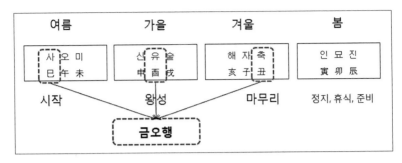

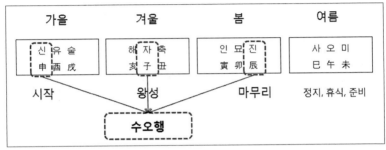

"이렇게 시작-왕성-마무리되는 순환의 모습은 사람의 인생과도 닮아있는 자연스러운 모습이며, 가장 잘 맞는 완성된 만남입니다. 자신을 상징하는 계절의 가운데 글자(자, 오, 묘, 유)가 삼합(三合)에서도 중요한 역할을 합니다. 바로 그 글자에서 가장 왕성한 오행의 모습을 보이기 때문입니다. 그렇기 때문에 방합(方合)일 때처럼 두 글자가 모이더라도 자-오-묘-유(子午卯酉)가 들어간 두 글자인지 그렇지 않은지에 따라 세기가 달라집니다. 있으면 없는 두 글자보다 강하다는 의미입니다."

현마는 삼합(三合)의 모든 경우가 들어있는 표를 학생들에게 알려주었다.

| 목국(木局)<br>목오행 | 해**묘**미<br>亥卯未 | 해묘<br>亥卯 | 묘미<br>卯未 | 해미<br>亥未 |
|---|---|---|---|---|
| 화국(火局)<br>화기운 | 인**오**술<br>寅午戌 | 인오<br>寅午 | 오술<br>午戌 | 인술<br>寅戌 |
| 금국(金局)<br>금기운 | 사**유**축<br>巳酉丑 | 사유<br>巳酉 | 유축<br>酉丑 | 사축<br>巳丑 |
| 수국(水國)<br>수기운 | 신**자**진<br>申子辰 | 신자<br>申子 | 자진<br>子辰 | 신진<br>申辰 |

　"사주의 아랫부분을 구성하는 지지(地支)에 해묘미(亥卯未) 세 글자가 모이면 목오행의 기운(세력)이 나타나게 됩니다. 해(亥)와 미(未)가 원래 각각 수오행과 토오행을 가리키지만, 세 글자가 모이는 상황이 되면 자신들의 오행 대신 목오행의 기운을 발산하게 됩니다. 해묘(亥卯), 묘미(卯未), 해미(亥未)처럼 두 글자만 모여도 목오행을 발산합니다. 인오술(寅午戌) 세 글자가 모이면 화오행의 기운이 나타나게 됩니다. 인(寅)과 술(戌)은 원래 각각 목오행과 토오행을 가리키지만, 세 글자가 모이는 상황이 되면 자신들의 오행 대신 화오행의 기운을 발산하게 됩니다. 인오(寅午), 오술(午戌), 인술(寅戌)처럼 두 글자만 모여도 화오행을 발산합니다. 사유축(巳酉丑) 세 글자가 모이면 금오행의 기운이 나타나게 됩니다. 사(巳)와 축(丑)은 원래 각각 화오행과 토오행을 가리키지만, 세 글자가 모이는 상황이 되면 자신들의 오행 대신 금오행의 기운을 발산하게 됩니다. 사유(巳酉), 유축(酉丑), 사축(巳丑)처럼 두 글자만 모여도 금오행을 발산합니다. 마지막으로 신자진(申子辰) 세 글자가 모이면 수오행의 기운을 나타나게 됩니다. 신(申)과 진(辰)은 원래 각각 금오행과 토오행을 가리키지만, 세 글자가 모이는 상황이 되면 자신들의 오행 대신 수오행의 기운을 발산하게 됩니다. 신자(申子), 자진(子辰), 신진(申辰)처럼 두 글자만 모여도 수오행을 발산합니다."

학생들은 누구라고 할 것 없이 현마의 강의 내용 하나하나를 그 자리에서 이해하고 머릿속에 담아두기 위해 최선을 다했다. 현마는 강의를 마무리하면서 합(合)과 관련된 자신의 생각을 학생들에게 설명했다.

"합(合)이 되는 글자 중 한 글자라도 월지(月支: 태어난 월의 기둥 아랫부분)에 위치하고 있는지 살펴봐야 합니다. 왜 그럴까요?"

산아가 대답했다.

"사주분석을 하는 절기력은 기본적으로 계절의 영향을 가장 많이 받습니다. 계절의 순환은 태어난 생년, 월, 일, 시간 중에서 월(月)과 직접적인 관련이 있고, 바로 그 월(月)을 나타내는 글자가 월지(月支)입니다. 월(月)에 따라서 계절과 그에 맞는 오행이 결정될 수도 있고, 전혀 다른 것으로 바뀔 수도 있기 때문에 사주에 미치는 영향력이 가장 큰 글자라고 할 수 있습니다. 그런 영향력이 큰 글자가 합(合)이 되는 글자에 포함된다면 그렇지 않을 때보다 그 기운이 더욱 크고 강하게 나타나기 때문입니다."

산아의 대답은 미래예측사라고 해도 될 만큼 정확했다. 나머지 학생들도 현마의 질문과 산아의 대답을 모두 이해하고 있었다. 그만큼 열심히 공부하는 학생들이었다. 그것을 알기에 현마 또한 다른 졸업생들보다 훨씬 더 많은 내용을 알려주었다. 모든 내용을 이해할 것이라 믿었기 때문이다.

"좋은 설명이었습니다. 산아가 말한 그런 이유 때문에 합(合)이 되거나 충(沖)이 될 경우 월지(月支)가 포함되었는지를 꼭 확인해야 합니다. 마지막으로 합(合)과 관련된 이야기 하나를 하고 마치겠습니다. 일반적으로 합(合)하면 무조건 좋고, 충(沖)하면 무조건 나쁘다는 인식이 많이 퍼져 있습니다. 하지만 그렇지 않습니다. 조금만 생각해보면 바로 알 수 있는 원리입니다. 원래 좋은 기운이었는데 합하면서 그 글자가 가진 기운이 약하게 되었다면(자신의 오행 대신 다른 오행으로 변했을 경우 등) 이것은 좋지 않은 것입니다. 또한 원래 좋지 않은 기운이었는데 합하면서 오히려 그 기운이 더욱 강화되었다면 이 역시 좋지 않다는 것(나쁜 것이 더 강해졌으므로)을 쉽게 예상할 수 있습니다. 또한 합하면서 전혀 새로운 기운이 생성되는 경우도 있는데 이렇게 생성된 기운이 나(일간)에게 좋은 역할을 하게 되면 좋겠지만, 그렇지 않다면 오히려 없느니만 못한 결과라고 하겠습니다. 충(沖) 또한 마찬가지입니다. 나(일간)에게 좋은 오행의 글자가 충(沖)이 되면 좋지 않을 가능성이 많겠지만, 반대로 좋지 않은 역할을 하는 오행의 글자가 충(沖)이 된다면 어떨까요? 답은 여러분이 직접 알아내기 바랍니다. 정리하자면 합(合)이 된다고 무조건 좋은 것이 아니고, 합(合)이 된 결과가 나에게 도움이 되어야 비로소 좋은 것임을 반드시 기억해야겠습니다."

# 신살(神煞)과 천을귀인(天乙貴人)

학생들은 지난 시간에 배운 합(合)의 내용에 대해 열심히 공부했다. 현 마로부터 들은 내용을 떠올리며 어떤 글자들이 만났을 때 합(合)이 되는 지 반복해서 외우는 연습을 했다. 혼자서도 하고, 네 명이 모두 모여서 서로에게 질문과 대답을 하면서 그 과정에서 자연스럽게 합(合)이 되는 글 자를 머릿속에 집어넣기도 했다. 강의가 있는 날은 시작 시간보다 훨씬 일찍 모여서 서로 간의 토론을 통해 실력을 쌓아갔다.

"방합(方合)이 되는 글자에 대해서 설명할 사람?"

"방합은 인묘진(寅卯辰)이 모이면 목국(木局: 목의 세력)을 만들고, 사오미(巳 午未)가 모이면 화국(火局: 화의 세력)을 만들어. 신유술(申酉戌)이 모이면 금 국(金局: 금의 세력)을 만들고, 해자축(亥子丑)이 모이면 수국(水局: 수의 세력) 을 만들면서 합(合)이 돼. 그렇게 만들어진 각 오행은 자신이 가진 기운을 강하게 발산해서, 일간(나)에게 영향을 줘. 당연히 그 오행이 일간(나)에게 좋은 역할을 한다면 좋은 방향으로 분석을 하겠지만, 반대의 경우라면 오히려 합(合)이 되는 상황을 더 안 좋은 것으로 분석해야 해."

"그리고 세 글자가 다 모여야만 방합(方合)이 되는 것은 아니고, 세 글자 중 두 글자만 모여도 국(局: 세력)이 만들어져. 예를 들자면 인묘(寅卯), 묘진 (卯辰), 인진(寅辰) 이런 식으로 두 글자만 모여도 목국(木局: 목의 세력)이 만들어지는데, 다만 묘(卯)자가 들어간 두 글자인지 아닌지에 따라 강한 정도는 달라질 수 있어. 자-오-묘-유(子午卯酉)는 각각 계절의 중앙에 위치해서 가장 왕성한 각 계절별 오행의 기운을 발산하기 때문이야."

"그리고 합(合)이 되는 글자가 월지(月支: 월의 기둥 아랫부분)에 위치해 있는지 그렇지 않은지도 중요해. 월지가 사주에 미치는 영향이 다른 글자들보다 월등히 높기 때문이야. 월지가 포함되면 합(合)의 효과가 더 강하게 나타날 것이라고 예상할 수 있어."

학생들은 저마다 본인이 공부한 내용을 서로에게 알려주고 있었다.

"삼합(三合)에 대해서 말해볼까?"

"삼합(三合)은 오행이 처음으로 만들어지는 시기와 가장 왕성할 때, 그리고 마지막으로 마무리되는 글자들의 만남이야. 앞 계절의 시작점(시작되는 월)과 다음 계절의 가장 왕성한 월(月: 자, 오, 묘, 유), 그리고 그다음 계절의 마지막 월(月)로 구성되어 있어. 예를 들자면 목오행의 삼합(三合) 구성을 얘기해보면 다음과 같아. 목오행은 봄을 나타내는데, 그 앞 계절인 겨울은 해-자-축(亥子丑)으로 구성되기 때문에 시작점인 해(亥)와, 다음 계절인 봄의 가장 왕성한 달인 묘(卯), 그리고 다음 계절인 여름의 마지막 월(月)인 미(未)가 모이면 목국(木局: 목의 세력)을 형성한다고 분석할 수 있어. 즉, 목의 기운이 사주상에 강하게 들어있는 셈이지. 나머지 삼합인 인오술(寅午戌) 화국(火局: 화의 세력)이나 사유축(巳酉丑) 금국(金局: 금의 세력), 신자진(申子辰) 수국(水局: 수의 세력)도 마찬가지의 구성으로 되어 있어."

"삼합(三合)도 세 글자로 모이는 것 외에 두 글자만 모여도 효과가 나온다고 분석할 수 있어. 물론 세 글자가 모였을 때보다는 약하겠지만 말이야. 인오술(寅午戌)을 예로 들자면, 인오(寅午), 오술(午戌), 인술(寅戌) 같은 식으로 두 글자만 모여도 화국(火局)을 형성한다고 간주해. 다만 각 계절(오행)의 가장 왕성한 기운을 발산하는 글자(자, 오, 묘, 유)가 포함된 두 글자가 그렇지 않은 두 글자보다는 기운이 강할 것으로 예상해. 예를 들자면 인오(寅午)나 오술(午戌)이 인술(寅戌)보다는 강하다는 의미야."

"좀 전에 방합(方合)을 설명할 때처럼 세 글자나 두 글자가 월지에 있는지도 중요해. 글자 중에서 월지(月支)의 영향력이 가장 커. 그렇게 큰 영향력이 있는 글자를 자신의 세력으로 끌어들인다면 더욱 힘이 세지겠지."

"천간합(天干合)을 함께 외워볼까?"

"갑기합토(甲己合土), 을경합금(乙庚合金), 병신합수(丙辛合水), 정임합목(丁壬合木), 무계합화(戊癸合火)."

"이번에는 지지합(地支合)을 외워보자."

"자축합수(子丑合水), 인해합목(寅亥合木), 묘술합화(卯戌合火), 진유합금(辰酉合金), 사신합수(巳申合水), 오미합(午未合)."

학생들은 현마가 들어온 것도 눈치 채지 못한 채 합(合)에 대한 공부에 푹 빠져 있었다. 현마는 학생들에게 질문을 하나 했다.

"영향력이 가장 크면서 동시에 가장 좋은 합(合)은 어떤 경우일까요?"

현마의 질문에 대한 답은 이미 산아가 알고 있었다. 바로 어제, 산아도 같은 질문을 스스로에게 했고, 본인 나름대로 결론을 내렸기 때문이다.

"월지를 포함하여 합(合)이 형성되어야 영향력이 가장 큽니다. 또한 합(合)이 되어 만들어진 오행의 세력이나 새로운 기운이 나(일간)에게 좋은 영향을 끼쳐야 합니다. 이 두 가지 조건을 모두 만족시켜야 합니다."

학생들의 감탄사가 들렸다. 현마도 미소로써 대답에 대한 평가를 대신했다. 현마의 새로운 강의가 시작되었다.

"사람의 과거와 현재를 살펴보고, 이를 바탕으로 미래를 예측하는 것이 바로 미래예측사의 역할입니다. 그 역할을 제대로 수행하기 위해서 이렇게 공부를 하고 있습니다. 그 공부는 사실 끝이 없습니다. 어쩌면 평생을 해도 다 할 수 없을지 모릅니다. 사주와 관련된 학문은 우리 인간이 이룩한 그 어떤 분야보다도 역사가 오래되었고, 방대한 이론을 포함하고 있습니다. 또한 그 내용이 항상 똑같은 것이 아니라 변하기도 했습니다. 많은 사람들의 연구와 함께, 수없이 축적된 실제의 사주분석 결과들이 내용에 반영되면서 변화가 생긴 것입니다. 여러분이 아는 것처럼 사주분석 방법에 대한 이론은 많이 있습니다. 그러한 이론들을 대상으로 단순히 옳고 그름이라는 기준을 적용하는 것은 합리적이지 않습니다. 왜냐하면 관점의 차이에서 발생하는 것이 대부분이기 때문입니다. 다시 말하자면, 어떤 부분을 더 중요하게 생각하는지, 어떤 사주조합을 더 좋게 평가하는지에 대한 기준이 다르다는 의미입니다."

현마는 말없이 학생들을 바라보다가 다시 자신의 생각을 말했다.

"그럼 어떤 이론을 배워야 할까요? 일단 여러분처럼 처음으로 공부를 시작한 사람들은 여러 이론에서 공통적인 내용부터 공부해야 합니다. 나 또한 공통적인 내용 위주로 여러분과 공부하고 있습니다. 기본적인 이론 체계를 배워서 본인만의 기준이 어느 정도 자리 잡게 되면, 그때부터는 다양한 이론을 공부해도 됩니다. 어떤 것을 선택하여 사주분석에 사용할지에 대한 기준이 있기 때문에 괜찮다는 것입니다. 자신만의 기준이 없으면 여러 이론에 끌려 다니는 일이 발생합니다. 이렇게 되면 사주분석이 제대로 될 리가 없습니다. 다시 말하지만 다양한 이론 중에서 공통되는 내용을 먼저 공부해야 합니다. 사실, 이것만 제대로 익혀두더라도 사주분석에는 어려움이 없습니다."

학생들은 현마가 자신들에게 전달하고자 하는 의미를 알게 되었다.

"이 시간에 공부할 내용은 우리가 처음으로 접하는 것입니다. 이 내용에 대해서는 많은 이론이 존재하고 있고, 다양한 생각들이 존재하는 부분입니다. 얼핏 들으면 뜬 구름 잡는 식의 황당한 말이라고 생각될 수도 있지만, 오랜 세월동안 전해져온 내용이라면 다 그 이유가 있을 것이라는 전제하에 몇 가지 살펴보겠습니다. 사람이 인생을 살아가면서 만나게 되는 어떤 특별한 기운이 있습니다. 그 기운의 종류를 크게 두 가지로 나누면, 길신(吉神)과 흉신(凶神)으로 나눌 수 있는데, 이것을 합쳐서 신살(神煞)이라고 합니다. 어떤 특정한 환경에서 특정한 글자가 들어오면, 그 사람의 의지와 상관없이 어떤 기운이 강하게 활동하게 되는 것을 말합니다. 그 특별한 기운이 좋은 역할을 하면 길신(吉神)이라고 하고, 좋지 않은 역할을 하게 되면 흉신(凶神)이라고 합니다. 그런데 이런 신살은 종류가 아주 다양합니다. 세밀하게 따지면 수백 가지가 넘습니다. 그러한 신살을 모두 사주분석에 적용할 수는 없습니다. 여러분이 직접 사주분석을 하는 과정에서 느끼게 되겠지만, 정확도나 구성에서 도저히 사주분석에 사용할 수 없는 신살도 있습니다. 이 때문에 사주분석을 할 때 아예 신살에 대한 부분을 적용하지 않는 미래예측사도 많이 있습니다. 오늘 알아볼 몇 가지의 내용은 현재 대부분의 미래예측사들이 사주분석에 사용하고 있는 것입니다. 물론 해석하는 것은 그 사람의 능력에 따라 달라집니다. 오늘 배운 내용을 사주분석에 적용할지 여부는 여러분이 선택하면 됩니다. 먼저 도화살(桃花煞)에 대해 공부해 보겠습니다."

도화살이라는 말은 학생들도 많이 들어본 말이었다.

'어떤 단어에 살(煞)이라는 말이 붙으면 좋지 않은 의미가 아닐까?'

산아는 처음 배우는 내용에 관심이 많았다.

"도화(桃花)라는 말은 복숭아꽃을 가리킵니다. 아름다운 모습과 향기를 가진 복숭아꽃. 이 복숭아꽃을 보면서 예전부터 사람들은 묘한 매력에 끌렸나 봅니다. 도화살(桃花煞)이란 사람들을 끌어당기는 미묘한 매력이나 인기라는 말로 그 의미를 풀어볼 수 있습니다. 매력이나 인기는 당연히 좋은 것입니다. 그런데 아주 오래전에는 이렇게 매력이나 인기를 가진 사람이 자신의 끼를 발산할 수 있는 공간이나 직업이 아주 한정적이었고, 적었습니다. 그렇게 한정된 직업조차도 당시에는 좋지 않게 보던 것들이 많았습니다. 그렇기 때문에 옛날에는 도화살(桃花煞)을 나쁜 것으로 평가했습니다. 남자도 마찬가지였지만, 특히 여자의 사주에는 절대로 있어서는 안 될 것이었습니다. 조선시대만 하더라도 관리나 선비, 혹은 농사를 짓거나, 무엇인가를 만들거나, 장사를 하는 정도가 직업의 전부였습니다. 자신의 매력을 발산하고, 그것을 직업과 연결할 수 있는 시대가 아니었습니다. 따라서 살(煞)이라는 말을 붙여서 나쁜 것으로 치부하였습니다. 하지만 지금은 여러분이 아는 것처럼 시대가 완전히 달라졌습니다. 자신의 매력을 이끌어내서 다른 사람들에게 보여주고, 외적인 아름다움을 적극적으로 추구하는 시대입니다. 물론, 모든 사주분석에서 그렇듯이 지나치면 나쁜 작용을 합니다. 하지만 그것은 도화살(桃花煞)뿐 아니라 모든 것이 다 그렇습니다."

# 子午卯酉

현마가 화이트보드에 쓴 글자들은 각 계절별 글자 중에서 가장 왕성한 기운의 글자들이었다. 산아와 학생들은 합(合)을 공부하면서 이제 자오묘유(子午卯酉)의 느낌을 어느 정도 알게 되었다. 도화살에 대한 현마의 설명이 계속되었다.

| 봄 | 여름 | 가을 | 겨울 |
|---|---|---|---|
| 인 묘 진<br>寅 卯 辰 | 사 오 미<br>巳 午 未 | 신 유 술<br>申 酉 戌 | 해 자 축<br>亥 子 丑 |

"이 글자들은 여러분이 잘 아는 것처럼 각 계절별, 방향별, 오행별로 놓고 봤을 때 가장 왕성한 기운을 가진 글자들입니다. 자(子)는 수오행에서, 오(午)는 화오행에서, 묘(卯)는 목오행에서, 유(酉)는 금오행에서 가장 그 힘이 센 글자들입니다. 이 글자들은 자신의 특성을 외부로 발산하려는 경향이 나머지 글자들보다 훨씬 강합니다. 자신을 드러내고, 보여주고 싶고, 뭔가 하지 않으면 안 될 것 같은 느낌들. 이것이 바로 도화살의 느낌이기도 합니다. 이론마다 조금씩 달라서 연지(年支: 연의 기둥에서 아랫부분)나 일지(日支: 일의 기둥에서 아랫부분)의 글자에 따라, 위 4개의 글자 중 어떤 글자가 오느냐에 따라서만 도화살이라는 하는 의견도 있습니다. (이것은 다음에 배울 역마살이나 화개살도 마찬가지입니다.) 하지만, 일단은 이 4개의 글자가 지지에 오면(4개가 동시에 와야 한다는 의미는 아님) 도화살의 기운이 서

려있음을 알고 분석에 들어가면 됩니다. 성향적인 것을 연관시킬 수도 있고, 직업적인 것을 연관시킬 수도 있습니다. 도화살이 강한 사람의 성향은 도화살의 느낌과 통하는 성향을 나타낼 것이고, 도화살의 성향과 맞는 것이 직업이 될 가능성이 높습니다. 예를 들자면 아름다움을 추구하는 직업(미용, 패션, 메이크업, 아티스트 등), 나를 표현하고, 발산하는 것을 이용할 수 있는 직업(홍보, 광고, 엔터테인먼트, 작가 등) 등이 맞을 가능성이 높다는 말입니다. 또한 전혀 다른 일에 종사하더라도 사람들 사이에서 매력이 있다는 말을 들을 수 있고, 사주 배치에 따라서는 좋은 작용을 할 수도 있습니다. 아무래도 감성적이며 감정적인 면이 많은데, 나중에 사주 분석을 하면서 자세히 짚어보겠습니다. 다음은 역마살(驛馬煞)에 대해 알아보겠습니다."

# 寅申巳亥

현마는 인신사해(寅申巳亥) 네 개의 글자를 적었다.

"아주 옛날에는 여러분이 아는 것처럼 어딘가로 이동하려면 걸어서 가야 했습니다. 아주 먼 거리는 말을 이용할 수밖에 없었습니다. 그 당시 말은 지금의 자동차와 같은 역할을 했던 것입니다. 역마(驛馬)라는 것은 어떤 사람(관리 등)이 먼 곳에 일을 보기 위해 준비시키는 말을 의미합니다. 언제 필요할지 모르기 때문에 말을 항시 준비해 놓고 있었는데, 그곳이 바로 역(驛)입니다. 이 역마다 전국을 누비고 다녀야 할 말들이 있었습니다. 그 말들은 평생 동안 멀리 이동하는 것이 정해진 삶이었고, 정해진 운명이었습니다. 매일같이 먼 곳을 사람이나 짐을 실어 달려야만 하는 말, 그런 말을 보는 사람들의 감정은 어땠을까요? 한곳에 정착하지 못하고 이곳저곳을 다녀야하는 피곤한 삶이라고 생각했습니다. 역마살(驛馬煞)은 처음에 그러한 부정적인 의미로 생겨났고, 그대로 후세로 전달되었습니다. 이러한 역마살(驛馬煞)이 반드시 나쁘기만 한 것일까요? 그렇지 않습니다. 활동력을 의미하기도 하고, 진취적이며, 추진력을 상징하기도 합니다. 또한, 지금은 옛날처럼 자기가 태어난 곳에서만 살아야 하는 시대가 아닙니다. 경우에 따라서는 지구 전체를 누비며 일할 수 있는 직업을 선망하기도 합니다."

| 봄 | 여름 | 가을 | 겨울 |
|---|---|---|---|
| 인 묘 진<br>寅 卯 辰 | 사 오 미<br>巳 午 未 | 신 유 술<br>申 酉 戌 | 해 자 축<br>亥 子 丑 |

현마는 역마살(驛馬煞) 글자들에 대한 표를 보면서 말했다.

"인신사해(寅申巳亥)라는 글자가 지지(地支) 속에 있으면 일단 역마살(驛馬煞)이 있다고 생각하고, 사주를 분석합니다. 이 표에서 보는 것처럼 인신사해(寅申巳亥)라는 글자는 각 계절과 각 오행의 맨 앞에서 시작을 알리는 의미를 담고 있습니다. 활동력이나 추진력은 장점으로 작용될 수 있지만, 계속해서 새로운 일에만 매달리는 성향이 강하면 일에 대한 마무리가 약할 수 있음을 기억해야 합니다. 또한 역마살(驛馬煞)의 직업적인 성향을 현대적으로 해석하면 다음과 같습니다. 통신, 전기, 항공, 운전, 항공, 자동차, 외교, 무역 등입니다. 여기에 나열하지는 않았어도 역마살(驛馬煞)에 담긴 의미처럼 이곳저곳을 누비며 할 수 있는 일은 모두 포함된다고 보면 됩니다. 역마살 또한 지나치면 단점이 부각됩니다. 조화와 균형이 갖춰진 속에서 활동할 수 있어야 좋은 역할을 합니다. 계속해서 발산만 하고 밖으로만 움직인다면 균형이 깨져서 여러 가지 문제가 생길 수밖에 없습니다."

## 辰 戌 丑 未

세 번째로 진술축미(辰戌丑未)라는 글자를 쓰는 현마.

"이것은 진술축미(辰戌丑未)라는 글자입니다. 이것을 화개살(華蓋煞)이라고 합니다. 단어 자체의 의미는 화려할 화(華)에 덮을 개(蓋)입니다. 화려한 것을 덮는다는 의미입니다. 무엇을 가리키는 것일까요? 그 의미를 알기 위해서는 토오행의 특성을 먼저 알아야 합니다. 여러분이 이미 배운 내용입니다. 토오행의 특성은 각 계절의 끝에서 다음 계절로 바뀔 수 있도록 하는 것입니다. 여기서 생각해 볼 점이 있습니다. 어떤 계절에서 다음 계절로 바뀌려면 토오행에서 어떤 작용이 일어나야 할까요? 일단 그 계절의 기운을 지워야 합니다. 바로 이것을 덮는다는 표현으로 나타낸 것입니다. 토오행의 바로 앞 글자는 항상 계절의 가장 왕성하고 화려한 날의 글자가 옵니다. 이것을 덮는다는 의미입니다. 그래야 다음 계절로 수월하게 바뀔 수 있습니다. 화려함이라는 것이 외적인 왕성한 발산이나 표현이라면, 화개살(華蓋煞)이라는 것은 내적인 수렴이나 지식(학습) 추구, 정신적인 것을 나타냅니다. 그렇기 때문에 그러한 성향과 관련된 분야로 연결되는 경우가 많습니다. 화개살(華蓋煞)이 있는 경우 학습, 종교, 예술(문화) 분야로 진출할 가능성이 많은 것으로 예상합니다. 이러한 기운 또한 정도가 지나치면 단점이 부각됩니다. 아무래도 혼자서 생각하고, 혼자서 뭔가를 하는 성향이 강한데, 이것이 지나치면 고집이 세다는 평가를 받을 수 있습니다. 자칫하면, 외로움만이 친구로 남을 수도 있습니다."

외로움만이 친구로 남는다는 말뜻을 이해한 학생들이 고개를 끄덕였다.

| 봄 | 여름 | 가을 | 겨울 |
|---|---|---|---|
| 인 묘 진<br>寅 卯 辰 | 사 오 미<br>巳 午 未 | 신 유 술<br>申 酉 戌 | 해 자 축<br>亥 子 丑 |

"진술축미(辰戌丑未)의 글자가 지지(地支)에 오면 화개살(華蓋煞)의 영향을 받고 있다는 전제하에 다른 글자들과의 관계를 분석해야 합니다. 그리고 앞서 설명한 도화살이나 역마살, 그리고 화개살은 지지충(地支沖)과도 관련이 있습니다. 왜냐하면 지지충은 도화살, 역마살, 화개살 중 하나에 속하기 때문입니다."

| 자오충<br>子午沖 | 묘유충<br>卯酉沖 | 인신충<br>寅申沖 | 사해충<br>巳亥沖 | 진술충<br>辰戌沖 | 축미충<br>丑未沖 |
|---|---|---|---|---|---|
| 도화충<br>(桃花沖) | | 역마충<br>(驛馬沖) | | 화개충<br>(華蓋沖) | |

지지충(地支沖)에 대한 표를 보자, 학생들은 현마의 말을 쉽게 이해할 수 있었다.

"표에서 보는 것처럼 자오충과 묘유충은 도화살을 나타내는 글자끼리의 충(沖)으로 도화충이라고 할 수 있고, 인신충과 사해충은 역마살을 나타내는 글자끼리의 충(沖)으로 역마충이라고 할 수 있습니다. 또한 진술충과 축미충은 화개살을 나타내는 글자끼리의 충(沖)으로 화개충이라고 할 수 있습니다. 그래서 해당하는 충(沖)을 그 내용에 따라 해석합니다. 해석은 주변 글자들과 나(일간)의 강하기에 따라서 달라질 수 있기 때문에 이러한 조건들도 살펴야 합니다. 이번 시간에는 기본적인 내용만 말씀드리겠습니다. 도화충이 있을 경우 이성 간의 관계에서 오는 문제가 발생할 가능성이 있고, 또한 내가 외부로(세상으로) 나의 뜻을 발산하고 보여주려는 과정에서 문제가 발생할 수 있습니다. 역마충이 있을 경우에는 살고 있는 곳이나 직장, 직업의 변동이 있을 수 있습니다. 또한, 생활이 불안정하고 예기치 않았던 변화, 변동이 있을 가능성도 있습니다. 화개충이 있을 경우에는 갑작스럽게 상황이 바뀌는 것을 의미해서 직업, 직장, 학업 등을 중단할 가능성이 있습니다. 그리고, 사람들 사이에서의 고립을 의미하기도 합니다. 위에서 잠깐 얘기했던 것처럼 나머지 글자들과의 관계를 모두 살피고 반영한 뒤, 이러한 충(沖)들에 대한 의미를 정확하게 확인해야 합니다. 그리고 위에서 언급한 살 이외의 나머지 신살(神煞)에 대한 공부도 개인적으로 필요하다고 생각합니다. 사주분석에 실제로 적용할지 여부는 본인이 결정하면 됩니다. 아주 특별한 경우가 아니라면 사주분석에 있어서 절대적인 영향을 미치지는 않습니다. 이제 다른 내용을 살펴보겠습니다."

## 천을귀인(天乙貴人)

| 일간 | 갑, 무, 경<br>甲, 戊, 庚 | 을, 기<br>乙, 己 | 병, 정<br>丙, 丁 | 신<br>辛 | 임, 계<br>壬, 癸 |
|---|---|---|---|---|---|
| 천을귀인<br>(天乙貴人) | 축, 미<br>丑, 未 | 신, 자<br>申, 子 | 유, 해<br>酉, 亥 | 인, 오<br>寅, 午 | 사, 묘<br>巳, 卯 |

현마는 천을귀인 표를 가리키며 설명을 시작했다.

"사주에 어떤 글자가 들어와서 내게(사주 당사자) 특별한 도움을 주는 관계가 있습니다. 도움을 주기 때문에 귀인(貴人: 나를 도와주는 귀한 사람)이라는 이름을 붙입니다. 도와주는 종류에 따라서 다양한 이름이 붙여집니다. 그런데 신살(神煞)의 경우처럼 미래예측사에 따라서 인정하지 않는 경우도 상당수 있습니다. 즉, 사주분석을 할 때 반영을 하지 않는다는 것입니다. 오늘은 그러한 귀인 중에서 가장 강한 도움을 행사한다는(준다는) 천을귀인(天乙貴人)에 대해서만 알아보겠습니다. 실제 사주분석을 하는 현장에서도 많이 사용하는 내용입니다. 천을귀인은 일간에 따라 각각 다르게 정해집니다. 예를 들어볼까요?"

| 일간이 갑(甲)일 때 | | | | 일간이 신(辛)일 때 | | | |
|---|---|---|---|---|---|---|---|
| 시간 | 일간 | 월간 | 연간 | 시간 | 일간 | 월간 | 연간 |
| ○ | 갑(甲) | ○ | ○ | ○ | 신(辛) | ○ | ○ |
| ○ | ○ | ○ | 축(丑) | ○ | ○ | 인(寅) | ○ |
| 시지 | 일지 | 월지 | 연지 | 시지 | 일지 | 월지 | 연지 |

"일간이 갑(甲)이라면 천을귀인표에서 일간이 갑일 때를 찾습니다. 축(丑)과 미(未)입니다. 사주 8개 글자 중 연지에 축(丑)이 있습니다. 천을귀인이 있는 것입니다. 꼭 연지에 있을 필요는 없습니다. 다른 곳의 지지(地支)에 있어도 상관없습니다. 이번에는 일간이 신(辛)입니다. 천을귀인표를 보면 오(午)가 해당되는 것을 알 수 있습니다. 이런 식으로 천을귀인을 확인하면 됩니다. 그렇다면 사주분석을 할 때는 어떤 식으로 적용할까요? 예를 들어서 천을귀인으로 들어온 글자가 있습니다. 그 글자의 십신을 확인해 봤더니 식상(食傷)이었습니다. 그럼 이것을 적용해 보겠습니다. 식상

은 여러 가지의 의미가 있지만 사회적 관계로 보면 내가 하는 일을 의미합니다. 천을귀인이 좋은 역할을 하면서 식상을 의미한다면 내가 간절히 바라는 일을 하면서 살 수 있고, 그 결과도 좋다는 것을 의미하기 때문에 그 일에 최선을 다해야 한다는 것으로 분석합니다. 또한 천을귀인으로 들어온 글자의 십신(十神)이 관성(官星)일 경우를 알아보겠습니다. 관성은 사회적인 관계로 보면 단체나 직장을 의미합니다. 따라서 단편적으로 해석하면 직장이나 해당 부서에서 좋은 결과가 있을 가능성이 높기 때문에(승진, 명예 등) 다른 곳에 신경을 쓰지 말고 직장(단체)에 최선을 다해야 한다는 의미로 해석할 수 있습니다. 이번에는 천을귀인이 되는 글자의 십신(十神)이 인성일 경우를 보겠습니다. 여러 가지 의미가 있겠지만 아무래도 인성이라면 학문적인 것을 먼저 떠올려야 합니다. 내가 배우고 공부하는 것이 좋은 결과를 가져온다는 의미(여러 가지 도움이 있어서)이기 때문에 배우고 공부하는 것(학업, 자격증 등)에 최선을 다해야 한다고 해석합니다."

산아는 현마의 설명을 들으면서 천을귀인의 의미를 머릿속에 새겼다.

'일간에 따라서 천을귀인에 해당되는 글자가 달라진다. 그리고 천을귀인 관계가 되는 글자가 사주 8개 글자 안에 들어왔을 경우, 일단 그 글자의 십신(十神)이 무엇인지 확인하자. 비겁(比劫)인지, 식상(食傷)인지, 재성(財星)인지, 관성(官星)인지, 인성(印星)인지. 그렇게 확인한 십신(十神)에게 내가 도움을 받고 잘 될 가능성이 많다는 것이므로, 가능하면 그 십신이 가리키는 내용과 방향에 충실해야 한다.'

"또한 우리는 십신(十神)이 사람관계를 나타낸다고도 배웠습니다. 한 번

볼까요?"

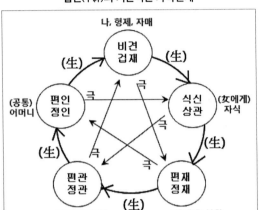

십신(十神)의 기본적인 가족관계

나, 형제, 자매

비견
겁재

(生)        (生)

(공통)        편인        식신        (女에게)
어머니        정인        상관        자식

(生)                (生)

편관        편재
정관        정재

(生)

(女에게) 남편        (男에게) 부인
(男에게) 자식        (공통) 아버지

현마는 강의실 모니터에 예전에 배운 십신(十神)의 기본적인 가족관계
표를 띄웠다.

"글자의 십신(十神)을 해석할 때 사회적인 의미로 해석할 수도 있지만,
가족관계를 나타낼 수도 있다고 했습니다. 따라서 두 가지 모두를 검토
해야 합니다. 경우에 따라 사회적으로나 가족관계상으로 모두 도움을 받
을 수 있지만, 한쪽에서만 천을귀인의 도움을 받을 수도 있습니다. 이것
을 기억하고 사주분석을 해야 합니다. 여성의 사주라고 가정해 보겠습니
다. 사주에 천을귀인이 있어서, 그 글자의 십신을 확인했습니다. 그랬더
니 식상(食傷)이었습니다. 즉, 식신(食神)이나 상관(傷官) 중 하나였다는 뜻
입니다. 처음에 설명했던 것처럼 식상(食傷)은 사회적으로 자신이 하는 일
을 나타내기에 다른 곳에 신경을 쓰지 말고 오로지 일에 전념해야 하는

것(외부로의 사회활동)이 좋다고 했습니다. 이것을 가족관계(인간관계)의 측면에서 살펴보면 여성에서 있어 식상(食傷)은 자식을 나타낸다고 했습니다. 자식이 천을귀인에 해당된다는 것은 자식이 나에게 많은 힘이 되어줄 것이라는 의미입니다. 그럼 어떻게 해야 할까요? 최선을 다해 자식을 키우는 것은 물론이고, 자식이 자신에게 조언을 할 경우 수용하는 것이 좋다고 분석할 수 있어야 합니다. 반대로 남성의 천을귀인 글자가 가족관계 중에서 부인(재성)을 가리킨다면 어떨까요? 부인이 그 남성에게 많은 힘이 된다는 것입니다. 부인을 존중하는 것은 물론이고, 부인의 의견을 많은 부분 수용해야할 것입니다."

사주분석에 대한 새로운 내용은 어려운 부분이 많았지만, 산아를 비롯한 학생들의 열의가 워낙 높아서 크게 문제가 되지는 않았다. 오히려 더 많이, 더 빨리 배우고 싶어했다. 산아는 그런 조급한 마음이 들 때마다 현마가 했던 말을 되새겼다.

'조화와 균형!'

산아는 빨리 미래예측사가 되고 싶었지만, 그보다는 정확한 사주분석을 할 수 있는 미래예측사가 되고 싶었다. 그러기 위해서는 차근차근 단계를 밟아야 할 것이라고 스스로를 다독였다.

"천을귀인도 다른 것과 마찬가지로 여러 가지 조건들을 함께 살펴야합니다. 보통 천을귀인은 원하는 바를 이룰 수 있도록 도움을 준다는 의미를 갖고 있습니다. 그래서 천을귀인을 상징하는 글자(십신)가 원래부터 나(일간)에게 좋은 역할을 하는 오행의 글자였다면 좋은 결과를 가져올 확률이 그만큼 높아집니다. 하지만 천을귀인을 상징하는 글자(십신)가 나(일간)에게 좋지 않은 역할로 사용될 경우에는 천을귀인이 가진 원래 능력보다 약해지거나, 아예 도움을 주지 못할 수도 있습니다."

# 지장간(地藏干)

    학생들은 강의 시작 시간이 한참 남았는데도 벌써 강의실에 모여 있었다. 이젠 거의 습관처럼 몸에 배어버린 토론을 하기 위해서였다. 이런 과정을 통해 그동안 배운 내용을 반복하고 또 반복하여 확실히 자기의 것으로 만들었다. 또한 자신이 공부하면서 스스로 터득하게 된 내용을 다른 학생들에게 알려주는 경우도 많아서 서로에게 큰 도움이 되었다.

    "전에 배웠던 방합(方合)을 다시 공부하면서 발견한 게 있는데, 어떤 오행이나 계절은 자신의 앞 계절의 시작점에서 생겨서 자신의 계절에 가장 왕성하고 다음 계절의 마지막 월에 마무리를 하게 되어 있다고 배웠잖아. 예를 들어 봄(목오행)을 한 번 볼까? 앞 계절 겨울의 시작인 해(亥)에서 시작해서 봄의 중앙(묘: 卯)에서 가장 왕성하다가 다음 계절인 여름의 미(未)에서 마무리돼. 그리고 가을에는 활동을 정지한 채, 기운을 비축하면서 휴식을 가지는 거야. 그런데, 목오행이 활동을 정지하고 휴식하게 되는 계절이 바로 가을이야. 가을은 금오행을 상징하잖아? 다시 말해서 자신과 극하는 관계의 계절에서 활동을 멈추고, 휴식의 시간을 갖는 모습을 보이고 있어. 이건 목오행(봄)뿐만 아니라 나머지도 마찬가지였어. 극을 하거나, 극을 당하는 관계의 오행을 나타내는 계절에서 활동을 멈췄어."

산아의 말을 들은 나머지 학생들은 호기심 어린 표정이 되었다. 산아는 미리 만들어 온 표를 학생들에게 나눠주고 설명을 계속했다. 학생들도 표를 보자 훨씬 쉽게 이해할 수 있었다.

| 오행 | 목오행 | | | 화오행 | | | 금오행 | | | 수오행 | | |
|---|---|---|---|---|---|---|---|---|---|---|---|---|
| 계절 | 봄 | | | 여름 | | | 가을 | | | 겨울 | | |
| 지지 | 인 寅 | 묘 卯 | 진 辰 | 사 巳 | 오 午 | 미 未 | 신 申 | 유 酉 | 술 戌 | 해 亥 | 자 子 | 축 丑 |

"화오행을 보면 앞 계절인 봄의 시작점 인(寅)에서 기운이 시작되면서 자신의 계절 중앙인 오(午)에서 가장 힘이 왕성해져. 그러다가 다음 계절인 가을의 마무리인 술(戌)에서 자신의 기운을 마무리해. 그리고 겨울에는 활동을 멈추고, 수렴하면서 에너지를 비축하기 위해 휴식시간을 갖게 되어 있어. 그런데 이 겨울이 바로 수오행이야. 화오행을 극하는 오행의 관계를 갖고 있지. 금오행은 화오행을 거쳐서 금오행, 수오행까지 활동하다가 목오행에서 활동을 멈추고 정지상태가 돼. 그런데 금오행과 목오행은 서로 극하는 관계야. 나머지 수오행을 보면 금오행에서 활동을 시작해서 자신의 계절인 겨울에 가장 활발하다가 목오행에서 활동을 마무리해. 그리고 화오행에서는 완전히 정지해. 이 두 오행 역시 서로 극하는 관계야."

산아의 설명에 나머지 학생들은 고개를 끄덕였다. 산아의 말처럼 내가 다른 오행을 극을 하거나, 혹은 극을 당하는 관계의 오행을 상징하는 계절에서는 더 이상 활동을 하지 않는 모습을 공통적으로 보이고 있었다. 산아는 이러한 공통적인 모습을 보면서 자신이 느낀 것을 말했다.

"지금 내가 말한 내용을 머릿속에 떠올리면 쉽게 방합(方合)을 이해할 수 있었어. 오행의 상생상극 관계에 대해서도 마찬가지였고."

현마가 강의실에 들어올 때까지 학생들은 서로에 대한 질문과 대답을 이어 나갔다. 학생들 모두 열심히 공부했기 때문에 다른 학생의 말을 쉽게 이해할 수 있었다. 또한 궁금한 사항이 비슷한 것도 알게 되었다. 현마가 강의실 안으로 들어왔다.

"이번 시간에 공부할 내용만 끝나게 되면 사주분석 방법에 대해 배우게 됩니다."

학생들의 표정이 순간적으로 진지해졌다. 그동안 배운 모든 내용은 사주분석을 하기 위한 준비과정이었다. 그런데 이제 사주분석 방법을 배우게 되었다는 현마의 말은 학생들의 가슴을 뛰게 만들었다. 드디어 미래예측사가 하는 본격적인 사주분석을 배우게 된 것이다. 물론 학생들은 아직도 갈 길이 멀었다는 것을 잘 알고 있었다. 하지만 자신이 간절히 원하는 길이었기에 아무리 멀어도 갈 자신이 있었다. 그 길의 끝에는 미래예측사가 된 자신이 서 있을 테니까. 현마는 학생들의 마음을 알기라도 하는 듯, 학생들을 바라보며 미소를 지었다. 자신도 모두 겪었던 과정이었다.

"지금부터 지장간(地藏干)에 대한 내용을 공부하려고 합니다. 지장간은 지지(地支) 속에 숨겨져 있는 천간(天干)의 기운이라는 의미입니다. 어떤 지지라도 각각 천간의 글자가 하나씩 짝지어져 있고, 그 천간에 따라 음양과 오행이 정해진다는 사실을 알고 있습니다. 그런데 그 천간 외에 지지

속에는 다른 천간의 글자가 들어있습니다. 그래서 숨겨진 천간이라는 말을 사용하는 것입니다. 그렇다면 왜 천간이 숨겨져 있는지를 알아봐야 합니다. 월(月)을 기준으로 설명하겠습니다. 지지에 들어오는 글자는 각 12개의 월(月)을 상징합니다. 또한 계절을 상징합니다. 그런데 어떤 월에서 다음 월로 바뀐다고 해서 기운이 순식간에 100% 바뀌지는 않습니다. 자연의 이치상 그럴 수는 없습니다. 월이 바뀐다고 해도 일단 초기의 얼마 동안은 지난 월의 기운이 남아 있습니다. 그러다가 점점 자신의 월에 해당하는 기운으로 바뀌면서 강해지는 것입니다. 우리가 알고 있는 지지를 나타내는 천간은 가장 강한 기운만을 나타냅니다. 하지만 지지 속에는 초반에는 전월의 기운이 남아 있음을 의미하는 글자가 들어있고, 점점 강해지는 중간 기운을 나타내는 글자가 두 번째로 자리 잡고 있으며, 마지막으로 가장 강한 글자(그 월을 상징하는 기운의 글자)가 들어있습니다. 다시 말해서 지지에는 딱 하나의 글자(천간)만 들어있는 것이 아니라 각 3개의 글자가 들어있습니다. 실제로는 들어있지만 밖으로 표시를 하지는 않기 때문에 숨긴다는 의미의 장(藏)이라는 글자를 써서 땅에 숨겨져 있는(묻혀있는) 천간의 기운이라고 부르는 것입니다. 표를 보겠습니다."

현마의 설명이 담긴 지장간표가 나타났다.

| 오행 | 목오행 | | | 화오행 | | | 금오행 | | | 수오행 | | |
|---|---|---|---|---|---|---|---|---|---|---|---|---|
| 계절 | 봄 | | | 여름 | | | 가을 | | | 겨울 | | |
| 지지 | 인寅 | 묘卯 | 진辰 | 사巳 | 오午 | 미未 | 신申 | 유酉 | 술戌 | 해亥 | 자子 | 축丑 |
| 지장간 초기 | 무戊 | 갑甲 | 을乙 | 무戊 | 병丙 | 정丁 | 무戊 | 경庚 | 신辛 | 무戊 | 임壬 | 계癸 |
| 지장간 중기 | **병丙** | - | 계癸 | **경庚** | 기己 | 을乙 | **임壬** | - | 정丁 | **갑甲** | - | 신辛 |
| 지장간 본기 | 갑甲 | 을乙 | 무戊 | 병丙 | 정丁 | 기己 | 경庚 | 신辛 | 무戊 | 임壬 | 계癸 | 기己 |

"각 세 글자를 부르는 이름이 있습니다. 초반에 나오는 글자는 전월(前月)의 기운이 남아있는 것이기 때문에, 나머지(남은)의 의미를 가진 여(餘)라는 글자를 붙여서 여기(餘氣)라는 말을 사용합니다. 또는 초반에 있는 기운이기 때문에 초기(初氣)라고도 합니다. 중간에 있는 기운은 순서에 의해 중기(中氣)라고 합니다. 마지막으로, 원래 그 월의 주인공인 글자는 정기(正氣)나 본기(本氣)라고 부릅니다. 우리는 앞으로 초기와 중기, 본기라는 말을 사용하겠습니다. 그리고 묘(卯)와 유(酉,) 임(壬)은 중기와 본기의 기운이 같습니다."

현마는 학생들에게 지장간표를 검토할 시간을 준 뒤, 다시 강의를 진행했다.

"다시 말해서 목오행의 인(寅)이라는 글자에 대해 우리는 갑(甲)이라는 천간만 떠올렸습니다. 하지만 실제로는 무(戊)라는 기운과 병(丙)이라는 기운도 함께 들어있습니다. 수오행의 해(亥)를 살펴볼까요? 지금까지는 임

(壬)이라는 수오행의 천간만 떠올렸지만 그 속에는 무(戊)와 갑(甲)이라는 천간의 기운도 들어있다는 것을 알게 되었습니다. 이제 이 지장간표에 담긴 원리를 살펴보겠습니다. 각 계절의 시작점에 있는 글자들의 맨 처음 초기(初氣)에는 앞 계절을 마무리하는 월(月)의 마지막 글자인 본기(本氣)가 오게 됩니다. 즉, 각 계절의 시작을 알리는 인(寅)과 사(巳), 신(申), 해(亥)의 초기는 모두 앞 계절 마지막 글자의 마지막 기운이 그대로 전해져 오는 것입니다. 계절의 마지막 글자는 당연히 토오행인 무(戊)나 기(己)가 됩니다(앞 계절의 기운을 흙으로 덮어서 없앤다는 이미지 상상: 화개). 계절의 마지막을 장식하는 토오행의 지지의 본기가 무(戊)나 기(己)이기 때문입니다. 이렇게 마무리되는 기운이 그대로 다음 계절 초기로 전해지게 됩니다. 다만, 음양을 맞추는 과정에서 무(戊)와 기(己)가 바뀌어 자리 잡기도 합니다. 이것을 다른 방향에서 생각해보면 목오행에서 화오행으로 계절이 바뀌는 것이나, 금오행에서 수오행으로 계절이 바뀌는 것은 운동방향이 같은 것(발산 혹은 수렴)으로 지장간 순환의 순서를 그대로 따라가도 무방합니다. 하지만 운동방향 자체가 달라지는 계절의 변화(발산에서 수렴, 혹은 수렴에서 발산이 되는 여름에서 가을, 겨울에서 봄)의 경우에는 그 앞 계절의 기운을 크고 두텁게 덮어주어야(기운을 없애기 위해) 합니다. 운동성 자체가 완전히 달라지는 큰 변화이기 때문입니다. 음의 기(己)가 아닌 큰 힘을 가진 양의 무(戊)가 필요한 이유입니다."

| 오행 | 목오행 | | | 화오행 | | | 금오행 | | | 수오행 | | |
|---|---|---|---|---|---|---|---|---|---|---|---|---|
| 계절 | 봄 | | | 여름 | | | 가을 | | | 겨울 | | |
| 지지 | 인寅 | 묘卯 | 진辰 | 사巳 | 오午 | 미未 | 신申 | 유酉 | 술戌 | 해亥 | 자子 | 축丑 |
| 초기 | 무戊 | 갑甲 | 을乙 | 무戊 | 병丙 | 정丁 | 무戊 | 경庚 | 신辛 | 무戊 | 임壬 | 계癸 |
| 중기 | 병丙 | - | 계癸 | 경庚 | 기己 | 을乙 | 임壬 | - | 정丁 | 갑甲 | - | 신辛 |
| 본기 | 갑甲 | 을乙 | 무戊 | 병丙 | 정丁 | 기己 | 경庚 | 신辛 | 무戊 | 임壬 | 계癸 | 기己 |

(지장간)

각 계절의 시작과 끝의 역할을 맡고 있는 토오행에 대한 설명과 그림이 강의실 모니터에 나타났다. 학생들은 현마의 설명을 기억하면서 표를 보았다. 처음에는 어려운 듯했지만, 현마의 설명을 듣고 규칙성(원리)을 알게 되자 쉽게 이해가 되었다.

| 오행 | 목오행 | | | 화오행 | | | 금오행 | | | 수오행 | | |
|---|---|---|---|---|---|---|---|---|---|---|---|---|
| 계절 | 봄 | | | 여름 | | | 가을 | | | 겨울 | | |
| 지지 | 인寅 | 묘卯 | 진辰 | 사巳 | 오午 | 미未 | 신申 | 유酉 | 술戌 | 해亥 | 자子 | 축丑 |
| 초기 | 무戊 | 갑甲 | 을乙 | 무戊 | 병丙 | 정丁 | 무戊 | 경庚 | 신辛 | 무戊 | 임壬 | 계癸 |
| 중기 | 병丙 | - | 계癸 | 경庚 | 기己 | 을乙 | 임壬 | - | 정丁 | 갑甲 | - | 신辛 |
| 본기 | 갑甲 | 을乙 | 무戊 | 병丙 | 정丁 | 기己 | 경庚 | 신辛 | 무戊 | 임壬 | 계癸 | 기己 |

(지장간)

나머지 글자들의 원리가 표시된 그림이 새롭게 나타났고, 현마의 설명이 첨가되었다.

"이 그림은 지장간 마지막에 들어있는 본기(本氣)가 다음 글자의 초기에 자리한다는 규칙성을 보여주는 그림입니다. 그리고 각 계절의 중앙에서 가장 왕성한 활동을 하고 있는 글자가 바로 자, 오, 묘, 유(子午卯酉)입니다. 이 중에서 자, 묘, 유는 모두 두 글자의 지장간을 가지고 있습니다. 두 글자 모두 자신이 속한 오행의 글자입니다. 그런데 오(午)는 병(丙), 기(己), 정(丁)으로 세 글자의 지장간을 가지고 있습니다. 양(+)의 성질을 가진 병(丙)은 가장 뜨겁고 가장 발산의 성질이 강력한 기운의 글자입니다. 음(-)의 성질을 가진 정(丁)과는 같은 화오행이지만 강도의 세기가 차이가 많이 난다고 봅니다. 따라서 중간에 토오행인 기(己)를 넣어 무리 없는 전환(초기에서 본기로 이동)을 할 수 있게 합니다. 이때 땅(기己)속에 열을 보관하여 겨울에 땅속에서 목오행의 싹(나무)이 움트는 것을 돕게 한다는 의미(참고사항)도 있다고 합니다. 이제 지장간 속에 담긴 4개 글자의 설명만 남겨두고 있습니다. 이것에 대한 표를 한 번 볼까요?"

| 오행 | 목오행 | | | 화오행 | | | 금오행 | | | 수오행 | | |
|------|------|------|------|------|------|------|------|------|------|------|------|------|
| 계절 | 봄 | | | 여름 | | | 가을 | | | 겨울 | | |
| 지지 | 인寅 | 묘卯 | 진辰 | 사巳 | 오午 | 미未 | 신申 | 유酉 | 술戌 | 해亥 | 자子 | 축표 |
| 지장간 초기 | 무戊 | 갑甲 | 을乙 | 무戊 | 병丙 | 정丁 | 무戊 | 경庚 | 신辛 | 무戊 | 임壬 | 계癸 |
| 지장간 중기 | 병丙 | - | 계癸 | 경庚 | 기己 | 을乙 | 임壬 | - | 정丁 | 갑甲 | - | 신辛 |
| 지장간 본기 | 갑甲 | 을乙 | 무戊 | 병丙 | 정丁 | 기己 | 경庚 | 신辛 | 무戊 | 임壬 | 계癸 | 기己 |

마지막으로 남은 4개 글자의 지장간에 대한 현마의 설명이 이어졌다.

"어떠한 계절이나 오행은 바로 자신의 계절에만 활동을 하는 것이 아닙니다. 자신의 계절에는 가장 왕성한 활동을 하는 것이고, 그러기 위해서는 그보다 훨씬 전에 기운이 생성되어야 합니다. 그림에서 보는 것처럼 화오행의 시작은 앞 계절인 봄의 시작점(寅) 중기에서 생성됩니다. 씨앗 정도의 힘으로 그야말로 시작하는 단계입니다. 금오행의 시작은 앞 계절인 여름의 시작점(巳) 중기에서 생성됩니다. 금오행을 열매로 비유하기도 하는데, 여름의 사(巳)월의 중기에 열매가 시작된다고도 설명합니다. 그때의 열매는 아주 작아서 별 가치는 없습니다. 하지만 시작되었다는 자체가 중요한 것입니다. 여름을 지나면서 점점 커지면서 가을에는 수확할 단계가 되는 것입니다. 수오행의 시작은 앞 계절인 가을의 시작점(庚) 중기에서 생성됩니다. 물이 만들어질(모이게 될) 시작을 의미합니다. 목오행의 시작은 앞 계절인 겨울의 시작점(亥) 중기에서 생성됩니다. 봄에 피어날 꽃이나 나무의 싹이 이미 겨울 땅속에서 준비를 기다리고 있다는 것으로 이해하면 되겠습니다. 그럼 한 번 생각해 볼까요? 이 4개 글자에 대한 설명을 듣고 혹시 생각나는 것이 있나요?"

산아의 대답이 이어졌다. 현마의 말을 듣는 내내 생각하고 있던 내용이었다.

"전에 설명해 주셨던 삼합(三合)이 생각납니다. 각 오행(계절)은 앞 계절의 시작 월(月)에서 생성되어 자신의 오행(계절) 중앙 월(月)에서 가장 강해지며, 다음 오행(계절)의 마지막 월(月)에서 마무리되어 그다음 계절에는 활동을 정지하고 수렴과 휴식을 하면서 다음 계절을 기다리게 됩니다."

현마가 원하는 대답이었다.

"맞습니다. 삼합(三合)을 배울 때 오행 혹은 계절이 생성되는 것을 설명했는데, 바로 이 4개의 글자가 그것을 상징하고 있습니다. 지장간에 대해서 계속 알아보겠습니다. 사주분석을 할 때는 하나의 월(月)을 30일로 계산합니다. 따라서 30일을 세 글자가 나눠서 갖게 됩니다. 나눠서 갖게 된다는 것은 각 글자의 기운이 미치는 일(日)의 숫자를 의미합니다. 당연히 본기(本氣)가 가장 많은 일수(日數)를 갖게 됩니다."

현마는 각 글자들의 초기, 중기, 본기 일수(日數) 분배표를 보여주었다.

| 구분 | 계절의 시작점 | 계절의 중앙 | | 계절의 마지막 |
|---|---|---|---|---|
| 해당 글자 | 인, 신, 사, 해<br>寅, 申, 巳, 亥 | 자, 묘, 유<br>子, 卯, 酉 | 오<br>午 | 진, 술, 축, 미<br>辰, 戌, 丑, 未 |
| 초기(初氣) | 7일 | 10일 | 10일 | 9일 |
| 중기(中氣) | 7일 | 20일 | 10일 | 3일 |
| 본기(本氣) | 16일 | | 10일 | 18일 |

현마의 말대로 그 글자의 원래 기운을 상징하는 본기가 월등히 많은 비중을 차지했다.

"지장간을 응용하는 방법은 다음과 같습니다. 같은 인월(寅月)에 태어났더라도 7일 이전에 태어난 사람과 16일 이후에 태어난 사람은 지장간의 글자가 다르기 때문에, 사주분석에도 각각 다르게 적용하는 것입니다. 7일 이전은 무(戊)를 적용하여 토오행으로 보는 것이며, 16일 이후는 원래

인(寅)의 천간 그대로 갑(甲)을 적용하여 목오행으로 보는 것입니다. 미래 예측사에 따라서는 이렇게 세분화해서 분석을 하는 사람도 있고, 본기(本氣)만을 분석하는 사람도 있습니다. 본기만으로 분석하더라도 지장간을 참고는 해야 합니다. 단순히 지지(地支)만 봤을 때(본기만 봤을 때)는 없었던 십신(十神)이라도 지장간 안에는 있을 가능성이 있기 때문입니다. 그렇게 되면 그 십신과 내가(일간) 어느 정도는 관련성이 있는 것으로 분석할 수 있습니다. 보통 겉으로 드러난 지지(地支)에 특정 오행(십신)이 없을 경우에 실시하는 방법입니다. 예를 들어서 여성의 경우 가족관계를 볼 때 관성을 배우자로 봅니다. 그런데 겉으로 드러난 지지의 글자들(본기)에는 관성이 없어도 지장간 안에는 초기나 중기의 위치에 관성이 있을 수 있습니다. 이럴 경우 약하기는 해도 배우자의 인연(결혼)이 있다고 분석하게 됩니다."

'본기(本氣)는 지지(地支)의 글자만 봐도 쉽게 알 수 있지만, 그것만으로는 어떤 글자(십신)가 완전히 없다고 판단할 수는 없겠구나. 없는 글자는 지장간 속에서 찾아볼 필요가 있겠어. 그래야 좀 더 정확하게 분석할 수 있어.'

현마는 지장간 강의를 마무리했다.

"만일 지장간까지도 없다면, 그 글자(십신)와 사주 주인공은 인연이 없는 것으로 판단합니다. 물론 나중에 배울 운(運)이라는 것에서 그 글자가 들어온다면 관련이 있을 수도 있지만, 운(運)과는 별도로 태어날 때 갖게 된 사주 8개 글자 안에 없는 글자(십신)는 보통 자신의 인생에서 연결되기 힘든 것으로 분석합니다. 오늘 배운 지장간은 암기 전에 먼저 그 원리와 규칙성을 이해해야 합니다. 물론 만세력 어플리케이션을 이용하면 지지의 글자 아래에 지장간이 모두 표시됩니다. 그렇게 하면 어렵지 않게 지장간을 알 수 있고, 사주분석에도 이용할 수 있습니다. 하지만 규칙성을 알고 있는 것과 없는 것은 응용에 있어서 차이가 크다는 점을 꼭 기억하세요."

# 일간(日干)의 강약(强弱)

　지난 시간에 배운 지장간(地藏干)에 대한 내용은 결코 쉽지는 않았지만 중요도가 있는 부분이었다. 그렇기 때문에 학생들 모두 그 원리를 이해하기 위해 많은 시간을 투자했다. 첫 번째 반복할 때보다는 두 번째가, 두 번째보다는 세 번째 반복할 때 훨씬 쉽게 이해되었다. 또한 자연스럽게 암기되는 경우도 많았다.

　"본격적인 사주분석 공부를 하게 되었습니다. 물론 지금까지 공부한 것도 당연히 중요한 내용이었습니다. 앞으로는 지금까지 공부한 것을 어떻게 사주분석에 응용하는지를 배워보는 시간이 될 것입니다."

　현마의 묵직한 목소리가 강의실에 울렸다. 학생들의 눈빛이 그 어느 때보다 반짝거렸다.

　"어떤 사람의 사주를 분석하여 미래를 예측하고, 그 사람에게 좋은 기운을 찾아내서 조언하는 것이 미래예측사의 역할입니다. 여기서 중요한 것은 그 사람에게 좋은 기운을 찾아내야 한다는 것입니다. 이미 흘러가 버린 과거보다는 미래가 중요합니다. 그렇다고 해서 과거를 무시하라는 것이 아닙니다. 사주분석에서도 과거에 대한 분석은 중요합니다. 특히 좋지 않았던 때(과거)의 오행이나 십신 분석은 필수적인 요소입니다. 시간은 흐르게 되어 있고, 이 시간과 함께 오행은 순환을 계속하게 됩니다. 그렇게 되면 좋지 않았던 과거와 같은 기운을 다시 만날 수밖에 없습니다. 그렇기 때문에 과거에 대한 분석도 필요합니다. 이제 본 수업을 시작하겠습니다. 사주 8개 글자 중에서 일간(日干)이 사주분석을 의뢰한 본인을 나타낸다고 했습니다. 곧 일간이 그 사주의 주인공입니다. 일간을 분석하는 것은 바로 그 사람을 분석하는 일입니다. 먼저 일간의 강약(强弱)을 알아야 합니다. 왜냐하면 사주의 균형을 맞추기 위해서입니다. 강한 것이나 약한 것 모두를 사주분석에서는 좋지 않게 판단합니다. 균형이 잡힌 사주를 좋은 사주로 판단합니다. 일간이 강하다는 것은 일간과 같은 기운의 오행이 많다는 의미입니다. 같은 기운이라는 것은 같은 편이기 때문에 내게는 힘이 됩니다. 누군가가 나를 공격하려고 해도 내 편이 주위에 많으면 쉽게 나를 공격할 수 없습니다. 그런 경우를 일간이 강하다고 합니다. 그렇다면 일간이 강한 경우는 어떤 경우일까요? 두 가지가 있습니다. 첫 번째는 나와 같은 오행의 글자들이 많을 때입니다. 내가(일간) 목오행인데 목오행의 글자들이 많다면, 내 편이 많은 것이므로 이럴 경우 일간이 강하다고 표현합니다. 일간을 다른 글자들이 어떻게 할 수 없다는 것입니다. 두 번째는 나를 도와주는 오행의 글자가 많을 때입니다. 나를 도와준다는 것은 무슨 의미일까요?"

세라가 대답했다.

"오행의 상생관계를 말합니다. 즉, 나를 생(生)해주는 오행의 글자가 있으면 자신의 힘을 빼서 그 힘을 일간인 나에게 줍니다. 일간의 입장에서는 힘을 받았기 때문에 힘을 받은 만큼 강해지는 것입니다."

세라의 대답을 듣는 내내 현마는 고개를 끄덕였다. 세라의 성격답게 정확한 표현이었다.

"그렇습니다. 나를 생해주는 글자가 있으면 나는 그 글자로부터 힘을 받아서 강해지게 됩니다. 결국 일간이 강하다는 것을 사주에서 판단하는 방법은, 전체 글자 중에 나와 같은 오행의 글자가 몇 개인지와 나를 생해주는 글자가 몇 개인지를 확인하면 됩니다."

학생들은 일간이 강하게 될 수 있는 두 가지 경우에 대한 설명을 머릿속에 새겨 넣었다. 그런 학생들을 향해 현마의 질문이 이어졌다.

"그렇다면 반대로 일간(나)을 약하게 하는 오행 관계는 어떤 것이 있을까요?"

현마의 질문에 대한 답은 이미 학생 모두가 알고 있었다. 이번에는 여러 명이 대답을 했다.

"나를 극하는 오행과 내가 극하는 오행이 있을 경우에 일간(나)은 약해집니다. 왜냐하면 오행관계에 있어서 극을 하거나, 극을 받는 오행 관계의 경우 양쪽 모두 자신의 에너지를 소비하므로 둘 다 약해지기 때문입니다."
"그리고 하나 더 있습니다."

현마와 학생들의 시선이 소니를 향했다.

"내가 생(生)하는 오행이 있을 경우입니다. 내가 다른 오행을 생해줄 경우 다른 오행은 내가 전해준 에너지를 받아 더 강해지지만, 힘을 전해준 나(일간)는 힘이 빠집니다."

소니는 여명이 놓친 하나의 답을 찾아 대답했다. 현마는 새로운 그림을 학생들에게 보여주며 설명했다.

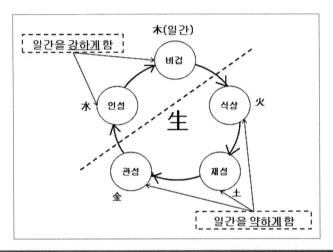

| 일간을 <u>강하게</u> 만드는 요소 | | 일간을 <u>약하게</u> 만드는 요소 | |
|---|---|---|---|
| 1. 나와 같은 오행 | 비겁(比劫)<br>비견 겁재 | 1. 나를 극하는 오행 | 관성(官星)<br>편관 정관 |
| 2. 나를 생해주는 오행 | 인성(印星)<br>편인 정인 | 2. 내가 극하는 오행 | 재성(財星)<br>편재 정재 |
| | | 3. 내가 생하는 오행 | 식상(食傷)<br>식신 상관 |

"맞습니다. 여명과 소니가 말한 그 세 가지 경우에 일간(나)은 약해집니다. 첫 번째 나를 극하는 오행이 있는 경우, 두 번째 내가 극하는 오행이

있는 경우, 그리고 마지막으로 세 번째 내가 생하는 오행이 있는 경우입니다. 이렇게 세 가지 경우에 일간은 약해집니다. 지금까지의 설명을 종합해보겠습니다. 비겁(比劫: 비견과 비겁)과 인성(印星: 편인과 정인)은 일간을 강하게 합니다. 비겁은 일간과 같은 오행으로 나와 같은 내가 많아진다는 의미입니다. 또한 인성은 일간을 생해주기 때문에 일간을 강하게 합니다. 반대로 나를 극하는 관성이나 내가 극하는 재성, 그리고 내가 생해주어야 하는 식상은 나의(일간) 에너지를 소모하게 만들기 때문에 일간을 약하게 합니다."

산아는 마음속으로 일간을 강하게 하거나 약하게 하는 오행 관계를 정리했다.

'비겁(比劫)은 나와 같은 오행이기 때문에 마치 똑같은 내가 여러 명 있는 것과 같아서 내 편이 많은 것이다. 이것은 내가 강한 것과 같다. 또 하나, 인성(印星)이라는 십신(十神)이 있을 경우, 인성은 나를 생해준다. 즉, 인성이 가진 힘이 내게로 전달되어 오기 때문에 나의 힘이 강해진다. 따라서 비겁이 많을수록, 인성이 많을수록 나는(일간) 강해진다. 반대로 내가(일간) 극하는 오행(재성)이 있거나, 나를 극하는 오행(관성)이 있을 경우, 나의 에너지가 소비되어 나는 약해진다. 마지막으로 내가 생해주는 오행(식상)이 있을 때에도 나의 힘을 빼서 도와주는 것이므로 나는 약해진다.'

현마의 다음 설명이 이어졌다.

"지금까지 사주 당사자를 나타내는 일간이 강하게 되는 조건과 약하게 되는 조건을 살펴보았습니다. 그 결과, 일간은 다른 십신(十神)들의 배치에 의해 강약의 정도가 정해지는 것을 알게 되었습니다. 사주를 분석할 때 일간과 같은 오행의 글자가 많거나, 일간을 생해주는 오행의 글자가 많은 경우에 일간이 강하게 됩니다. 이런 사주의 형태를 **신강(身强)한 사주**라고 합니다. 반대로 일간이 약한 사주를 **신약(身弱)한 사주**라고 합니다. 신강하다거나 신약한 것은 일간이 강하고 약한 것에 의해 붙여진 이름으로 일종의 스타일이나 타입으로 생각하면 됩니다. 신강하다고 해서 좋은 것이 아니고, 신약하다고 해서 나쁜 것이 아니라는 의미입니다. 단지 형태가 그렇다는 것입니다. 이 표를 볼까요?"

| 시주 時柱 | 일주 日柱 | 월주 月柱 | 연주 年柱 |
|---|---|---|---|
| 경(庚) | **갑(甲)** | 정(丁) | 갑(甲) |
| 인(寅) | 오(午) | 묘(卯) | 자(子) |

사주 8개 글자를 표시한 것이었다.

"이 사주의 주인공은 일간인 갑(甲)입니다. 일간인 갑이 신강한지 신약한지 각자 앞에 놓인 종이 위에 적어보세요. 그리고 모두 작성한 사람은 그 내용을 발표해 보세요."

본격적인 사주분석이 시작되었다고 생각하자, 산아는 조금 긴장이 되었다. 숨을 한 번 내쉰 뒤, 표를 보면서 자신의 앞에 놓인 종이에 분석한 내용을 적어 나갔다. 먼저 각 글자들이 속하는 오행을 표시하고, 그다음으로 일간(갑)과의 상생, 상극 관계(십신)를 표시했다.

| 시주 時柱 | 일주 日柱 | 월주 月柱 | 연주 年柱 |
|---|---|---|---|
| 경(庚)<br>→ 금오행 | 갑(甲) | 정(丁)<br>→ 화오행 | 갑(甲)<br>→ 목오행 |
| 인(寅)<br>→ 목오행 | 오(午)<br>→ 화오행 | 묘(卯)<br>→ 목오행 | 자(子)<br>→ 수오행 |

| | |
|---|---|
| 갑과 같은 오행: 갑, 인, 묘 | **비겁 3개** |
| 갑을 생해주는 오행: 자 1개 | **인성 1개** |
| 갑을 극하는 오행: 경 | **관성 1개** |
| 갑이 극하는 오행: 없음 | **재성 0개** |
| 갑이 생하는 오행: 정, 오 | **식상 2개** |

| 일간을 강하게 만드는 요소 | | 일간을 약하게 만드는 요소 | |
|---|---|---|---|
| 1. 비겁<br>(나와 같은) | 3 | 1. 관성<br>(나를 극하는) | 1 |
| 2. 인성<br>(나를 생하는) | 1 | 2. 재성<br>(내가 극하는) | x |
| | | 3. 식상<br>(내가 생하는) | 2 |

세라가 가장 먼저 손을 들고 자신의 작성한 표를 읽어 나갔다.

"이 사주의 경우 일간은 갑(甲)이며 목오행입니다. 전체를 살펴보면 일간과 같은 목오행은 3개(갑, 인, 묘)이고, 목오행을 생해주는(도와주는) 수오행이 1개(子) 있습니다. 일간과 같거나 도와주는 오행이 모두(**일간 포함**) 5개입니다. 전체 글자 8개 중에서 60%가 넘는 비율을 차지하고 있습니다. 따라서 신강(身强)하다고 판단할 수 있습니다."

현마는 세라의 대답이 끝나고, 다시 학생들에게 질문을 했다.

"세라의 말처럼 이 사주는 신강한 사주가 맞습니다. 그럼 여기서 다시 질문을 하나 하겠습니다. 신강하다와 신약하다의 기준은 무엇일까요? 비겁과 인성이 합쳐서 몇 개가 되어야, 혹은 몇 퍼센트가 되어야 신강하다고 할 수 있을까요?"

학생들은 쉽게 대답하지 못했다. 어느 정도의 대답들은 생각하고 있었지만 확신이 없었다. 현마의 설명이 이어졌다.

"어느 정도의 세력(비겁＋인성)이 되어야 강한가에 대한 기준은 필요합니다. 그런데 사실 신강, 신약의 판단을 단순히 퍼센트나 글자의 수(몇 개인지)로 정하는 데에는 어려움이 있습니다. 사주라는 것이 그렇게 단순하지만은 않기 때문입니다. 어쨌든 기준이 있어야 신강, 신약을 판단할 수 있고, 그래야만 나중에 배울 용신(用神: 좋은 역할을 하는 오행)을 찾을 수 있습니다. 그렇기 때문에 기준을 알아보겠습니다. 사주는 일간을 포함해서 모두 8개의 글자입니다. **앞으로의 계산식은 모두 일간을 포함하겠습니다.** 일간과 같은 오행(일간 포함)과 인성이 합쳐서 4개 이상이면 정확하게 50%를 차지한 것입니다(8개 글자 중 4개). 따라서 일간과 같은 오행(일간 포함)과 인성을 합쳐서 5개 이상이 되면 60%가 넘는 비율이 되기 때문에 확실히 신강한 사주가 된다고 볼 수 있습니다. 그런데 여기서 꼭 기억해야 하는 것이 있습니다. 바로 **월지(月支)**에 관한 것입니다. 왜 그럴까요?"

현마의 말을 이어 산아가 대답했다.

"사주분석은 계절의 영향력을 중요하게 생각하는데, 바로 월(月)이 계절의 영향력과 직접적인 관련이 있는 글자입니다. 따라서 사주 분석을 하는 데 있어서 가장 영향력이 큰 글자가 바로 월지입니다."

"맞습니다. 월지의 영향력이 가장 크기 때문에 월지는 나머지 일곱 글자보다 더 큰 힘(40~50% 이상)을 갖고 있다고 간주합니다. 따라서 월지의 자리에 비겁이나 인성이라는 십신이 있어서 일간과 같은 편이 되는 경우 영향력은 더 커지게 됩니다. 일간과 같은 오행(일간 포함)이 4개라면 50%라고 했지만, 그 4개 속에 월지가 포함되면 50%를 넘는 비율이 되기 때문에 신강하다고 판단합니다. 만일 월지를 같은 편(비겁이나 인성)으로 끌어들이지 못했다면 일간을 포함하여 5개 이상 되어야 신강하다는 판단을 할 수 있습니다. 월지의 영향력은 생각보다 훨씬 큰 것임을 언제나 기억하고 있어야 합니다. 또한 실제 사주분석 시에는 지장간이나 조후 등의 기타 사항들까지 여러 가지를 고려해야 합니다. 하지만 지금 설명한 것처럼 글자의 수를 이용하여 신강, 신약을 판단하여도 문제가 되지는 않습니다. 왜냐하면 용신(필요한 오행)을 찾았다고 해서 그것을 바로 미래에 대한 예측에 사용하지는 않습니다. 그것이 과연 용신이 맞는지를 과거의 궤적(과거의 시간)과 비교해봐야 하기 때문입니다. 과거의 좋고 나쁨이 분명했던 시기와 비교해서 확실한 용신(좋은 역할의 오행)이라는 확신을 할 수 있어야 합니다. 그 과정을 통과한 경우에만 미래를 예측하는 데 적용하여 사용하게 됩니다. 만일, 과거의 궤적과 맞지 않을 경우에는 다른 판단을 내려야만 합니다. 따라서 신강, 신약의 판단은 차라리 시간적으로 빨리 결정하는 것이 유리할 수도 있습니다. 어차피 다시 검증작업을 하기 때문입니다. (신약, 신강 판단을 빠르게 하는 것이 나은 이유는 과거 궤적과 비교할 용신을 빨리 찾을 수 있다는 장점 때문입니다. 그렇게 찾은 오행이 용신이 아닐 경우, 다른 오행을 용신으로 대체해서 다시 비교해보면 됩니다.) 지금 이 설명에 대한 이해가 어려울 수 있지만, 뒤에서 배울 용신(用神: 필요한 기운) 시간에 자세히 배우게 됩니다. 다시 표를 보겠습니다. 표를 보면 월지를 얻었다는 표현이 있는데, 이것은 월지가 일간과 같은 오행이거나 일간을 생해주는 오행이라는 의미(월지가 일간과 같은 편이라는 의미)입니다. 그리고 총 글자 수에는 항상 일간이 포함됩니다."

| 신강<br>(身强) | 월지를 얻었을 경우<br>(월지가 일간과 같은 편) | 총 글자 수<br>4개 이상 |
| --- | --- | --- |
| | 월지를 얻지 못했을 경우<br>(월지가 일간과 다른 편) | 총 글자 수<br>5개 이상 |
| 신약<br>(身弱) | 월지를 얻었을 경우<br>(월지가 일간과 같은 편) | 총 글자 수<br>3개 이하 |
| | 월지를 얻지 못했을 경우<br>(월지가 일간과 다른 편) | 총 글자 수<br>4개 이하 |
| *총 글자 수에는 항상 **일간**을 포함합니다.* | | |

현마는 표를 가리키면서 신강과 신약에 대한 기준을 설명했다.

"더 간단하게 표현하자면 전체 8개 중에서 4개가 50%이기 때문에 내 편이 5개 이상이 되면 신강한 사주라고 할 수 있고, 4개 이하부터는 신약한 사주라고 할 수 있습니다. 다만, 영향력이 강력한 월지가 포함된다면 5개가 아닌 4개부터 신강한 사주라고 할 수 있습니다. 그럼 다음 표를 보고 일간이 신강한지, 신약한지를 판단해 볼까요?"

| 시주 時柱 | 일주 日柱 | 월주 月柱 | 연주 年柱 |
| --- | --- | --- | --- |
| 무(戊) | **경(庚)** | 정(丁) | 갑(甲) |
| 오(午) | 인(寅) | 묘(卯) | 신(申) |

학생들은 현마가 제시한 표를 보면서 신강, 신약의 판단에 들어갔다.

'가장 먼저 각 글자의 오행을 분석하자. 그다음에 일간인 금오행의 경
(庚)과 같은 편인지 확인이 필요해. 같은 편은 나와 같은 오행인 비겁이거
나, 나를 생해주는 인성이야. 그다음에 나를 포함해서 우리 편의 숫자가
얼마인지 세어보는 거야. 만약 월지가 우리 편이라면 나를 포함해서 4개
이상만 되면 신강한 사주가 되는 것이고, 월지를 같은 편으로 끌어들이
지 못했다면 최소 5개 이상 되어야 신강한 사주라고 할 수 있어.'

산아는 일간이 신강한 기준과 신약한 기준을 되새기며 현마가 낸 문제
를 풀어 나갔다. 산아는 자신이 표시한 사주의 내용을 보면서 말했다.

| 시주 時柱 | 일주 日柱 | 월주 月柱 | 연주 年柱 |
|---|---|---|---|
| 무(戊) → 戊 | 경(庚) → 金 | 정(丁) → 火 | 갑(甲) → 木 |
| 오(午) → 午 | 인(寅) → 木 | 묘(卯) → 木 | 신(申) → 金 |

"위에 예시된 사주에서 일간은 경(庚)으로 금오행입니다. 금오행은 일간
을 포함하여 2개(경庚, 신申)이고 금오행을 생해주는(도와주는) 토오행은 1개
(무戊)입니다. 일간을 포함하여 같은 편은 3개입니다. 기준에 미달하였고,
이 경우 신약(身弱)으로 판단합니다."

산아의 판단내용은 간결하면서도 정확했다. 현마는 다른 사주를 제시
하며 신강, 신약 여부를 판단하라고 학생들에게 얘기했다.

| 시주 時柱 | 일주 日柱 | 월주 月柱 | 연주 年柱 |
|:---:|:---:|:---:|:---:|
| 무(戊) | **임(壬)** | 임(壬) | 갑(甲) |
| 오(午) | 인(寅) | 자(子) | 신(申) |

짧은 시간이었지만 여러 번 문제를 풀어봤기 때문인지 학생들은 어렵지 않게 답을 찾을 수 있었다. 여명이 문제에 대한 답을 말했다.

| 시주 時柱 | 일주 日柱 | 월주 月柱 | 연주 年柱 |
|:---:|:---:|:---:|:---:|
| 무(戊) → 토 | **임(壬) → 수** | 임(壬) → 수 | 갑(甲) → 목 |
| 오(午) → 화 | 인(寅) → 목 | 자(子) → 수 | 신(申) → 금 |

"위에 예시된 사주에서 일간은 임(壬)으로 수오행입니다. 수오행은 일간을 포함하여 3개(임壬, 임壬, 자子)이고 수오행을 생해주는(도와주는) 금오행은 1개(신申)입니다. 일간을 포함하여 같은 편은 4개입니다. 하지만 4개라도 월지(자子)를 얻었기 때문에 신강(身强)이라고 판단할 수 있습니다."

다른 학생들 또한 여명과 같은 결론을 내렸다. 현마가 생각할 때 이제 학생들은 일간의 신강, 신약 판단에는 문제가 없어 보였다. 현마는 다른 각도에서 말을 꺼냈다.

"어떤 사람들은 신강한 사주가 좋은 사주라고 하는 분들도 있습니다. 하지만 신강한 사주가 항상 좋은 것도 아니고 신약한 사주가 항상 나쁜 것도 아닙니다. 다양한 사주 배열 중의 하나일 뿐입니다. 다른 의미에서 보면, 신강하다는 것은 일간과 같은 오행이나 일간을 생하는 오행으로 **편중**되어 있음을 의미합니다. 이렇게 되면 사주 내에 다른 오행이 들어오지 못할 확률이 높아질 수밖에 없습니다. 사주 8개 글자 중에 일간과 같은 편들이 자리를 다 차지하고 있어서, 다른 오행이 들어올 자리가 없기 때문입니다. 오행이 골고루 들어와야 이상적인 형태이며, 오행의 상생상극 작용이 훨씬 원활하게 이뤄질 수 있습니다. 그렇게 오행이 골고루 들어오게 되면 신약의 형태로 될 가능성이 당연히 높아집니다. 일간과 같은 편으로 편중되지 않았기 때문에 그 자리에 다른 오행들이 들어올 수 있기 때문입니다. 따라서 단순히 일간의 신강이나 신약만 놓고 사주가 좋고 나쁘고를 판단하는 것은 무리가 있습니다. 실제로 상담을 해보면 일간이 신약한 구조가 조금 많은 편이었습니다. 또한 사회적으로 성공한 이들의 사주도 비슷한 양상을 띠고 있다고 알고 있습니다. 결론적으로 사주의 형태가 신강인지 신약인지가 결정적인 요인이 아니라, 뒤에서 배울 운의 흐름(대운, 세운)과의 조화가 중요하다고 하겠습니다."

| 구분 | 내용 | 같은 음양 | 다른 음양 | 통칭 |
|---|---|---|---|---|
| 많으면 **신강** | 일간과 같은 오행 | 비견(比肩) | 겁재(劫財) | 비겁(比劫) |
| | 일간을 생해주는 오행 | 편인(偏印) | 정인(正印) | 인성(印星) |
| 많으면 **신약** | 일간이 생해주는 오행 | 식신(食神) | 상관(傷官) | 식상(食傷) |
| | 일간이 극하는 오행 | 편재(偏財) | 정재(正財) | 재성(財星) |
| | 일간을 극하는 오행 | 편관(偏官) | 정관(正官) | 관성(官星) |

현마는 일간의 신강과 신약의 판단 기준이 되는 십신(十神)표를 학생들에게 나눠주었다. 현마가 직접적으로 설명을 하지는 않았지만, 시간이 날 때마다 보면서 공부하라는 의미였다.

"우리는 일간이 신강한지, 신약한지 판단하는 방법을 공부했습니다. 이

것을 공부한 이유는 조화와 균형의 원리에 따라 각각의 사주에 좋은 역할을 하는 오행의 글자를 찾기 위해서입니다. 일간이 이미 충분히 신강한데 더 힘을 실어주는 글자(같은 편: 비겁, 인성)가 온다면 좋지 않은 것으로 판단합니다. 이때는 힘을 효과적으로 빼줄 수 있는 글자가 오는 것을 좋게 봅니다. 또한 일간이 이미 많이 신약한데 더 힘을 빼는 글자(식상, 관성, 재성)가 오면 남은 힘마저 뺏어가기 때문에 좋지 않은 것으로 판단합니다. 이때는 약한 일간에게 힘을 실어줄 수 있는 글자(같은 편: 비겁, 인성)가 좋은 것으로 판단하게 됩니다. 이렇게 각각 일간의 힘을 빼거나, 일간에게 힘을 보태줘서 좋은 역할을 하는 글자(오행)를 **용신(用神)**이라고 합니다. 조화를 맞추기 위해서 필요한 신(神)이라고 생각하면 무방합니다. 이러한 용신을 생해주는 글자를 **희신(喜神)**이라고 하며, 이 역시 일간에게 도움이 됩니다. 왜냐하면 일간에게 좋은 역할을 하는 용신에게 힘을 보태주기 때문입니다. 반대로 일간에게 좋지 않은 역할을 하는 글자(오행)를 **기신(忌神)**이라고 합니다. 꺼릴 기(忌)라는 한자를 사용하는데, 말 그대로 오는 것을 꺼린다는 의미입니다. 그만큼 일간에게 도움이 되지 않는다고 보면 됩니다. 이런 기신을 생해주는 글자를 **구신(仇神)**이라고 합니다. 이때의 구(仇)는 한자로 원수의 의미가 있습니다. 일간에게 좋지 않은 역할을 하는 기신을 생해주는(도와주는) 기신 또한 일간에게는 나쁜 역할을 하는 글자(오행)입니다. 마지막으로 **한신(閑神)**이 있습니다. 이것은 때로는 좋은 역할을, 때로는 좋지 않은 역할을, 또 때로는 아무런 역할이 없는 글자(오행)를 지칭합니다. 글자 자체는 '한가하다'라는 의미를 담고 있습니다."

학생들은 이제 자신들이 본격적인 사주분석을 하는 단계까지 진입했음을 마음속에서부터 체감했다. 공부하는 내용이 이전과는 뭔가 다른 느낌이었다. 그만큼 미래예측사라는 꿈에 가까워졌다는 것도 함께 느끼고 있었다.

# 용신(用神) 찾기

지난 시간에 공부한 일간의 신강(身强)과 신약(身弱)에 대한 판단력을 높이기 위해 학생들은 가상의 사주를 놓고 반복해서 연습을 했다. 학생들은 현마로부터 사주분석에 대해 더욱 많은 내용을 배우고 싶었다. 현마 또한 그런 학생들의 마음을 너무도 잘 알았다. 자신이 알고 있는 모든 내용을 가르쳐주기 위해 노력했다.

'어떻게 하면 좀 더 쉽게 이해할 수 있을까? 어떻게 하면 좀 더 많은 내용을 가르쳐 줄 수 있을까?'

현마의 모든 강의는 학생들에 대한 애정으로부터 나왔다고 해도 과언이 아니었다. 또 다른 날이 찾아왔고, 현마의 강의는 새로운 내용이 담겨 있었다.

"지난 시간에는 사주를 보고 일간이 신강한 사주인지, 아니면 신약한 사주인지를 판단하는 방법에 대해 공부했습니다. 그런 판단을 하는 이유는 용신(用神)을 찾기 위해서라고 했습니다. 용신(用神)이 어떤 것이라고 했나요?"

현마가 말한 내용을 거의 외우고 있는 세라가 대답했다.

"일간에게 좋은 역할을 하는 글자(오행)라고 하셨습니다."

"맞아요. 용신은 해당 사주에 도움이 되는 글자(오행)를 의미합니다. 예를 들자면 목오행이 필요한 사주가 있다고 가정하면, 목오행에 해당하는 글자(갑甲, 을乙, 인寅, 묘卯)가 바로 용신이 됩니다. 화오행이 용신일 경우에는 당연히 화오행에 해당하는 글자(병丙, 정丁, 사巳, 오午)가 용신이 되는 것입니다. 용신을 찾아야 하는 이유는 여러 가지가 있겠지만, 가장 중요한 이유는 앞으로 다가올 수십 년의 해(年) 중에서 어떤 때가 좋을 것인지, 나쁠 것인지를 예측하기 위해서입니다. 용신의 글자가 들어있는 해가 좋은 시기이며, 좋은 결과가 있을 가능성이 높다고 예상할 수 있습니다. 반대로 좋지 않은 기운의 글자가 들어있는 해가 온다면, 미리 준비하고, 조심해서 나쁜 결과를 최소한으로 할 수 있도록 해야 합니다. 이처럼 용신을 알아내는 것은 아주 중요한 일입니다. 이런 용신을 구하기 위한 필수 요건이 바로 사주를 검토하여 신강, 신약 여부를 먼저 판단하는 것입니다. 이 과정을 거쳐야만 용신을 구할 수 있습니다. 기본적으로 신강한 사주에는 일간의 힘을 빼주는 글자(오행)가 용신입니다. 신약한 사주에는 일간에게 힘을 보태주는(같은 편) 글자가 용신이 됩니다. 이런 방식으로 용신을 찾는 것을 억부법(抑扶法)이라고 합니다."

현마는 억부법을 설명한 간단한 표를 보여주었다.

"억부법은 용신을 구하는 대표적인 방법 중 하나입니다. 오행의 상생상극(相生相剋) 작용을 이용하여, 오행의 조화 및 균형을 유지시키는 것이 억부법이라고 할 수 있습니다. 단어의 의미를 생각해보면 **억**제(抑制)와 **부양**(扶養)입니다. 즉, 너무 강해서 나쁜 역할을 하는 오행은 억제시키고, 너무 약해서 제 역할을 못하는 오행은 부양(도와줌)한다는 것입니다. 그렇기 때문에 용신을 제대로 찾기 위해서는 효과적으로 억제하는 방법과 부양하는 방법을 알고 있는 것이 중요합니다. 억제한다는 것은 힘을 뺀다는 것입니다. 에너지를 소비하게 만들어서 힘을 빼면(**관성, 재성, 식상**) 강해서 좋지 않았던 사주의 힘이 빠지면서 조화를 이루게 됩니다. 반대로 부양한다는 것은 힘을 실어주는 것입니다. 같은 편(**비겁**)을 만들면 되는데, 같은 오행을 사용하거나 나(**일간**)를 생해주는 오행(**인성**)을 만나는 것입니다."

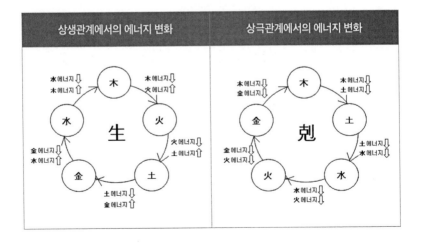

오행의 상생관계와 상극관계에서의 에너지 변화표를 가리키며 현마의 설명은 계속되었다.

"예를 들어, 일간이 목오행인 경우 수오행이 생하여 준다고 했습니다. 목오행의 입장에서는 수오행의 힘을 받아 기운이 강하게 되겠지만, 수오행의 입장에서는 목오행에게 기운을 북돋워 주느라 정작 자신은 힘이 빠집니다. 마찬가지로 일간이 화오행인 경우 목오행이 생하여 준다고 했습니다. 화오행의 입장에서는 목오행의 보조(도움, 생하여 주는 것)를 받아 더욱 잘 탈 수 있도록 힘을 받겠지만, 목오행의 입장에서는 화오행에게 기운을 준 탓에 힘이 빠지게 되어 있습니다. 이처럼 오행의 상생관계에서는 생해주는 오행은 힘이 빠지고, 그 힘을 받는 오행(도움을 받는 오행)은 힘이 커지게 됩니다. 그럼 이번에는 오행의 상극관계에서 일어나는 에너지 소비에 대해 알아보겠습니다. 일간이 목오행인 경우 토오행을 극한다고 하였습니다. 목오행의 공격, 방해를 받는 토오행은 기운이 빠집니다. 또한 토오행을 극하면서 에너지를 소비한 목오행 또한 기운이 빠지게 됩니다. 이렇게 오행의 상극관계에서는 극을 하는 오행이나, 극을 받는 오행 모두 에너지를 소비하게 되어서 힘이 빠지게 됩니다. 이렇듯 억부법은 오행의 상생, 상극작용을 이용하여 힘을 보태주거나 힘을 빼는 방법입니다. 바로 그때 좋은 역할을 할 수 있도록 힘을 보태주거나 힘을 빼는 오행의 글자를 용신(用神)이라고 하는 것입니다."

| 강한 일간의 힘을 뺄 때 | 약한 일간의 힘을 키울 때 |
|---|---|
| 오행의 상생관계 이용<br>(다른 오행을 생해줘서 에너지 소비) | 오행의 상생관계 이용<br>(일간을 생해주는 오행 선택) |
| 오행의 상극관계 이용<br>(극하거나 극 당해서 에너지 소비) | 일간과 같은 오행 선택<br>(같은 편 증가) |

일간의 힘을 빼거나, 키우는 방법에 대한 표가 모니터에 나타났다.

"위의 표 외에도 방법은 여러 가지가 있습니다. 강한 일간을 생해주는 오행을 극하거나(일간을 도와주지 못하도록), 약한 일간을 극하는 오행의 힘을 빼는 방법(일간의 힘을 빼지 못하도록) 등이 있습니다. 그런데 의도적으로 기운을 빼거나 생해줄 때에도 선호하는 방법이 있고, 꺼리는 방법이 있습니다. 필요에 의해 힘을 빼줄 때(억제)는 가능하면 다른 오행을 생해주면서 에너지를 소비하는 방법을 선호합니다. 서로 공격(상극관계 이용)해서 힘을 빼게 되면, 해당 오행에게 상처(다른 후유증)를 남길 수 있기 때문입니다. 힘을 빼야 하는 기운(오행) 또한 본인 사주상의 기운이기 때문에 서로 공격하기보다는 조용하고 다치지 않는 방법을 사용하는 것이 우선이라고 하겠습니다. 물론 일간이 너무 강하거나 구조상 어쩔 수 없이 공격(상극)하는 글자를 용신으로 삼을 수밖에 없는 경우도 있습니다. 절대적이라기보다는 상대적인 방법이라고 생각하면 됩니다. 결론적으로 신강한 사주에서의 용신(좋은 역할을 할 것으로 예상되는 오행)은 일간의 힘을 뺄 수 있는 것이어야 하므로 식상과 재성, 관성 중에서(혹은 겹쳐서) 찾을 수 있고, 신약한 사주에서의 용신은 일간의 힘(세력)을 키워줄 수 있는 인성과 비겁을 사용하는 것이 기본이 됩니다."

현마는 강의실 모니터에 사주를 보여주며 학생들에게 말했다.

"의뢰인의 태어난 연, 월, 일, 시간을 만세력 어플리케이션에 입력했더니 이런 글자들과 십신이 나왔습니다. 이 사람에게 필요한 용신(用神: 좋은 역할을 위해 필요한 오행)을 찾아보세요. 지금은 기본적인 사주분석 연습과 정이기 때문에 합(合)이나 충(沖) 등 기타사항은 고려하지 않아도 됩니다."

| 정관 | 일간(나) | 편관 | 상관 |
|---|---|---|---|
| 병(丙) | **신(辛)** | 정(丁) | 임(壬) |
| 신(申) | 유(酉) | 미(未) | 술(戌) |
| 겁재 | 비견 | 편인 | 정인 |

학생들은 일제히 현마가 제시한 사주를 보면서 용신을 찾기 시작했다. 산아는 일단 찾는 순서를 정리해 보기로 했다.

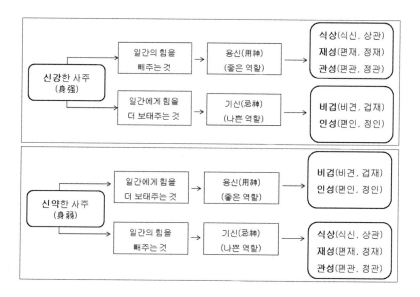

'서두르지 말고 천천히 하자. 가장 먼저 각 글자들의 오행을 분석하는 거야. 그다음에는 오행의 숫자를 세어 보자. 그리고 일간과 같은 편인지 아닌지 확인하는 거야. 일간과 같은 편이라는 것은 일간과 같은 오행인 비겁(比劫: 비견과 겁재)이거나 일간을 생해줘서 힘을 실어주는 오행인 인성(印星: 편인과 정인)을 말해. 일간을 포함해서 비겁과 인성을 모두 합한 숫자가 5개 이상이면 신강으로 판단해야 해. 월지를 얻었다면, 즉 월지가 일간과 같은 편이라면 모두 합한 숫자가 4개 이상만 되더라도 신강한 사주

로 볼 수 있어. 나머지 경우는 자연스럽게 신약한 사주가 되는 셈이지. 신강한 사주에서 좋은 역할을 하게 되는 용신(用神)은 일간의 힘을 빼주는 오행이야. 그렇게 일간의 힘을 빼는 오행은 일간을 극하거나(관성), 일간이 극을 하는 오행(재성)이거나, 일간으로부터 생을 받는 오행(식상)이야. 반대로 신약한 사주라면 내 편이 되어주는 오행이 용신이기 때문에, 나와 같은 오행(비겁)이나 나를 생해주는 오행(인성)이 용신이야.'

일단 과정을 정리하고 나자 훨씬 쉽게 일간의 신강, 신약을 판단할 수 있었다. 그리고 거기에 맞춰서 용신을 찾을 수 있었다. 이 문제에 대한 해답을 찾는 과정은 소니가 설명하게 되었다.

| 정관 | 일간(나) | 편관 | 상관 |
|---|---|---|---|
| 병(炳) → 火 | 신(辛) → 金 | 정(丁) → 火 | 임(壬) → 水 |
| 신(申) → 金 | 유(酉) → 金 | 미(未) → 土 | 술(戌) → 土 |
| 겁재 | 비견 | 편인 | 정인 |

"이 사주는 일간(金오행)을 포함하여 일간과 같은 오행(金)이 3개이며, 일간을 생하여주는(도와주는) 오행(土)이 2개입니다. 월지(未)를 얻었을(같은 오행 혹은 나를 생하여주는 오행) 경우에는 일간 포함 4개 이상이면 신강이라고 판단할 수 있는데, 이 사주는 5개이기 때문에 신강한 사주라고 판단합니다. 이제 용신을 찾아보겠습니다. 신강한 사주에서의 용신은 신강한 일간의 힘을 빼주는(약하게 해주는) 오행(십신)입니다. 일간이 금오행이기 때문에 금오행을 극하는 화오행과 금오행이 극하는 목오행, 그리고 금오행이 생해주는 수오행이 용신이 됩니다. 즉, 화오행과 목오행, 수오행의 글자들이 이 사주에게는 좋은 역할을 하게 됩니다. 이러한 글자들이 오는 해(年)

가 이 사람에게는 좋은 해가 될 것으로 예상됩니다."

현마는 또 다른 질문을 던졌다.

"그렇다면 기신(忌神: 좋지 않은 역할을 하는 오행)은 어떤 것이고, 그 이유는 뭘까요?"

이번에는 세라가 대답했다.

"현재 이 사주는 조화와 균형이 깨져 있습니다. 깨진 이유는 강한 것으로 치우쳤기 때문입니다. 따라서 일간의 에너지를 소비시켜 힘을 빼주는 과정을 통해 힘의 균형을 맞춰주어야 합니다. 그런데 오히려 힘을 더 보태준다면 일간인 금오행이 더욱 강해져서 완전히 균형이 깨지게 될 것입니다. 여기서는 금오행과 금오행을 생해주는 토오행이 일간을 더 강하게 해주는 역할(같은 편)을 합니다. 따라서 좋지 않은 역할을 하는 기신(忌神)은 바로 금오행과 토오행의 글자입니다. 만약 이러한 금오행과 토오행으로 이루어진 해(年)가 온다면 여러 가지 면에서 문제가 있을 가능성이 높습니다."

소니의 대답은 산아의 생각과 일치했다. 현마는 또 다른 문제를 내면서 용신과 기신을 찾으라고 말했다.

| 상관 | 본원(일간) | 식신 | 편관 |
|------|------------|------|------|
| 경(庚) | 기(己) | 신(辛) | 을(乙) |
| 오(午) | 유(酉) | 묘(卯) | 축(丑) |
| 편인 | 식신 | 편관 | 비견 |

학생들은 나름대로의 기준을 정해서 순서에 따라 문제를 풀어 나갔다. 먼저 각 글자들의 오행을 확인하고, 일간과 같은 편(비겁, 인성)의 숫자를 확인했다. 일간과 같은 편을 모두 합한 숫자가 5 이상이면 신강한 사주로 판단할 것이고, 월지가 일간과 같은 편이라면 4개 이상만 되어도 신강한 사주로 판단할 것이다. 일단 신강, 신약 판단이 끝나면 각각 조화가 깨진 원인을 찾아 이것을 고쳐줄 수 있는 용신을 찾았다. 조화가 깨진 원인이라는 것은 일간이 강해서 조화가 깨졌는지, 아니면 약해서 깨졌는지를 의미했다. 원인과 반대로 치료해주는 것이 조화를 찾아주는 방법이었다. 강한 것은 힘을 뺄 수 있도록 하며, 약한 것은 힘을 보태줄 수 있도록 말이다. 이 문제는 산아가 풀게 되었다.

| 상관 | 본원(일간) | 식신 | 편관 |
|---|---|---|---|
| 경(庚) → 金 | 기(己) → 土 | 신(辛) → 金 | 을(乙) → 木 |
| 오(午) → 火 | 유(酉) → 金 | 묘(卯) → 木 | 축(丑) → 土 |
| 편인 | 식신 | 편관 | 비견 |

"이 사주는 일간(土오행)을 포함하여 일간과 같은 오행(土)이 2개이며, 일간을 생하여주는(도와주는) 오행(火)이 1개입니다. 모두 합하면 3개(일간+같은 편)입니다. 모두 합한 숫자가 5개 이상 되어야 신강한 사주로 판단할 수 있습니다. 월지를 포함할 경우에는 4개 이상이면 신강한 사주로 판단합니다. 그런데 이 사주는 앞에서 설명한 모든 경우에 미달하고 있습니다. 따라서 신약한 사주로 판단할 수 있습니다. 그렇기 때문에 이 사주에서의 용신은 일간에게 힘을 보태줄 수 있는 오행입니다. 결국, 일간과 같은 오행(비겁)이나 일간을 생해주는 오행(인성)이 좋은 역할을 하게 될 것입니다. 일간이 토오행이므로 같은 토오행이나 토오행을 생해주는 화오행

의 글자들이 용신이 됩니다."

현마는 여명에게 이 사주에 대한 기신(忌神)을 말해보라고 했다.

"이 사주는 신약한 사주입니다. 균형을 맞추기 위해서는 일간이 강해져야 합니다. 따라서 일간을 강하게 해주는 오행이 용신이 되며, 일간의 힘을 빼서 더 약하게 만드는 오행은 기신이 됩니다. 일간을 힘을 빼는 오행은 일간을 극하는 오행(관성)이나, 일간이 극하는 오행(재성), 그리고 일간이 생하는 오행(식상)이 있습니다. 이 사주의 일간은 토오행으로, 토오행을 극하는 관성은 목오행이고, 토오행이 극하는 오행은 수오행, 그리고 토오행이 생하는 오행은 금오행입니다. 목오행과 수오행, 금오행이 이 사주에 있어서는 좋지 못한 역할을 하는 기신입니다."

현마는 산아와 여명의 대답을 듣는 내내 흐뭇했다. 본인이 가르친 것을 훨씬 뛰어넘는 수준이었다. 나머지 학생들도 마찬가지였다. 학생들은 자신이 가르쳐 준 내용을 단순히 말하는 단계를 뛰어넘어 응용할 수 있는 수준까지 도달해 있었다.

"첫 시간에 말했던 조화와 균형은 사주분석에 있어서 그 어떤 것보다 중요합니다. 여러분이 미래예측사가 되어 다른 사람의 사주를 분석해보면 알겠지만, 조화와 균형이 잡힌 사주를 가진 사람은 생각보다 많지 않습니다. 대부분 어느 쪽으로든 치우친 사주가 많습니다. 한두 개의 오행이 없는 사주, 한두 개의 오행만으로 이루어진 사주, 양(+)의 글자들만 있는 사주, 음(-)의 글자들만 있는 사주, 아주 신강한 사주, 아주 신약한 사주 등 치우친 종류는 다양합니다. 그렇기 때문에 어떤 오행의 글자가 도움이 되고, 도움이 되지 않는지를 파악하는 것은 매우 중요합니다. 또한 용신을 파악하는 방법도 중요합니다. 보통 앞에서 언급한 방법을 모두 사용하지만, 특히 신강한 사주에서 힘을 뺄 때는 식상(식상: 식신과 상관)을 많이 사용합니다. 일간이 소비한 에너지를 식상이 받아 사용하게 됨으로써 힘을 유용하게 사용할 수 있기 때문입니다. 서로 극하는 관계를 통해 힘을 뺄 경우, 서로의 힘을 동시에 빼는 작용만 있습니다. 즉, 서로의 활동을 막고, 공격하고 방해하는 것입니다. 어떻게 보면 상처는 상처대로 남기고, 힘은 힘대로 허비하는 셈입니다. 식상의 경우에는 일간의 힘만 빠지게 되므로 효과적일 수 있습니다. 물론 식상으로만 힘을 빼라는 얘기가 아닙니다. 사주구성을 보고 결정을 해야 합니다. 식상이 원래 강한데 식상을 계속 사용하면, 그 또한 조화와 균형이 깨지는 것으로 다른 문제가 발생하게 됩니다. 그렇기 때문에 조화를 잡아주려면 많은 사주분석을 통해 본인만의 적절한 기준을 세우는 것이 좋습니다."

**신강할 때의 용신**

| 신강한 이유 | 용신(用神) | 비고 |
|---|---|---|
| 일간과 같은 오행 많아서 (비겁多) | 다른 오행을 생하게 한다 (식상) | 생하면서 에너지↓ |
| | 일간이 극하는 오행 사용 (재성) | 극하면서 에너지↓ |
| | 일간을 극하는 오행 사용 (관성) | 극 당하면서 에너지↓ |
| 일간을 생하는 오행 많아서 (인성多) | 인성을 극하는 오행 사용 (재성) | 극 당하면서 에너지↓ |

현마는 강의를 마치며 신강할 때와 신약할 때의 상황별 용신 사용법을 학생들에게 나눠주었다.

**신약할 때의 용신(用神)**

| 신약한 이유 | 용신(用神) | 비고 |
|---|---|---|
| 일간이 생하는<br>오행이 많아서 (식상多) | 일간을 생하는 오행 사용<br>(인성이 식상을 극한다.) | 생 받으며 에너지↑ |
| 일간이 극하는<br>오행이 많아서<br>(재성多) | 일간과 같은 오행 사용<br>(비겁: 에너지 생성) | 같은 세력↑ |
| 일간을 극하는<br>관성이 많아서<br>(관성多) | 일간을 생하는 오행 사용<br>(인성이 관성의 힘을 빼면서 관성이<br>직접적으로 일간을 극하는 것을 완화) | 생 받으며 에너지↑ |

# 대운(大運)과 세운(歲運)

학생들은 이제 신강한 사주와 신약한 사주를 구별하여, 그에 맞는 용신을 찾는 것까지 가능하게 되었다. 개인적으로 수없이 많은 연습을 한 결과였다. 학생들은 가족들이나 친구들의 사주를 분석해보면서 현마의 말처럼 조화를 이룬 사주보다는 치우친 사주가 많다는 사실을 알게 되었다. 그렇게 치우친 사주에 대한 용신을 찾기에 앞서, 산아는 항상 하나의 그림을 떠올렸다. 그렇게 하면 훨씬 쉽게 이해가 되었고 더 빨리 용신을 찾을 수 있었기 때문이다.

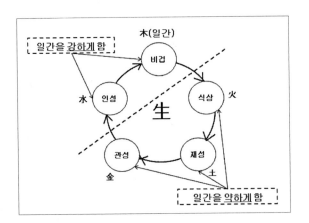

'일간과 같은 편(비겁, 인성)이 많은지 그렇지 않은지를 먼저 분석하면 돼. 선생님 말씀처럼 같은 편이 5개 이상(월지가 같은 편이면 4개 이상)이면 신

강한 사주가 되고, 그렇지 않으면 신약한 사주라고 판단하자. 그다음엔 거기에 맞춰서 용신을 찾아 조화와 균형을 잡아주면 기본적인 과정은 끝나게 되어 있어.'

이제 산아의 머릿속은 어떤 사주에 대한 오행의 분석, 신강신약의 판단, 마지막으로 용신을 찾기까지의 모든 과정이 물 흐르듯 자연스럽게 이어졌다.

"여러분, 혹시 무진(戊辰) 대운(大運)이 들어왔다, 병인(丙寅) 대운이 들어왔다는 식의 말을 들어본 적이 있나요?"

현마는 학생들에게 질문을 던지며 강의를 시작했다. 학생들은 현마가 말한 '대운'이라는 표현을 들어본 적은 있었지만, 정확하게 무슨 뜻인지는 몰랐다.

"몇 살에 어떤 대운(大運)이 들어왔다는 말을 들으면 마치 뭔가 굉장히 좋은 일이 생길 것 같은 느낌이 들 수도 있습니다. 하지만 실제로 사용되는 의미는 그런 것이 아닙니다. 대운을 설명하기 전에 먼저 운명(運命)이라는 말에 대해서 알아야 합니다. 운명이라는 것은 여러분이 모두 알고 있는 말입니다. 사람마다 약간씩은 다르게 표현하겠지만, 보통은 이런 느낌일 겁니다. 인간의 힘으로 어떻게 할 수 없는 이미 정해진 어떤 것, 어떤 길, 어떤 결과. 운명은 그런 것입니다. 다만, 두 글자는 같은 의미를 가졌으면서도, 서로 또 완전히 다른 성격을 가지고 있습니다. 운(運)이라는 글자는 움직인다는 뜻을 가지고 있습니다. 명(命)이라는 글자는 한문으로는 목숨을 의미하며, 변경이 불가능한 어떤 힘, 또는 고정된 것을 나타내기도 합니다. 사주분석에서의 명(命)은 태어난 연, 월, 일, 시간을 의미합니다. 환경이 변하고 시간이 아무리 흐른다고 해도 어떤 사람이 태어난 때가 바뀌지는 않습니다. 1990년 5월 1일에 태어난 사람이 2050년이 되었다고 해서 그 날짜가 바뀌는 것은 아닙니다. 우리는 사람이 태어난 생년, 월, 일, 시간을 사주(四柱)라고 부릅니다. 바로 이 사주가 명(命)입니다. 태어난 때에 따라 사주가 정해지기 때문에 그 사람의 사주는 변할 수 없습니다."

산아는 현마의 설명을 들으며 명(命)의 의미를 새겼다.

'우리가 분석을 할 때 사용하는 사주는 한 사람이 오직 하나만 가질 수 있다. 태어난 때가 하나이듯이 사주는 하나일 수밖에 없다.'

현마는 이제 운(運)에 대해서 설명을 시작했다.

"그럼 운(運)이란 것은 무엇일까요? 우리가 혼히 운이 좋다, 운이 나쁘다하면서 사용하지만 깊은 뜻을 알고 사용하는 것은 아닐 것입니다. 운(運)은 '운전하다, 움직이다'의 의미처럼 바뀌는 것입니다. 명(命)은 고정되고, 변하지 않는 것이지만 운(運)은 움직이며 변하는 것입니다. 운은 오행의 기운이 시간의 흐름에 따라 순환되는 것을 말합니다. 매년, 매월, 매일, 매시간 모두 오행의 기운이 흐르고 있지만, 그 오행의 기운은 고정된 것이 아니라 순서대로 움직이며 순환하고 있습니다. 그 때문에 태어난 해가 다르면 사주가 달라지고, 태어난 월이나 일, 시간이 다르면 사주가 다른 것입니다. 그렇다면 운이 사주분석과 무슨 상관이 있을까요? 아주 중요한 상관관계가 있습니다. 사람이 태어날 때 부여받는 사주와 운에서 들어오는 오행의 기운을 비교하는 것이 바로 사주를 분석하는 것이기 때문입니다."

학생들은 현마의 설명을 들으며 운(運)과 명(命)에 대해 알 것 같으면서도, 아직 완전히 알기에는 부족하다고 느꼈다. 그럴수록 학생들은 현마의 말에 집중했다.

"매년 오행의 기운은 순환하고 있습니다. 그중 어떤 해에 태어나면 그 해의 오행을 상징하는 천간(天干)과 지지(地支)가 그 사람의 연주(年柱: 연의 기둥)가 됩니다. 표를 한 번 볼까요?"

| 2028 | 2027 | 2026 | 2025 | 2024 | 2023 | 2022 | 2021 | 2020 | 2019 | 2018 | 2017 |
|------|------|------|------|------|------|------|------|------|------|------|------|
| 무<br>(戊) | 정<br>(丁) | 병<br>(丙) | 을<br>(乙) | 갑<br>(甲) | 계<br>(癸) | 임<br>(壬) | 신<br>(辛) | 경<br>(庚) | 기<br>(己) | 무<br>(戊) | 정<br>(丁) |
| 신<br>(申) | 미<br>(未) | 오<br>(午) | 사<br>(巳) | 진<br>(辰) | 묘<br>(卯) | 인<br>(寅) | 축<br>(丑) | 자<br>(子) | 해<br>(亥) | 술<br>(戌) | 유<br>(酉) |

"우리가 사주 8개 글자를 쓸 때도 왼쪽에서 시작해서 오른쪽으로 씁니다. 즉, 가장 왼쪽이 연(年)이 되고, 가장 오른쪽이 시(時)가 되는 것입니다. 운의 흐름을 보기 위해 연도를 표시할 때도 마찬가지로 보통 오른쪽(과거)에서부터 왼쪽(미래)으로 정리합니다. 표를 보면 2017년이 가장 오른쪽에 있고, 왼쪽으로 흘러가게 되어 있습니다. 대부분의 만세력 어플리케이션도 이러한 형식을 따르고 있기 때문에 여러분도 이러한 표기 방법에 익숙해지기 바랍니다. 이렇게 매년 오행의 기운은 순서대로 바뀌면서 흐르는데 이것이 바로 운(運)입니다. 1990년에 태어난 사람이 2025년에 자신에게 어떤 일이 있을지 궁금해 한다면, 그 사람의 사주와 위의 표에 표시

된 2025년을 나타내는 기둥인 을사(乙巳)를 비교하는 것입니다. 그럼 여기서 질문을 하나 하겠습니다. 그 사람에게 있어 2025년이 좋은 해가 될지 나쁜 해가 될지를 어떻게 알 수 있을까요?"

학생들은 답을 찾는 사이, 소니의 목소리가 들렸다.

"그 사람의 사주를 분석한 결과와 을사(乙巳)를 비교합니다. 2025년을 나타내는 을사(乙巳)는 목오행과 화오행으로 이루어진 기둥입니다. 따라서 그 사람의 사주를 분석한 결과 목오행과 화오행이 용신(用神)이라면 2025년은 좋은 해가 될 것이고, 만약 기신(忌神)이라면 좋지 않은 해가 될 가능성이 높다고 예측할 수 있습니다."

산아는 자신이 놓친 부분을 찾아낸 소니가 대단하다고 생각했다. 소니의 대답을 듣자, 희미했던 것이 밝아지는 느낌이었다.

"소니가 정확하게 말했습니다. 어떤 시기가 나에게 좋을 것인지, 그렇지 않을 것인지를 판단하기 위해서는, 내가 알고자 하는 시기의 운(運)과 나의 사주를 비교하는 것입니다. 그 시기의 운(오행의 흐름)을 나타내는 글자가 내게 도움을 주는 오행의 글자이면 좋은 해석이 가능하고, 그렇지 않다면 그에 맞는 해석을 하고, 판단을 내리면 됩니다. 그리고 부연해서 설명하자면 운이라는 것이 반드시 좋고 나쁨의 딱 두 가지 경우만 있는 것은 아닙니다. 두 가지 중 어느 쪽에도 해당하지 않는 보통의 경우가 가장 많습니다. 좋다고 해서 자만할 필요도 없고, 나쁘다고 해서 실망할 필요도 없습니다. 어디까지나 가능성을 놓고 분석한다는 것을 잊지 말기 바랍니다. 지금까지 운(運)에 대해서 설명했습니다. 그렇다면 아까 얘기했던 대운(大運)에 대해서 이제 설명하겠습니다. 대운은 크고 좋은 운이 아니라, 10년 동안 흐르게 되는 운의 흐름(운의 단위)을 말합니다. 우리가 위에서 살펴본 각 해(年)마다 붙는 두 글자는 1년 단위 운의 흐름입니다. 그래서 1년을 가리키는 해 세(歲)라는 글자를 사용하여 세운(歲運)이라고 합니다. 1년 단위의 세운에 비해 10년이라는 기간은 매우 긴 시간입니다. 따라서 세운에 대비하여 큰 운의 흐름이라는 의미로 큰 대(大)자를 사용해서 대운이라고 부릅니다. 다시 설명하면 세운(歲運)은 1년 단위 운의 흐름이고, 대운(大運)은 10년 단위 운의 흐름입니다."

학생들은 이제 대운과 세운의 뜻을 알게 되었고, 차이점도 알게 되었다. 운의 흐름이 바뀌는 기간의 단위였다. 대운은 10년이었고, 세운은 1년이었다.

"그럼 궁금한 내용이 하나 있을 겁니다. 우리가 세운은 쉽게 알 수 있습니다. 하지만 대운은 어떻게 알 수 있을까요? 10년간 운의 흐름이라고 했는데 어떻게 알 수 있을까요?"

학생들은 현마의 질문에 대한 답을 도저히 알 수 없었다.

"만세력 어플리케이션을 이용하면 여러 가지 표가 나오는데 그중에 이런 표가 있습니다."

| 74 | 64 | 54 | 44 | 34 | 24 | 14 | 4 |
|---|---|---|---|---|---|---|---|
| 편관 | 정관 | 편인 | 정인 | 비견 | 겁재 | 식신 | 상관 |
| 갑(甲) | 을(乙) | 병(丙) | 정(丁) | 무(戊) | 기(己) | 경(庚) | 신(辛) |
| 신(申) | 유(酉) | 술(戌) | 해(亥) | 자(子) | 축(丑) | 인(寅) | 묘(卯) |
| 식신 | 상관 | 비견 | 편재 | 정재 | 겁재 | 편관 | 정관 |

학생들은 대운이 적힌 표를 바라봤다. 비록 의미는 몰랐지만 그동안 많이 봤던 표였다. 왜냐하면 만세력 어플리케이션을 이용하면 이런 표가 함께 표시되었기 때문이다.

"이것이 바로 대운을 표시한 표입니다. 보는 방법은 동일합니다. 왼쪽에서부터 오른쪽으로 흐른다고 보면 됩니다. 위에 적힌 숫자는 대운이 바뀌는 시기를 의미합니다. 4라는 것은 4세 때부터 13세 때까지 운의 흐름, 즉 대운을 의미합니다. 14라는 것은 14세 때부터 23세까지의 대운을 나타냅니다. 나머지 숫자도 그 숫자에서 시작해 10년 동안 흐르는 운의 모습이라고 이해하면 됩니다. 표를 자세히 보면, 4세부터 13세까지의 10년 운을 나타내는 두 글자는 신묘(辛卯)이고, 14세부터 23세까지의 10년 운을 나타내는 두 글자는 경인(庚寅)이 됩니다. 나머지의 연령대도 같은 방법으로 분석합니다. 예시된 대운의 경우, 74세까지만 표시되어 있는데 이것은 수명(壽命)을 표시하는 것은 아닙니다. 다시 말해서 74세까지만 산다는 것이 아니라, 칸이 한정되어 있기 때문에 거기까지만 표시한 것입니다. 만세력의 종류에 따라 70대까지만 표시되는 것도 있고, 80대까지 표기되는 것도 있습니다. 어차피 순환하므로 상황에 따라 더 연장하여 표기하면 됩니다. 그럼 여기서 대운을 어떻게 정하게 되는지 알아보겠습니

다. 대운의 수가 정해지는 방법은 복잡하게 느껴질 수 있습니다. 하지만
만세력 어플리케이션을 이용하면 바로 알 수 있기 때문에, 지금부터 설명
하는 대운 뽑는 방법은 원리를 알아둔다는 생각으로 들으면 됩니다."

| 해(年) 구별 | 성별 | 대운 |
|---|---|---|
| 양(+)의 해 | 남자(+) | 순행 |
| | 여자(-) | 역행 |
| 음(-)의 해 | 남자(+) | 역행 |
| | 여자(-) | 순행 |

"일단 대운을 뽑는 기준은 태어난 해가 양(+)의 해인지, 음(-)의 해인지
와 당사자가 남자인지 여자인지에 따라 달라집니다. 위에서 보는 것처럼
양(+)의 해에 태어난 남자는 같은 양(+)이라서 순행합니다. (순행의 의미는 조
금 뒤에 설명합니다.) 그런데 음양이 다르게 양(+)의 해에 태어난 여자는 역행
하게 됩니다. 이번에는 반대로 음(-)의 해에 태어난 남자는 음양이 달라서
역행하고, 음(-)의 해에 태어난 여자는 같은 음(-)이라서 순행합니다. 일단
이러한 기준으로 태어난 월을 살펴봅니다. 순행하는 경우에는 태어난 월
(절기)에서 다음 월(절기)까지 남은 일수(日數)를 3으로 나누게 됩니다. 예를
들어 14일에 태어난 사람의 경우에도 다음 월까지 16일이 남았기 때문에
잔여 일수인 16을 3으로 나누게 됩니다. 지금 예의 경우처럼 몫이 5이고
나머지가 1인 경우, 1은 버리고 5가 대운수가 됩니다. 5라는 숫자를 기준
으로 운의 흐름이 바뀐다는 것입니다. 예를 들자면 5살, 15살, 25살, 35살
등 5살 단위의 나이일 때 운의 흐름이 바뀌게 됩니다. (만약 2가 남는다면 올
림 처리하여 앞의 경우는 5가 아닌 6이 됩니다.) 역행하는 경우에는 태어난 월(절
기)에서 전월(前月)까지 지나온 날짜를 센 다음 똑같이 3으로 나누게 됩니

다. (나머지에 대한 처리는 순행과 같습니다.) 그렇게 나온 숫자가 7이라면 7세를 기준으로 운의 흐름이 바뀐다는 의미입니다. 7세, 17세, 27세, 37세 등 7살 단위의 나이에서 운의 흐름이 바뀌게 됩니다. 그렇다면 이제 처음 시작되는 대운이 어떤 오행인지를 알아야 합니다. 제일 처음 시작되는 대운은 사주에 나타난 월주(월을 나타내는 기둥)의 다음 글자부터 시작됩니다. 예를 들어서 어떤 사람의 사주 중에서 월주(月柱)가 임진(壬辰)이라고 가정해 보겠습니다. 그리고 대운수가 4라고 가정하겠습니다."

| | | ← 역행 | | **기준** | 순행 → | | | |
|---|---|---|---|---|---|---|---|---|
| 34 | 24 | 14 | 4 | **월주** | 4 | 14 | 24 | 34 |
| 무<br>(戊) | 기<br>(己) | 경<br>(庚) | 신<br>(辛) | **임<br>(壬)** | 계<br>(癸) | 갑<br>(甲) | 을<br>(乙) | 병<br>(丙) |
| 병<br>(丙) | 축<br>(丑) | 인<br>(寅) | 묘<br>(卯) | **진<br>(辰)** | 사<br>(巳) | 오<br>(午) | 미<br>(未) | 신<br>(申) |

"순행한다는 것은 월주의 천간과 지지에서 순서대로 흘러가는 것을 말합니다. 그림을 보면 천간은 임(壬) 다음으로 순서에 따라 계(癸)-갑(甲)-을(乙)-병(丙) 식으로 계속 진행하게 됩니다. 그리고 그 글자들 위에 사전에 뽑은 대운 숫자를 표시하면 됩니다. 4~13세까지는 계사(癸巳)가 되고, 14~23세는 갑오(甲午)같은 순서로 계속 순환하며 흘러가는 것입니다. 이 것은 순행할 때의 방법이며, 이제 역행할 때의 방법을 알아보겠습니다. 역행이라는 것은 '갑-을-병-정'의 식이 아니라 '정-병-을-갑-계'의 순으로 거꾸로 진행한다는 것입니다. 그림에서처럼 월주의 천간인 임(壬) 다음이 계가 아니라 '임-신-경-기-무'의 순으로 역행하며 진행하게 됩니다. 글자들 위에 대운 수로 뽑은 숫자를 붙이면 됩니다. 4~13세까지의 대운은 신묘(辛卯)가 되며, 14~23세까지의 대운은 경인(庚寅)이 됩니다. 이 그림은 이해

를 위해 만든 것이고, 실제로는 왼쪽에서 오른쪽으로 정렬하게 됩니다."

| 74 | 64 | 54 | 44 | 34 | 24 | 14 | 4 |
|---|---|---|---|---|---|---|---|
| 편관 | 정관 | 편인 | 정인 | 비견 | 겁재 | 식신 | 상관 |
| 갑(甲) | 을(乙) | 병(丙) | 정(丁) | 무(戊) | 기(己) | 경(庚) | 신(辛) |
| 신(申) | 유(酉) | 술(戌) | 해(亥) | 자(子) | 축(丑) | 인(寅) | 묘(卯) |
| 식신 | 상관 | 비견 | 편재 | 정재 | 겁재 | 편관 | 정관 |

"이 표를 보면 왼쪽에서 오른쪽으로 가면서 대운의 수가 증가하고 있습니다. 이 사람은 4세 단위의 나이에서 운이 변한다는 것을 알 수 있고, 천간과 지지를 살펴보면 역행하고 있다는 것을 알 수 있습니다. 즉, 양(+)의 해에 태어난 여자(-)이거나, 음(-)의 해에 태어난 남자(+)라는 것을 유추할 수 있습니다. 또 하나, 소운(小運)이라는 것이 있습니다. 소운은 첫 번째 대운 이전의 시기를 말합니다. 이 표에서 예를 들자면 태어났을 때부터 3세까지를 의미하는 것으로 이 소운은 바로 월주(月柱)가 됩니다. 대운의 숫자가 7에서부터 시작된다면 소운은 월주가 되며, 해당되는 나이는 태어나서부터 6세까지입니다."

현마는 학생들에게 잠시 휴식시간을 주었다. 학생들이 대운 구하는 방법을 어려워했기 때문이었다. 현마는 만세력 어플리케이션을 이용하면 직접 구하지 않더라도 자동으로 대운이 표시되기 때문에 걱정하지 말라고 했다. 그래도 학생들의 표정은 풀리지 않았다.

"천천히 해보면 어렵지 않게 대운을 구할 수 있습니다. 간단하게 방법을 다시 복습해 보면 다음과 같습니다. 양(+)의 해의 태어난 남자(+)는 순행, 음(-)의 해에 태어난 남자(+)는 역행, 음(-)의 해에 태어난 여자(-)는 순행, 음(-)의 해에 태어난 남자(+)는 역행합니다. 그것을 기억하고, 이번에는 대운의 숫자를 구합니다. 순행하는 사람은 태어난 월(절기)을 기준으로 다음 월(절기)까지 남은 일수(日數)를 3으로 나누고, 나머지가 1이면 버리고, 나머지가 2라면 3으로 간주해서 몫에 1을 더합니다. 역행하는 사람은 태어난 월(절기)을 기준으로 전월(前月)까지 지나온 일수(日數)를 3으로 나누고, 나머지는 순행의 경우와 같이 처리합니다. 이렇게 대운의 숫자를 구하고, 월주를 기준으로, 순행하는 사람은 월주의 천간과 지지를 시작으로 정상적인 순환을 시작합니다. 역행하는 사람은 월주의 천간과 지지가 역행하면서 순환합니다."

현마는 숨을 한 번 내쉰 뒤, 다시 강의를 진행했다.

"우리는 짧게나마 운명(運命)에 대해서 어느 정도 배웠습니다. 운(運)은 시간이 흐르는 것처럼 계속해서 순환합니다. 명(命)은 태어날 때 부여되는 고정된 오행의 모습(사주)입니다. **사주를 분석한다는 것은 바로 사주와 대운/세운의 오행을 비교하는 것입니다. 다르게 표현하면 운(運)에서 사주에 도움이 되는 운이 오는지, 그렇지 않은지를 확인하는 것입니다.**"

현마의 말을 들으며 산아는 생각했다.

'그래서 사주의 오행이 어떻게 구성되어 있는지 배웠고, 그 사주가 신강한지, 신약한지 판단하는 법을 배웠구나. 일단 타고난 사주에 대한 분석이 완벽하게 끝이 나야 대운과 세운이 좋은지 나쁜지 알 수 있어. 사주를 분석하면서 어떤 것이 좋은 오행이고 나쁜 오행인지 확실치 않으면 대

운이나 세운에서 들어오는 글자들(오행)이 좋은지 나쁜지 도저히 판단할 수 없어.'

산아가 생각할 때 사주를 분석하는 과정 그 어느 하나도 대충하거나 허술하게 할 수 없음을 확실히 깨닫게 되었다. 예를 들어 실수로 용신을 잘못 찾았다고 가정했을 경우에 실제와 전혀 다른 분석결과가 나올 수도 있었다. 그것은 미래예측사로서 결코 해서는 안 될 행동이었다. 더욱 열심히 공부해야겠다는 결심이 가슴에서부터 솟아 올라왔다.

"타고난 사주 8개 글자가 선천적인 운이라면, 대운과 세운은 후천적인 운입니다. 선천적인 것은 사람의 힘으로 어쩔 수 없겠지만 후천적인 것은 이와는 다릅니다. 본인의 노력으로 어느 정도까지는 개선할 수 있다고 생각합니다. 이렇게 개선할 수 있도록 도와주는 것이 미래예측사의 역할 중 하나입니다. 사주분석 결과를 단순히 통보만 하는 수준에서 벗어나, 사주분석 의뢰자의 입장에서 생각할 줄 알아야 합니다. 그 사람의 입장에서 진심으로 고민한다면 분명히 좋은 답을 찾을 수 있습니다. 여러분은 잘할 수 있다고 믿습니다."

현마의 말을 들은 학생들은 다들 같은 생각을 하고 있었다.

'그래, 선생님 말씀처럼 사람들에게 도움을 줄 수 있는 미래예측사가 될 거야!'

현마는 마치 학생들의 미래를 보고 있는 듯했다. 정확한 사주분석을 할 수 있는 능력과, 의뢰인을 위하는 따뜻한 마음을 가진 미래예측사. 자신의 학생들은 반드시 그런 미래예측사가 될 것이라는 믿음이 있었다.

"오늘 배운 내용을 바탕으로 사주분석 연습을 해 보겠습니다. 여러분도 이제부터는 가상의 사주를 정해서 처음부터 끝까지 분석하는 연습을 해 보세요. 하루에 다섯 명의 사주만 분석해도 한 달이면 150명의 사주를 분석하는 것이 됩니다. 그렇게 몇 달이 흐르면 여러분의 실력은 훨씬 향상될 것입니다. 그럼 이제부터 어떤 사람의 사주를 분석하겠습니다. 전자만세력에 생년, 월, 일, 시간을 입력하여 얻은 사주입니다. 참고로 일간이라는 말을 사용하기도 하지만, 경우에 따라서는 일간을 본원, 천원이라고도 합니다. 모두 사주 당사자를 가리키는 말입니다. 또한 사주 8개 글자와 대운, 세운을 구별하기 위해 사주 8개 글자를 사주원국(四柱原局)이라고 합니다. 사주원국은 태어날 때 갖고 태어난 사주를 가리킨다고 보면 됩니다. 의뢰인의 사주가 다음과 같습니다."

기본사주(=사주원국)

| 시時 | 일日 | 월月 | 년年 |
|------|------|------|------|
| 정인 | 본원(일간) | 편재 | 편인 |
| 정丁 | 무戊 | 임壬 | 병丙 |
| 사巳 | 진辰 | 진辰 | 신申 |
| 편인 | 비견 | 비견 | 식신 |

| 74 | 64 | 54 | 44 | 34 | 24 | 14 | 4 |
|---|---|---|---|---|---|---|---|
| 편관 | 정관 | 편인 | 정인 | 비견 | 겁재 | 식신 | 상관 |
| 갑(甲) | 을(乙) | 병(丙) | 정(丁) | 무(戊) | 기(己) | 경(庚) | 신(辛) |
| 신(申) | 유(酉) | 술(戌) | 해(亥) | 자(子) | 축(丑) | 인(寅) | 묘(卯) |
| 식신 | 상관 | 비견 | 편재 | 정재 | 겁재 | 편관 | 정관 |

세운 표시

| 2028 | 2027 | 2026 | 2025 | 2024 | 2023 | 2022 | 2021 | 2020 | 2019 |
|---|---|---|---|---|---|---|---|---|---|
| 비견 | 정인 | 편인 | 정관 | 편관 | 정재 | 편재 | 상관 | 식신 | 겁재 |
| 무 (戊) | 정 (丁) | 병 (丙) | 을 (乙) | 갑 (甲) | 계 (癸) | 임 (壬) | 신 (辛) | 경 (庚) | 기 (己) |
| 신 (申) | 미 (未) | 오 (午) | 사 (巳) | 진 (辰) | 묘 (卯) | 인 (寅) | 축 (丑) | 자 (子) | 해 (亥) |
| 식신 | 겁재 | 정인 | 편인 | 비견 | 정관 | 편관 | 겁재 | 정재 | 편재 |

학생들이 사주원국과 대운, 세운을 살펴보고 있을 때, 현마가 질문을 했다.

"이 사람은 남성일까요? 여성일까요?"

사주원국을 살피던 산아가 대답했다.

"이 사주의 의뢰자는 여성입니다. 사주원국의 연(年)을 살펴보면 양(+)의 해입니다. 따라서 남성(+)이라면 대운이 순행하고, 여성(-)이라면 대운이 역행합니다. 그런데 대운을 살펴보면 천간은 '신-경-기-무-정-병'의 순으로, 지지는 '묘-인-축-자-해-술'의 순으로 역행하고 있습니다. 양(+)의 해에 대운이 역행하고 있기 때문에 사주 당사자는 여성입니다."

산아는 오늘 배운 내용을 완전히 이해하고 있었다.

"산아의 말처럼 여성입니다. 이제 사주원국에서 용신을 찾아서 이 사람에게 좋은 대운과 세운을 분석해보세요."

그동안의 문제와는 달리 종합적인 분석을 요하는 문제였다. 그야말로 미래예측사가 하는 사주분석에 거의 근접한 문제였다.

"지금 이 문제는 연습 차원이기 때문에, 합(合)이나 충(忠)이 있어도 반영하지 말고 분석을 해보세요. 모든 환경을 고려하는 분석은 별도로 진행하겠습니다."

산아는 머릿속으로 사주분석 순서를 떠올렸다.

'먼저 사주원국의 오행을 분석하고, 신강인지, 신약인지를 파악하자. 그리고 용신을 찾는 거야. 그 용신에 해당하는 오행의 글자가 있는 대운과 세운을 찾는 것이 지금 이 문제를 풀어내는 방법일 거야.'

현마가 물었다.

"일단 이 사주는 신강한 사주일까요? 신약한 사주일까요?"

언제나 다른 학생들보다 행동이 빠른 세라가 대답했다.

"일간을 포함하여 같은 오행이 3개이고 일간을 도와주는 오행이 3개입니다. 내 편을 모두 합치면 6개로써 신강한 사주입니다."

현마는 용신이 어떤 것인지 학생들에게 질문했다. 여명은 자신이 분석한 표를 보며 용신에 대해 설명했다.

| 강약 판단 | 용신(用神) | 기신(忌神) |
|---|---|---|
| **신강** | 금오행, 수오행, 목오행 | 토오행, 화오행 |
| 해당 글자 | 금오행: 경, 신, 신, 유<br>(庚, 辛, 申, 酉)<br>수오행: 임, 계, 해, 자<br>(壬, 癸, 亥, 子)<br>목오행: 갑, 을, 인, 묘<br>(甲, 乙, 寅, 卯) | 토오행: 무, 기, 진, 술, 축, 미<br>(戊, 己, 辰, 戌, 丑, 未)<br><br>화오행: 병, 정, 사, 오<br>(丙, 丁, 巳, 午) |

"이 사주는 일간이 신강한 사주입니다. 균형을 맞추기 위해서는 일간의 힘을 빼주는 오행의 글자들이 좋은 역할을 할 것으로 예상됩니다. 식상(食傷)인 금오행과 재성인 수오행, 관성(官星)인 목오행이 용신이며, 일간을 더욱 강하게 해주는 토오행과 화오행은 좋지 않은 역할을 하는 기신(忌神)입니다. 따라서 대운과 세운에서 용신의 글자들이 분포된 시기가 이 사람에게는 좋은 시기라고 예상할 수 있습니다."

여명의 분석이 끝나자, 현마가 용신에 대한 이야기를 꺼냈다.

"지금의 단계는 사실 사주분석의 기본단계라고 생각해야 합니다. 하지만 모든 일이 그렇듯이 기본을 거치지 않고서는 발전할 수 없습니다. 실제로 사주 분석을 하게 되면 이렇게 많은 용신의 글자 중에 두세 개 정도만 용신으로 작용하는 것을 볼 수 있습니다. 그 이유는 여러 가지가 있을 수 있는데, 그중에 하나가 일간과의 충(沖)입니다. 나를 나타내는 일간과 반대의 운동성을 갖고 있어서 나(일간)와 충을 일으키는 글자는 용신이 될 수 없습니다. 대신 좋지 않은 역할을 하고 있는 글자를 대운이나 세운의 글자가 들어와서 충을 하는 것은 괜찮습니다. 좋지 않은 역할을 하고 있는 글자의 힘을 떨어뜨리기 때문입니다. 또한 대운이나 세운에서 들어온 글자가 합(合)이 되면 경우에 따라 용신이 될 수도 있고, 안 될 수도 있습니다. 예를 들어 합이 되어 나온 기운(오행)이 용신이 된다면 상관없지만, 기신이라면 당연히 용신이 될 수 없습니다. 또한 삼합(三合)이나 방합(方合)도 살펴봐야 합니다. 세 글자 혹은 두 글자로 이루어진 삼합이나 방합은 생각보다 자주 만나게 됩니다. 합이나 충이 되는 글자를 놓치면 용신이 아닌 글자를 용신으로 판단할 수 있습니다. 이 외에도 더 많은 경우의 수가 존재하기 때문에 사주원국에서 추출하게 된 용신을 최종적인 용신이라고 확정 지어서는 곤란합니다. 앞에서 설명한 것처럼 많은 조건을 뛰어넘고 충족해야 하기 때문에 그 과정에서 많은 용신 글자들이 탈락하게 되고, 결국엔 몇 개의 글자만 남게 됩니다. 이것이 진정한 용신이라고 할 수 있습니다. 지금 내가 한 설명이 복잡하다고 생각할 수 있겠지만 사주분석을 반복하다 보면 나중에는 거의 직감처럼 용신을 알 수 있게 됩니다. 이러한 모든 것은 사주분석에 대한 기초지식이 있어야 가능한 일입니다."

현마는 학생들이 이해할 시간을 준 뒤, 천천히 말을 꺼냈다.

"하지만 연습 단계에서는 혼란만 올 수 있기 때문에 일단 나머지 조건은 배제시킨 것입니다. 그리고 또 하나, 용신이 없는 경우도 있습니다. 용신을 찾기는 했지만, 여러 조건으로 인해 아예 하나도 없는 경우를 말합니다. 그럼 지금부터는 용신과 관련해서 가장 중요한 과정에 대해 설명하겠습니다. 여러 가지 조건으로 마지막까지 살아남은 용신을 최종적으로 검증하는 작업이 필요합니다. 과거 대운(10년간 운의 흐름)과 세운(1년간 운의 흐름)의 글자들(오행)과 용신을 비교해 보는 것입니다. 실제로 용신이 들어왔을 때, 대운이나 세운이 좋았는지를 확인하면 됩니다. 이 과정이 끝난후에야 비로소 용신으로써 인정할 수 있고, 미래의 대운과 세운에 적용할 수 있습니다. 하지만 여기서도 완전히 안심해서는 곤란합니다. 과거의어느 시점에 용신이었다고 해서 미래에도 100% 완전히 똑같은 모습으로좋을 것이라는 보장은 없기 때문입니다. 예측은 예측일 뿐입니다. 하지만 그 예측이 아무런 근거가 없는 것이 아니기에 확신을 가지면서도 달라진 변수가 없는지 확인해야 합니다."

현마는 강의실 모니터에 한 사주를 표시했다.

| 정관 | 본원(일간) | 편관 | 상관 |
|---|---|---|---|
| 병(丙) → 火 | 신(辛) → 金 | 정(丁) → 火 | 임(壬) → 水 |
| 신(申) → 金 | 유(酉) → 金 | 미(未) → 土 | 술(戌) → 土 |
| 겁재 | 비견 | 편인 | 정인 |

"이 사주는 함께 분석해보겠습니다. 앞의 경우처럼 합이나 충, 기타 복잡한 변수는 일단 제외하겠습니다. 기본적인 용신적용의 연습 단계라고 생각하면 됩니다. 이 사주는 일간을 포함해서 일간과 같은 편(같은 오행,

인성)이 5개 있습니다. 월지도 내 편이기에 무리 없이 신강한 사주라고 판단할 수 있습니다."

| 강약 판단 | 용신 | 좋지 않은 것 |
|---|---|---|
| 신강 | 수오행, 목오행, 화오행 | 토오행, 금오행 |
| 해당 글자 | 수오행: 임, 계, 해 ,자<br>(壬, 癸, 亥, 子)<br>목오행: 갑, 을, 인, 묘<br>(甲, 乙, 寅, 卯)<br>화오행: 병, 정, 사, 오<br>(丙, 丁, 巳, 午) | 토오행: 무, 기, 진, 술, 축, 미<br>(戊, 己, 辰, 戌, 丑, 未)<br>금오행: 경, 신, 신, 유<br>(庚, 辛, 申, 酉) |

"우리가 배운 방식으로 일단 용신(用神)을 뽑아보면 신강한 사주라서 일간을 강하게 하는 토오행과 금오행은 기신(忌神)이라고 볼 수 있습니다. 그렇다면 용신은 일간인 금오행의 힘을 빼는 수오행, 목오행, 화오행이라고 할 수 있습니다. 이것을 십신(十神)으로 바꿔보면 재성, 관성, 식상입니다. 그런데 주의할 사항이 있습니다. 관성(여기서는 목오행)의 경우에는 일간을 극하는 십신이기 때문에 일간의 힘을 빼주는 역할을 합니다. 하지만 잘못하면 관성이 인성을 생해줄 수 있어서 주의해야 합니다. 인성이 다시 일간에게 힘을 실어주기 때문입니다. 따라서 일간이 신강으로 판단되었을 경우, 강하게 된 이유를 살펴봐야 합니다. 만일 인성이 많아서 일간을 생해주는 것이 원인이라면 관성을 사용하지 말아야 합니다. 왜냐하면 관성이 일간을 극하기 전에 먼저 인성을 생해주므로 인성의 힘만 더 키워줄 수 있기 때문입니다. 그렇게 커진 인성의 힘은 다시 일간에게 전달됩니다. 자신이 생해주는 오행과 자신이 극하는 오행이 동시에 있을 경우(특별한 경우 제외), 기본적으로 생해주는 오행을 먼저 거친 후에 극하는 오행으로 가게 됩니다. 따라서 인성이 두텁게 일간을 막고 있다면 관성

은 쉽게 일간을 공격할 없습니다. 인성이 없다면 어떨까요? 당연히 일간을 쉽게 공격할 수 있습니다. 그럼 여기서 질문을 하나 하겠습니다. 인성이 많아서 신강하게 되었을 경우 오행의 균형을 맞춰주기 위해 어떤 십신을 사용하면 직접적인 효과가 있을까요?"

질문에 대해 산아가 대답했다.

"재성을 용신으로 삼는 것이 가장 적당하다고 생각됩니다. 그 이유는 십신의 상극원리에서 찾을 수 있습니다. 재성이 인성을 직접 극하기 때문에 인성의 힘을 직접적으로 약화시킬 수 있습니다."

현마는 이 사주의 대운과 세운을 주었다.

대운

| 80 | 70 | 60 | 50 | 40 | 30 | 20 | 10 |
|----|----|----|----|----|----|----|----|
| 편인 | 겁재 | 비견 | 상관 | 식신 | 정재 | 편재 | 정관 |
| 기己 | 경庚 | 신辛 | 임壬 | 계癸 | 갑甲 | 을乙 | 병丙 |
| 해亥 | 자子 | 축丑 | 인寅 | 묘卯 | 진辰 | 사巳 | 오午 |
| 상관 | 식신 | 편인 | 정재 | 편재 | 정인 | 정관 | 편관 |

세운

| 2020 | 2019 | 2018 | 2017 | 2016 | 2015 | 2014 | 2013 | 2012 | 2011 |
|------|------|------|------|------|------|------|------|------|------|
| 겁재 | 편인 | 정인 | 편관 | 정관 | 편재 | 정재 | 식신 | 상관 | 비견 |
| 庚 | 己 | 戊 | 丁 | 丙 | 乙 | 甲 | 癸 | 壬 | 辛 |
| 子 | 亥 | 戌 | 酉 | 申 | 未 | 午 | 巳 | 辰 | 卯 |
| 식신 | 상관 | 정인 | 비견 | 겁재 | 편인 | 편관 | 정관 | 정인 | 편재 |

"이 사주의 대운은 10이기 때문에 10세 단위로 운의 흐름이 바뀐다는 것을 알 수 있습니다. 9세까지 운의 흐름은 소운(小運)으로 부르며, 사주의 월주 부분이 됩니다. 전자 만세력을 이용하면 사주원국은 물론이고, 이렇게 대운과 세운도 함께 표시됩니다. 이렇게 도출된 대운과 세운에 용신을 적용시켜 보겠습니다. 원래는 용신과 기신을 대입하면서 동시에 일주(日柱: 일간+일지)와의 충(沖), 합(合) 등을 비교해봐야 합니다. 지금은 배우는 과정이기 때문에 일주와의 대입은 하지 않고, 용신과 기신을 표시하는 방식으로 진행하겠습니다. 위에서 구한 용신에 해당하는 글자에는 ○ 표시를 하고, 좋지 않은 글자에는 × 표시를 하겠습니다. 인성을 더욱 생해주는 관성은 여기서는 △(보통)로 표시하겠습니다."

| 80 | 70 | 60 | 50 | 40 | 30 | 20 | 10 |
|---|---|---|---|---|---|---|---|
| 편인 | 겁재 | 비견 | 상관 | 식신 | 정재 | 편재 | 정관 |
| 기己X | 경庚X | 신辛X | **임壬○** | **계癸○** | 갑甲○ | 을乙○ | 병丙△ |
| 해亥○ | 자子○ | 축丑X | **인寅○** | **묘卯○** | 진辰X | 사巳△ | 오午△ |
| 상관 | 식신 | 편인 | 정재 | 편재 | 정인 | 정관 | 편관 |

"대운에서 위와 아래에 모두 ○가 표시된 때가 가장 괜찮은 시기라고 판단해 볼 수 있습니다. 이 표에서 본다면 40세부터 49세까지의 계묘(癸卯)대운과 50세부터 59세까지의 임인(壬寅)대운이 좋은 시기로 표시되었습니다. 그런데 여기서 보면 모두 용신으로 표시되는 대운이 있고, 모두 기신으로 표시되는 대운이 있습니다. 이것들에 대한 판단은 어려움이 없습니다만, 30~39세까지의 대운인 갑진(甲辰)대운처럼 하나는 용신이고, 하나는 기신일 경우가 있을 수 있습니다. 이럴 경우 판단하는 방법은 여러 가지가 있습니다. 첫 번째는 보통으로 판단, 두 번째는 과거 운의 흐름을

살펴서(검증) 판단, 세 번째는 천간과 지지의 상생상극 관계를 살펴서 판단하는 방법 등이 있습니다. 천간과 지지의 상생상극 관계를 살핀다는 것은 이런 것입니다. 예를 들어 갑진(甲辰)의 경우에는 목극금(木剋金)으로 갑이 진을 극하는 관계입니다. 따라서 갑이 주도하는 것으로 판단하여 위아래의 종합적인 기운을 목오행이 우세한 것으로 판단하는 것입니다. 어떤 것으로 판단해야 하는 것인지에 대한 고민은 하지 마세요. 대부분 일주(日柱: 일을 나타내는 두 글자)와의 관계를 따져보면 어렵지 않게 판단할 수 있습니다."

현마는 표시를 하면서 동시에 설명했다.

"미래예측사 중에서 대운은 10년간 운의 흐름이기 때문에, 천간이 10년 중 앞쪽 5년을 담당하고, 지지가 뒤쪽 5년을 담당한다는 의견을 제시하는 사람들도 상당수 있습니다. 즉, 천간(天干)과 지지(地支)를 따로따로 분리해서 독립적으로 판단하자는 말입니다. 하지만 저는 이 생각과는 다른 의견을 가지고 있습니다. 하나의 기둥은 위와 아래가 서로에게 영향을 주고받는 관계입니다. 또한 천간은 하늘 기운의 움직임을, 지지는 세상(땅) 기운의 흐름(계절변화)을 나타냅니다. 다른 표현으로, 하나가 정신을 나타낸다면, 하나는 몸을 나타냅니다. 즉, 서로 분리하고 독립해서 생각할 존재가 아니라는 것입니다. 예를 들어서 같은 기둥인 천간(天干)이 충(沖)을 받아 충격이 있으면, 아래쪽 지지(地支)도 영향을 받습니다. 반대로 지지가 충을 받으면 역시 천간도 영향을 받습니다. 같은 기둥으로 붙어있기 때문입니다. 따라서 둘 관계를 종합해서 살펴야지 하나씩 분리해서 대운을 살피는 것은 정확한 판단을 내리는 데 문제가 될 수 있다고 생각합니다. 물론 이것은 저의 개인적인 의견입니다. 여러분이 미래예측사가 되어 사주분석 경험이 많이 쌓이게 되면, 여러분만의 기준이 새롭게 세워질 수도 있습니다. 지금까지 여러분이 공부한 내용은 대부분의 이론에서 공통적인 사용하는 사주분석 방법이었습니다. 부분적으로 약간의 차이가 있는 것도 있었지만, 완전히 다른 내용은 아니었습니다. 이 기회를 빌려서 여러분에게 할 얘기가 있습니다. 사주분석 방법에 대한 이론은 공통적인 부분도 많지만, 완전히 의견인 것도 많습니다. 경우에 따라서는 지금까지 없었던 새로운 이론이 등장하기도 합니다. 아무리 역사가 오래된 이론이라고 하더라도 모순이 있고, 자신의 기준과 다르다면 거부할 수 있어야 합니다. 또한 새롭게 등장한 이론이라고 해서 무조건 무시하지 말고, 그 근거를 잘 살펴봐야 합니다. 합리적인 근거가 있다면 과감하게 받아들여서 사주분석에 사용해 보기 바랍니다. 사실 그렇게 하는 것은 말처럼 쉽지만은 않습니다."

산아가 손을 들고 현마에게 질문을 했다.

"어떤 이론을 거부하거나 받아들일 때 그 기준을 어디에 두어야 합니까?"

다른 학생들도 궁금했던 질문이었다.

"사람마다 다르겠지만 제 기준을 말해보겠습니다. 조화와 균형, 그리고 음양오행의 상생상극 관계에 위배되는 내용이면 저는 거부합니다. 반대로 새로운 이론이라도 그 뿌리가 조화와 균형, 음양오행의 상생상극 관계에 맞아 떨어진다면 일단 받아들입니다. 그리고 사주분석에 적용해서 실제의 결과를 확인해 봅니다. 예측 성공률이 높게 나온다면 완전히 받아들여서 계속 사주분석에 적용합니다. 하지만 예측 성공률이 떨어진다면, 사주분석에 적용하지 않으면 됩니다."

현마의 대답에 학생들은 고개를 끄덕이며 저마다 생각에 빠졌다. 현마는 그동안 수많은 학생들을 가르쳐 오면서, 서로 다른 사주분석 이론 때문에 혼란스러워 하는 경우를 많이 봤다. 자신의 사주분석 방법에 대한 기준이 확실한 경우라면 모르겠지만, 배워가는 학생들의 입장에서는 혼란스러울 수밖에 없었다. 아직 분석 수준에 한계가 있었기 때문에, 선택에 대한 고민이 많았다. 그렇기 때문에 현마는 공통적인 이론을 먼저 학생들에게 가르쳤다. 그렇게 이론적 배경을 갖춘 뒤에는 자신만의 기준으로 여러 이론을 취사선택할 수 있었다. 자신의 앞에 앉아있는 네 명의 학생들도 지금은 혼란스러울 수 있지만, 시간이 흐르면 자신만의 기준으로 명쾌한 답을 내릴 수 있을 것이라고 믿었다.

| 2020 | 2019 | 2018 | 2017 | 2016 | 2015 | 2014 | 2013 | 2012 | 2011 |
|------|------|------|------|------|------|------|------|------|------|
| 겁재 | 편인 | 정인 | 편관 | 정관 | 편재 | 정재 | 식신 | 상관 | 비견 |
| 경庚 X | 기己 X | 무戊 X | 정丁 △ | 병丙 △ | 을乙 O | 갑甲 O | 계癸 O | 임壬 O | 신辛 X |
| 자子 O | 해亥 O | 술戌 X | 유酉 X | 신申 X | 미未 X | 오午 △ | 사巳 △ | 진辰 X | 묘卯 O |
| 식신 | 상관 | 정인 | 비견 | 겁재 | 편인 | 편관 | 정관 | 정인 | 편재 |

"세운 또한 대운의 경우와 같이 사주에 좋은 글자(용신: 用神)와 그렇지 않은 글자(기신: 忌神)를 표시하였습니다. 이런 식으로 1년 운의 흐름을 검토하는 것입니다. 천간과 지지 모두가 좋지 않을 때에는 주의해야 하며, 둘 다 좋게 표시되면 운의 흐름도 좋다고 받아들입니다. 천간과 지지가

상이할 경우에는 앞서 설명했던 대운의 판단방법을 그대로 응용합니다. 대운 때와 마찬가지로 실제로 분석을 할 때는 사주원국(특히 일주)과의 충(沖), 합(合) 등을 고려하여 최종 결정을 내려야 합니다."

현마는 용신을 빨리 찾을 수 있는 방법에 대해 말했다.

"항상 일간을 강하게 하는 요소와 일간을 약하게 만드는 요소가 머릿속에 있어야 합니다. 일부러 기억하려고 하지 않아도 자동적으로 나올 수 있을 만큼 익숙해져야 합니다. 그렇게 되면 바로 용신을 찾을 수 있습니다."

| 일간을 강하게 만드는 요소 | | 일간을 약하게 만드는 요소 | |
|---|---|---|---|
| 1. 나와 같은 오행 | 비겁<br>비견 겁재 | 1. 나를 극하는 오행 | 관성<br>편관 정관 |
| 2. 나를 생해주는 오행 | 인성<br>편인 정인 | 2. 내가 극하는 오행 | 재성<br>편재 정재 |
| - | | 3. 내가 생하는 오행 | 식상<br>식신 상관 |

현마는 강의를 마무리했다.

"좋은 시기라고 해서 마치 금방이라도 대단한 성공을 거둘 것 같은 느낌을 갖고 있다면 잘못된 생각입니다. 물론 대운과 세운, 그리고 사주원국의 모든 조건이 맞아서 하루아침에 큰 성공을 거둘 수도 있겠지만, 이것은 그야말로 꿈의 확률일 뿐입니다. 또 반대로 나쁜 시기라고 해서 마치 이뤄놓은 모든 것을 날리고, 거기에 인간관계마저 파탄이 나서, 그야말로 모든 것에서 실패만이 가득할 것이라고 생각해서는 곤란합니다. 그럴 확률 또한 굉장히 낮습니다. 물론 없다는 의미는 아니지만 그럴 정도의 완전한 실패는 앞에서 설명한 하루아침에 큰 성공을 할 때와 마찬가지로 대운과 세운, 그리고 사주원국의 오행 방향이 나쁜 쪽으로 일치해야 하는 낮은 확률의 이야기인 것입니다. 용신이 들어오는 시기에 대한 적절한 생각은 내가 하는 일, 인간관계에서 내가 예기치 못했던 일로 인해서 어려움을 겪지는 않을 시기 정도로 생각하면 무방합니다. 또 내가 한 만큼의 결과는 거둘 수 있다고 표현하기도 합니다. 사업이나 일, 시험 등에서 내가 한 만큼의 결과는 거둘 수 있다는 의미로써, 이것은 결코 작은 것이 아닙니다. 물론 특별하게 좋은 상황이 줄지어 있는 것이 사주분석을 통해서 드러났다면 조금 더 좋은 상황이 될 것입니다. 반대로 기신이 들어오는 시기라고 해서 절망할 필요는 없습니다. 좋은 기운이 있다고 보기는 힘들기 때문에, 새로운 일은 벌리지 않는 것이 좋고, 나머지 생활은 평소와 똑같이 하면 됩니다. 공부나 개인적인 수양은 정신을 집중할 수 있기 때문에 오히려 권유해도 됩니다. 이제 다시 사주분석 방법을 간단하게 정리해 보겠습니다. 가장 먼저 사주원국에 대한 분석을 합니다. 바로 다음 시간에 배울 내용이지만, 사주 자체에 대한 장점과 단점을 먼저 분석해야 합니다. 그 가운데 용신과 기신을 찾아서 대운과 세운을 통해 좋은 시기와 그렇지 않은 시기를 예측하는 것입니다."

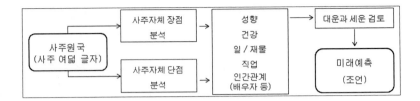

# 십신(十神)의 분석 1

    산아는 강의가 시작되기 전에 자리에 앉아 지난 시간에 공부했던 내용을 떠올려 봤다. 운명(運命)에 대해서 배웠던 내용이 먼저 생각났다. 멈춰 있지 않고 계속해서 오행이 순환하며 움직이는 운(運)과 태어날 때 부여받은 사주 8개 글자로 고정된 명(命)이 바로 운명이었다. 사주를 분석한다는 것은 바로 사주원국(사주 8개 글자)과 대운, 세운을 동시에 비교해보는 것이었다. 그 결과를 가지고 비로소 미래를 예측할 수 있고, 의뢰인에게 조언을 할 수 있다. 특히 마지막에 들었던 현마의 말이 인상 깊었다. 조화와 균형, 그리고 음양오행의 상생상극 관계에 위배되는 내용이면 어떤 것이라도 받아들이기를 거부하며, 반대로 역사가 깊지 않은 새로운 이론이라도 그 뿌리가 조화와 균형, 음양오행의 상생상극 관계에 맞아 떨어진다면 거부감 없이 받아들인다는 내용이었다. 산아는 자신도 현마와 같은 기준으로 공부하겠다는 결심을 했다. 그리고 현마와 같은 훌륭한 미래예측사가 되고 싶었다. 단순히 결과를 통보만 하는 것이 아닌, 진심 어린 조언을 할 수 있는 미래예측사가 되고 싶었다. 산아가 생각할 때, 현마는 그런 미래예측사였다. 또한 학생들에게는 자상한 선생님이기도 했다. 현마는 오늘도 변함없이 학생들의 앞에 서서 열정적으로 강의를 하고 있었다.

"태어날 때 부여받은 사주를 대운, 세운과 구별하기 위해서 사주원국 (四柱原局)이라는 말을 사용한다고 했습니다. 이 사주원국에 대해 자세한 분석을 해보겠습니다. 만약 어떤 사람의 사주가 다음과 같다고 가정해 보겠습니다. 본원(本原)이 바로 나를 의미하는 일간입니다. 이 사람의 성향, 성격부터 파악해보겠습니다."

| 시時 | 일日 | 월月 | 년年 |
|------|------|------|------|
| 편재 | 본원 | 비견 | 정관 |
| 을 乙 | **신 辛** | 신 辛 | 병 丙 |
| 유 酉 | 사 巳 | 유 酉 | 인 寅 |
| 비견 | 정관 | 비견 | 편재 |

"기본적인 파악은 일간의 특성을 알아보는 것입니다. 우리는 예전에 천간에 들어가는 십간(十干)에 대한 기본적인 특성을 공부했습니다. 그때 배운 특성을 간단하게 머릿속에 떠올립니다. 전에도 말했듯이 일간의 특성은 주변 환경에 따라 변하기 때문에, 말 그대로 아주 기초적인 자료로만 생각해야 합니다. 그것을 감안하고 이 사주의 일간적 특성을 살펴보겠습니다. 이 사람은 신(辛) 일간입니다. 신(辛) 일간을 가진 사람은 영리하고, 세심하며, 예민합니다. 자존심이 세고, 만약 본인이 상처를 받았거나 피해를 받았다면 그것을 오랫동안 기억합니다. 경우에 따라 욱하는 성향도 존재합니다. 또한 승부욕과 경쟁심이 있습니다. 멋쟁이들이 많고, 특정한 것에 대한 기억력이 좋습니다. 이 정도로만 일간의 특성을 알아보고, 본격적인 **성향의 파악**에 들어가 보겠습니다. 사주 안에 들어있는 십신을 확인해서, 그 십신의 특성을 분석하면 바로 그것이 사람의 성향이 됩니다. 그런데 여기서 하나 주의할 점이 있습니다. 사주원국 8개 글자

중에서도 일간에게 영향을 주는 힘의 정도가 큰 글자가 있다는 것입니다. 그것은 바로 일간과 가장 가까운 곳에 있는 글자입니다. 그림을 볼까요?"

| 시時 | 일日 | 월月 | 년年 |
|------|------|------|------|
| 편재 | 본원 | 비견 | 정관 |
| 을乙 | 신辛 | 신辛 | 병丙 |
| 유酉 | 사巳 | 유酉 | 인寅 |
| 비견 | 정관 | 비견 | 편재 |

"그림에서처럼 일간인 신(辛)과 바로 붙어 있는 왼쪽의 을(乙)과 오른쪽의 신(辛), 그리고 일간과 같은 기둥인 사(巳)가 일간에게 주는 영향력이 다른 글자들보다는 크다고 간주합니다. 그런데 바로 붙어 있지는 않지만 하나 더 기억해야 할 글자가 있습니다. 바로 월지(月支)입니다. 이것은 일간과 바로 붙어 있지는 않지만 사주 전체에 대한 영향력이 크기 때문에 함께 분석해야 합니다. 정리해서 말하지만, 일간에게 다른 글자들보다 더 영향을 끼치는 글자는 시간 기둥의 윗부분인 **시간**(時干), 월 기둥의 윗부분인 **월간**(月干), 그리고 일간의 아래에 있는 **일지**(日支), 마지막으로 **월지**(月支)입니다. 이 부분의 십신을 우선적으로 분석합니다. 나머지 글자들의 영향력이 아예 없다는 것이 아니라 상대적으로 낮다는 것입니다. 그럼 이 4개 글자의 십신을 살펴보겠습니다. 비견이 2개이고, 편재 1개, 정관 1개입니다. 비견이 상대적으로 높은데, 시지(時支: 시간 기둥의 아랫부분)도 보면 비견입니다. 영향력이 낮다고는 해도 어쨌든 이 사주에서는 비견이 가장 강한 것으로 볼 수 있습니다. 편재와 정관도 1개씩 있는데, 다른 위치에도 각각 편재와 정관이 1개씩 더 있습니다. 결국 이 사주는 비견,

편재, 정관으로 구성되었고, 그것에 대한 특성을 살펴보면 되겠습니다."

이 사주의 성향 분석

| 십신 | 장점 | 단점 |
|---|---|---|
| 비견 | 독립심, 주체성<br>주관 뚜렷 | 고집, 융통성↓, 협력↓ |
| 정관 | 원리원칙, 법, 규칙, 합리성 | 고지식, 소심, 융통성↓ |
| 편재 | 순발력, 실행력, 신속<br>수리, 공간 능력 | 조급함, 충동적, 한탕주의 |

현마는 사주의 성향을 분석한 표를 모니터에 올리고 설명했다.

"이 표에서 나온 것처럼 우선적으로 반영해야 하는 4개의 글자 위주로 성향을 분석합니다. 이 4개 외에 나머지 글자들도 같은 십신을 보이고 있다면 더욱 뚜렷한 성향으로 나타납니다. 대부분의 성향은 여러 개로 나타납니다. 같은 사람이더라도 오직 하나의 성격이나 성향만 가진 것은 아닙니다. 복합되어 나타나게 되며, 이 복합된 성향을 사주분석에서 뽑아내는 것입니다. 이와 같은 방법으로 사주에서 성향을 분석해 의뢰인에게 말해보면 상당히 일치함을 알 수 있습니다. 이러한 사주상의 성향은 숨기려고 해도 숨길 수가 없습니다. 오히려 본인보다 더 본인에 대해 정확하게 알게 될 수도 있습니다. 왜냐하면 사람은 자신의 장점은 더 부각시키고, 단점은 의도적으로 자신의 시야에서 가려 보지 않으려고 하는 경향이 있기 때문입니다. 그래서 자신에 대한 평가에 있어서 객관성을 상실할 가능성이 많습니다. 하지만 사주분석으로 보는 성향이나 성격은 객관적입니다. 물론 분석을 하는 미래예측사의 실력이 중요합니다. 어쨌든 이와 같은 식으로 사주를 보고 성향이나 성격을 파악합니다. 이것이 중요한 이유는 대부분의 문제가 성향(성격)에서 발생하기 때문입니다. 따라서 여기에 맞는 조언을 해주면 됩니다. 조언의 내용은 성향에 따르는 단점 부분을 설명해 주고, 그러한 행동을 조심하고 고칠 것을 말해주는 것입니다. 여러분이 나중에 경험해보면 알겠지만 자신의 타고난 성향을 고치는 것은 매우 어려운 일입니다."

현마의 설명을 듣고 나자 산아는 성향을 파악하는 것이 왜 그렇게 중요한지 알았다. 정말 사람들 사이에서의 문제는 성향의 차이가 원인이 되는 경우가 많았다. 그리고 본인보다 더 그 사람에 대해 정확하게 알 수 있다는 말은 가슴 깊이 와 닿았다.

"사주로 이렇게 성향을 파악하게 되면 다양한 분야에 활용할 수 있습니다. 특히 학생들의 적성을 알아볼 때 가장 효과적으로 이용할 수 있습니다. 현재의 적성검사는 대부분 미국에서 만들어진 검사방법입니다. 이 검사를 받기 위해서는 최소한 초등학교 3학년에서 4학년 이상 되어야 합니다. 그 이유는 그런 검사들이 문제를 읽고 답을 쓰는 식으로 진행되므로 그 문제를 이해하려면 최소한 10살 이상은 되어야 가능하기 때문입니다. 그런데 인간의 성격형성은 아기 때부터 시작해서 6세에서 7세 때 거의 끝나고, 나머지 기간은 이 성격이 굳어질 뿐이라는 것이 정설로 받아들여지고 있습니다. 이것을 바꿔 말하면, 이미 성격이나 성향 형성이 끝난 상태에서 검사를 받는다는 것입니다. 그 결과를 보고 성격을 바꾸기에는 이미 시간이 많이 늦었다고 봐야 합니다. 또한 이러한 검사는 문항 자체가 미국적인 내용을 담고 있습니다. 가치관이 다르면 삶의 방식이 다르고 인생관이 다릅니다. 이렇게 다른 상황에서 과연 그 문제가 우리의 학생들에게 적합하다고 볼 수 있을까요? 그리고 또 하나의 문제는 학생들이 백퍼센트 자신의 마음을 솔직하게 털어놓을 것이라는 보장이 없다는 것입니다. 숨기고 싶거나, 실제와는 다른 답을 선택할 것이라는 예상은 어렵지 않게 할 수 있습니다. 또 검사를 받는 날의 몸 상태에 따라서도 결과는 달라질 수 있습니다. 이에 비해 사주분석은 이러한 단점을 보완할 수 있습니다. 학생들이 문제에 답하지 않아도 되고, 자신의 성향을 숨길 수도 없습니다. 상담을 하는 날의 몸 상태와도 아무런 상관이 없습니다. 오직 학생의 태어난 연, 월, 일, 시간만 알고 있으면 가능하기 때문입니다. 학생의 성향을 가능하면 일찍 파악하여 장점은 더욱 키워주고, 단점이 될 만한 성향은 사전에 고치도록 도와줄 수 있습니다. 사주분석으로 보는 성향은 적중률이 높아서 실제 성향과 많이 닮아 있습니다. 다시 십신의 분석으로 돌아와 보겠습니다."

| 시時 | 일日 | 월月 | 년年 |
|---|---|---|---|
| 시간 | 일간 | 월간 | 연간 |
| ①○ | ○ | ○ ③ | ○ |
| ○ | ②○ | ○ ④ | ○ |
| 시지 | 일지 | 월지 | 연지 |

현마는 사람의 성향이나 성격을 분석할 때, 먼저 고려해야 할 4개의 글자를 나타내는 그림을 학생들에게 보여주었다. 다른 글자들도 감안을 해야겠지만, 1차적으로 해석해야 할 것은 이 4개의 글자라고 다시 설명했다.

"같은 사주를 보고도 그 내용을 빨리 파악하는 사람이 있고, 늦게 파악하는 사람이 있습니다. 또한 제대로 파악하지 못하는 사람도 있습니다. 십신은 같은데 왜 그럴까요? 그렇게 차이가 나는 이유는 바로 경험입니다. 사주 분석을 많이 할수록 십신의 분포만 보고도 바로 그 사람의 성향을 말할 수 있습니다. 여러분도 많은 연습을 통해서 점점 시간을 줄이는 연습을 해야 합니다. 성향을 분석하는 데 필요한 각 십신의 특성을 정리해 보겠습니다. 분석을 할 때 이런 식으로 해석을 하면 됩니다."

현마는 예전에 공부했던 십신의 내용을 표와 함께 설명했다.

| | 음양 | 명칭 | 장점(좋은 작용) | 단점(나쁜 작용) |
|---|---|---|---|---|
| 나와 같은 오행 | 음양 같음 | 비견 | 독립심, 주체성 | 고집, 융통성↓ 협력↓ |
| | 음양 다름 | 겁재 | 과감, 경쟁, 투쟁 | 지나친 경쟁심 질투 |

"비견(比肩)과 겁재(劫財)를 합친 비겁(比劫)에 대해 알아볼까요? 비겁은 나와 같은 오행입니다. 내가 있는데 또 내가 있는 것과 마찬가지입니다. 다시 말해 일간과 같은 오행이 중복되어 있는 것입니다. 그럼 일간의 힘은 어떻게 될까요? 같은 오행이기 때문에 힘은 강해지고 해당되는 오행의 기운이 강하게 나옵니다. 특성은 나와 같은 내가 또 있으니, **내 생각에 대한 주관, 주체성이나 독립심, 고집이 강하게 표출**됩니다. 그렇다면 반대로 이러한 비겁이 아예 없다면 어떨까요? 그럴 때에는 반대의 해석이 가능합니다. 즉, 내 의견, 내 생각에 대한 신념이나 주체성이 약해서 나약하고, 남의 생각대로 움직이는 약한 모습이 나타날 가능성이 많습니다. 비겁은 당연히 필요한 십신입니다. 하지만 지나치면 자기 의견만 내세우고, 남의 말은 듣지 않으려고 합니다. 이것이 비겁의 가장 큰 단점입니다.

사회생활을 하는 데 있어서 문제가 생길 수밖에 없습니다. 특히 겁재는 승부욕이 강한 특성이 있어서 제대로 제어하지 못하면 경쟁과 관련해서 문제가 발생합니다."

| | 음양 | 명칭 | 장점(좋은 작용) | 단점(나쁜 작용) |
|---|---|---|---|---|
| 내가 생하는 오행 | 음양 같음 | 식신 | 표현력, 사교성 활동성, 글, 연구 | 집착, 방종 |
| | 음양 다름 | 상관 | 표현력, 예술 언어, 사교성 | 사치, 방종 |

식상(食傷)에 대한 설명을 하는 현마.


"일간(日干)인 내가 생해주는 오행을 식신(食神)과 상관(傷官)이라고 했습니다. 이 식상(食傷)을 한마디로 말하면 **발산과 표현의 욕구이며, 활동적인 모습**입니다. 일간인 **나를 표현하고, 드러내고자 하는 특징**이 있습니다. 또한 다른 십신에 비해 **감정적인 표현**이 많습니다. 이러한 감정표현을 위해 말, 글 등을 잘 활용합니다. 또한 이성적이기보다는 감정적, 감성적입니다. 세부적으로 나눠보면, 식신은 특정적인 한 분야에 집중하는 경향이 있으며, 상관은 다양한 분야에 재능이 있는 경우가 많습니다. 모든 십신에 조화와 균형이 중요하듯이 식상 또한 마찬가지입니다. 지나칠 경우 단점으로 작용합니다. **잘못된 욕구 분출로 경계를 뛰어넘은 자유분방함, 사치, 집착, 방종의 모습**을 보일 수 있습니다. 또한 좋아하는 분야나 사람에게 쉽게 빠져드는 경향이 있는데, 정도를 조절하지 못하면 이 때문에 인생을 낭비할 우려도 있습니다. 특히 사주 8개의 글자 가운데 관성이 없는 상태에서 식상이 강하면 남이 간섭하는 것을 못 참으며, 제어력과 인내심이 부족합니다."

| | 음양 | 명칭 | 장점(좋은 작용) | 단점(나쁜 작용) |
|---|---|---|---|---|
| 내가<br>극하는<br>오행 | 음양<br>같음 | 편재 | 큰손, 정보빠름<br>순발력, 신속 | 조급함, 충동적,<br>한탕주의 |
| | 음양<br>다름 | 정재 | 꼼꼼함, 검소,<br>정확한 계산, 세밀 | 돈에 집착,<br>행동력 저하 |

다음으로 현마는 재성(財星)에 대해 설명했다.

"일간(日干)인 내가 극하는 오행을 편재(偏財)와 정재(正財)라고 했습니다. 이 재성(財星)을 표현한다면 내가 마음대로 하고 싶은 것, 혹은 하려고 하는 것, 원하는 것, 어떤 일에 대한 결과라고 하겠습니다. 이 때문에 돈과도 연결되는데, 재(財)라는 글자가 바로 재물의 의미이기도 합니다. 앞에서 말한 특징들 때문에 **수리력(계산)과 일에 대한 실행력**이 있습니다. **현실적**이며, 그렇다보니 **돈이나 결과에 대해 어느 정도의 집착**이 있습니다. 세부적인 특징을 보면 편재의 경우에는 **순발력이 있고, 전체적인 관리력이 있으며, 결정이 빠릅니다.** 정재는 **정확하고 꼼꼼하며 세밀한 특성**이 있습니다. 하지만 재성이 좋지 않게 작용할 때의 편재는 **조급함과 충동적인 모습**으로 나타나고, 정재의 경우에는 **돈에만 집착하는 모습을 보이거나, 너무 계산만 하다가 기회를 놓치는 경우**로 나타나곤 합니다."

| | 음양 | 명칭 | 장점(좋은 작용) | 단점(나쁜 작용) |
|---|---|---|---|---|
| 나를<br>극하는<br>오행 | 음양<br>같음 | 편관 | 예리함, 분석력<br>결단력, 개혁, 인내<br>복종 | 강압적, 고집, 자학 |
| | 음양<br>다름 | 정관 | 원리원칙, 법, 규칙<br>정직, 합리성 | 고지식, 소심, 융통성↓ |

관성(官星)에 대한 현마의 설명이 계속되었다.

"일간(日干)인 나를 극하는 오행을 편관(偏官)과 정관(正官)이라고 했습니다. 이 관성(官星)을 표현하자면 내가 싫어도 해야만 하는 것, 지켜야만 하는 것, 어떠한 틀, 규칙이라고 할 수 있습니다. 얼핏 들으면 상당히 나쁜 것으로 생각될 수 있지만 그렇지 않습니다. 해야 하는 것을 해내는 **책임감, 참아내는 인내심**을 의미하기 때문에 반드시 필요한 요소입니다. **결단력이 있고, 규칙을 지키려는 습성**이 강합니다. **나보다는 단체, 사회라는 큰 틀을 중요하게 생각**합니다. **자기 제어력**이 있습니다. 세부적인 특징을 보면 편관은 개혁(뜯어 고치겠다는)적이고, 인내심, 복종심이 있는데 그러다가도 **뒤집을 수도 있는 습성**이 있습니다. 정관은 **원리원칙과 합리적인 규칙 준수를 중요하게 생각**합니다. 이러한 관성이 단점으로 작용하면 **사회나 인간관계에서 많은 스트레스**를 받을 수 있습니다. 편관의 경우 **자학적인 모습, 남에 대한 억압이나 강요의 모습**으로 나타날 수 있고, 정관에서는 **융통성이 결여된 형태**로 나타날 수도 있습니다."

| | 음양 | 명칭 | 장점(좋은 작용) | 단점(나쁜 작용) |
|---|---|---|---|---|
| 나를 생하는 오행 | 음양 같음 | 편인 | 특수/신비분야, 교육 취사선택 분명 | 게으름, 망상 실천력↓ |
| | 음양 다름 | 정인 | 순수하게 전부 수용 교육 분야 | 이용당할 가능성, 게으름, 실천력↓ |

"일간(日干)인 나를 생해주는 오행을 편인(偏印)과 정인(正印)이라고 했습니다. 이 인성(印星)을 표현하면 생각하고, 배우며, 수렴하는 것입니다. 그래야 에너지를 효과적으로 비축할 수 있고, 그 비축된 에너지를 나(일간)

에게 전달해 줄 수 있습니다. 또한 누군가를 생해주는 기운이기 때문에 **누군가에게 도움을 준다는(제공한다) 의미**도 있습니다. 준다는 것의 의미는 내가 배운 지식을 주는 것일 수도 있고, 실제적인 도움이나 인정(人情)도 가능합니다. 품성은 마음이 약한 편이고, 좋게 작용하면 자비심도 있습니다. 또한 **생각하고, 배우고, 수렴하는 것이기 때문에 실천력은 약합니다.** 생각이 많고, **뭔가를 받아들이는 능력**이 있기 때문에 학습력이 좋습니다. 세부적으로 보면 같은 공부라도 편인의 경우에는 특정 분야에 치우쳐서 배우고 싶은 것에만 깊이 빠지는 경향이 있습니다. 이러한 **인성이 여러 가지 요인으로 인해 좋지 않게 작용하면 실천력이 없고, 계획만 세우다가 흐지부지하게 되는 행동을 반복**하기도 합니다. 또한 **의존심이 높을 수도 있습니다.**"

'선생님 말씀처럼 열심히 공부해서 각 십신의 차이를 확실히 구분해야겠어. 이러한 성향만 제대로 구분할 줄 알면 다른 내용을 분석할 때도 많은 도움이 되겠지.'

산아는 현마의 설명을 듣는 내내 온 신경을 집중해서 각 십신별 특징과 차이를 외우려고 노력했다. 현마는 설명을 멈추고, 학생들에게 십신의 특성에 대해 정리할 시간을 주었다. 그리고 각 십신별 장점과 단점을 정리한 그림을 모니터 화면에 불러왔다.

"좀 전에 설명한 각 십신의 내용 외에 몇 가지를 더 정리한 그림입니다. 시간이 날 때마다 반복해서 읽어보세요. 억지로 외우려고 하기보다는 각 십신에 대한 느낌을 이미지를 만들어서 머릿속에 담아두세요. 그럼 더 쉽게 이해되고, 해석할 때도 편리하게 적용할 수 있습니다."

## 비겁 (비견+겁재)

**장점**
- 본인에 대한 주체성 및 독립적 성향이 강하다.
- 본인 일, 행동에 대한 확고한 신념이 있다.
- 승부욕과 경쟁심리가 행동의 원천으로 작용한다.

**단점**
- 다른 사람의 말(조언)을 잘 수용하지 않는다.
- 지나친 경쟁심으로 결과를 받아들이려 하지 않을 수 있다.

## 식상(식신+상관)

**장점**
- 외부로의 표현력이 좋다.
- 언어적 능력, 글쓰기 능력이 좋다.
- 사람들과의 친화력이 우수하다.
- 아이디어(임기응변)가 좋고 및 연구심이 많다.
- 틀에 얽매이지 않는 자유로운 사고
- 여유있는 마음과 행동

**단점**
- 인간관계가 감정적으로 치우칠 수 있다.
- 좋아하는 분야에만 치중에서 공부할 수 있다.
- 좋아하는 사람과 싫어하는 사람이 구분이 아주 확실하다.
- 약속 시간에 대한 관념이 희박할 수 있다.
- 남들에게 보여지는 자신의 모습에 너무 많은 신경을 쓴다.

## 재성(편재+정재)

**장점**

어떤 일을 하는데 있어 실행력이 뛰어나다.

전체적인 계획을 잡고 관리하는데 능숙하다.

행동에 있어서 신속하고 민첩하다.

**단점**

결과에 집착하는 경향이 있다.

조급한 성격

상대방의 기분을 배려해 주는 것이 약하다.

한번 갖고 싶다고 생각하면 계속 그 생각만 한다.

학업에 대한 흥미와 관심이 낮을 수 있다.

## 관성(편관+정관)

**장점**

자제력, 인내심이 뛰어나다.

단체생활에 적응을 잘한다.

질서, 규칙 등을 준수한다.

약속을 잘 지킨다.

**단점**

타인의 행동 때문에 스트레스를 많이 받을 수 있다.

타인에게 규칙 등을 강요할 수 있다.

억눌렸던 화가 일시에 쏟아져 나올 수 있다.

지나칠 정도로 규칙이나 형식, 약속에 얽매인다.

## 인성 (편인+정인)

**장점**
- 학습능력이 뛰어나다.
- 인지능력(사고력)이 뛰어나다.
- 다른 사람들로부터 도움을 쉽게 받는 경향이 있다.
- 배우는 것과 가르치는 것을 잘한다.

**단점**
- 생각에 대한 실행력이 약하다.
- 내 생각을 외부로 드러내는 표현력이 약하다.
- 상황이나 사람에 대해 의심없이 받아들이는 경향 (정인)
- 자신의 취향에 맞는 분야에만 치중할 수 있다. (편인)

각 십신의 장점과 단점이 담긴 그림들이 끝나고 새로운 그림이 나타났다.

"다음에 볼 것은 각 십신의 성향에 따라 서로 맞을 것으로 예상되는 직업입니다."

**비견**
- *전문분야 연구원, 기술자
- *전문 자격증을 이용한 사업(자영업)
- *스포츠, 레저관련
- *독립적이고 자율적인 사업
- *공무원, 공기업, 체육(운동) 관련

연구원, 기술자, 공무원,
공기업의 경우 간섭이 없는 독립성 강한 부서

**겁재**
- *전문 자격증 이용 자영업
- *스포츠, 레저관련
- *독립적이고 자율적인 사업
- *체육(스포츠) 관련, 공무원, 공기업
- *운동선수, 모험(체험)+개방적인 업종

## 식신

* 전문분야 및 연구분야
* 연구, 기획, 음식, 의류, 주택
* 예능계열, 문학(문예창작)계열
* 장인(전문가)정신이 요구되는 일

연구원, 전문기술사, 교수, 과학자, 작가, 가이드, 평론가
애널리스트(각종 분석가), 번역가, 프로그래머 등

## 상관

*언어, 감성, 예술, 중재 추구
*언론, 문예창작, 배우, 패션
*창조적이고 혁신적인 직종, 아이디어

광고기획, 디자이너, 정치, 외교, 가이드, 무역
방송인, 연예인, 미용관련, 가이드, 변호사, 중개,
영업, 통역(번역)프리랜서

## 편재

*수리(수학) 및 금융/경제분야 직업군
*사업, 유통, 무역, 투자, 벤처
*건축(토목), 기계, 기술분야, 공간예술

재무전문가, 회계사, 세무사, 감정평가사, 투자전문가
펀드매니저, 외환딜러, 선물거래사, 외료관련업 등

## 정재

기획 및 관리(세심한) 필요 직업군
세무, 금융, 경영, 경제계열
안정이면서 보수적인 사업
재정(금전)관련분야, 일반 직장인

재무전문가, 항공조종사, 측량/정비, 건축사
기관사, 프로그래머, 전문설계사, 각종 엔지니어 등

| 편관 | *공익, 규칙(질서) 추구하는 직업 |
| | *스포츠 및 무술 업종 |
| | *모험이 따르는 업종 등 |
| | *상기 직종의 교육배출 분야 |
| | 군인, 경찰관, 검사, 교도직공무원, 경호원, 사회복지사 |
| | 시민운동가, 환경운동가, 소방관, 구조사, 스포츠 관련 등 |

| 정관 | *공명정대, 공익, 규칙(질서)을 추구하는 직업 |
| | *합리적, 이성적 성향의 직업 |
| | *공공복리 추구 직종 |
| | 행정직공무원, 정치인, 법조계(판사,검사,변호사), 군인 |
| | 경찰관, 소방관, 기자, 시민운동가, 환경운동가 등 |

| 편인 | *종교 및 의학, 심리적 성향 추구 직업 |
| | *예술가, 철학자, 종교인, 상담분야, 학술계통 |
| | *자부심을 중시할 수 있는 일(타인을 위한) |
| | 의료(의사, 한의사, 약사, 간호사, 수의사), 종교인, 철학자 |
| | 심리학자, 전문상담가, 작가, 의료건강관련업, 교육자 등 |

| 정인 | *교육자, 사범계열 분야 |
| | *철학자, 종교인, 학자 |
| | *예술가, 상담분야 |
| | *출판계열, 교육사업 |
| | 교사(어린이집, 유치원, 학교), 심리학자, 전문상담가 |
| | 강사, 번역가, 작가, 만화가, 영양사(조리사), 파티쉐등 |

산아는 십신의 성향에 따라 추천할 수 있는 직업들을 보면서 생각했다.

'역시 십신의 특성에 따라 직업이 서로 연결되어 있어. 결국 성향을 잘 파악해서 그 성향을 잘 살릴 수 있는 일을 하도록 조언할 수 있어야 해.'

현마는 강의를 마무리했다.

"타고난 적성과 선택한 일의 성격이 맞지 않으면, 보통은 처음부터 아예 그 일에 끌리지 않습니다. 하지만 여러 가지 이유로 어쩔 수 없이 적성에 맞지 않는 일을 할 수도 있습니다. 우리 주변에서도 그런 경우는 많습니다. 내 적성보다는 남들이 많이 가는 길을 그저 아무 생각 없이 따라가게 되고, 소위 인기직종이라는 직업을 얻기 위해 많은 노력과 시간을 들여 공부를 합니다. 높은 경쟁을 뚫고, 그토록 바라던 직장에 들어갑니다. 하지만 적성과 너무 차이가 크게 되면, 결국 오래지 않아 그만두게 되어 있습니다. 그래서 다시 직업을 선택해야 하는 일이 벌어집니다. 이것은 개인의 인생에 있어 시간적으로나 경제적으로나 큰 낭비가 아닐 수 없습니다. 자신의 적성을 정확히 아는 것은 중요합니다. 그렇기 때문에 정확한 적성 파악은 의뢰인을 위한 여러분의 중요한 역할 중 하나입니다."

# 십신(十神)의 분석 2

지난 시간에 배운 각 십신(十神)별 장점과 단점은 산아가 생각할 때도 아주 중요한 내용이었다. 사주 8개 글자에 대한 해석을 하는 것이 바로 사주분석을 하는 것이다. 그런데 해석을 하기 위해서는 글자 간의 오행 관계를 나타내는 십신을 읽어내야만 했다. 이것을 읽지 못한다면 사주분석을 전혀 할 수 없는 것이나 마찬가지였다. 현마가 했던 말처럼 일단 각 십신들의 장점과 단점을 단순하게 반복해서 읽어보면서 십신들에 대한 이미지를 머릿속으로 그려봤다.

'나만의 생각, 주장, 고집은 비겁(比劫), 나를 표현하고 드러내며 감정적인 식상(食傷), 어떤 것을 갖고자 하고 그래서 실행력이 좋은 재성(財星), 틀 안에서 규칙을 지키고 인내하는 관성(官星), 생각하고 공부하는 인성(印星)'

이런 식으로 몇 번 반복하자, 각 십신의 차이를 알게 되었고, 쉽게 이해하고 암기할 수 있었다. 다른 학생들도 각자의 방법으로 십신을 공부하면서 그 특성을 바로 떠올릴 수 있도록 노력했다. 십신 분석에 대한 두 번째 강의가 시작되었다.

"지난 시간에는 십신의 장점과 단점을 알아봤고, 각 십신의 성향에 맞는 직업에 대해서도 공부를 했습니다. 직업과 관련해서 한 가지 더 말할 것이 있는데, 바로 신살(神煞)과 관련된 내용입니다. 역마살(驛馬煞), 도화살(桃花煞), 화개살(華蓋煞)에서 배운 내용을 직업과 접목시켜 보겠습니다. 이 세 가지의 성향이 강하게 나타날 경우, 이와 관련된 직업에 끌리게 되어 있고, 실제로 종사하는 경우가 많습니다. 먼저 각 신살의 성향을 간단하게 보겠습니다."

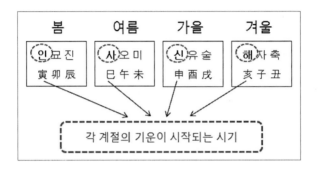

"먼저 인(寅), 신(申), 사(巳), 해(亥) 역마살입니다. 이 4개의 글자가 지지(地支)에 오면 일단 기본적으로 살펴봐야 합니다. 4개의 글자가 동시에 다 지지에 들어와야 한다는 의미는 아닙니다. 2개 이상 들어오면 평균 이상의 역마적인 요소가 있다고 판단하는데, 만일 월지(月支: 월 기둥의 아래)나 일지(日支)에 자리 잡고 있으면 더욱 강한 영향력을 발휘합니다. 그 이유는 월지와 일지가 다른 글자들보다 영향력이 크다고 간주되기 때문입니다. (일지도 월지만큼은 아니지만 일간에 주는 영향력이 다른 글자보다는 큼) 지지에 들어올 수 있는 계절의 글자 모임은 4글자씩 3팀(인묘진, 사오미, 신유술, 해자축)이 있습니다. 따라서 같은 팀의 글자가 2개 이상 지지에 들어온다는 것은 확실히 영향력이 있음을 의미합니다. 따라서 이렇게 역마의 의미가 있는 글자가 들어와서 영향력을 미치면 그 글자가 가진 느낌과 일맥

상통하는 직업에 종사할 가능성이 높습니다. 그렇다면 역마의 느낌은 어떤 것일까요? 계절의 맨 앞에서 시작을 알리는 글자. 생동감이 있고, 활동력이 있으며, 움직일 수 있는 행동반경이 넓습니다. 이러한 느낌의 직업을 찾아보면 됩니다. 외교관, 각종 영업, 자동차, 전기, 통신, 운전(조종) 등이 있습니다. 여기에서 자동차는 움직이는 수단으로서 연관성을 본 것이고, 전기나 통신은 멀리 이동하는 행동반경으로 연관성을 본 것입니다. 선택되어지는 직업은 나머지 글자들과의 관계에 따라 달라집니다. 즉, 같은 역마의 직업들이라도, 학습정도나 지원정도에 따라 일의 종류가 달라진다는 의미입니다."

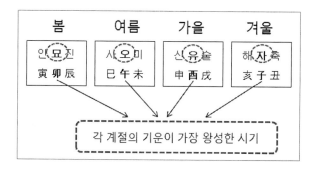

"다음 살펴볼 글자는 자(子), 오(午), 묘(卯), 유(酉)입니다. 우리는 도화살(桃花煞)이라고 배웠습니다. 이 글자 중 2개 이상이 들어오면 평균 이상의 도화적인 요소가 있다고 판단하는데, 만일 월지(月支: 월 기둥의 아래)나 일지(日支)에 자리 잡고 있으면 더욱 강한 영향력을 발휘합니다. 그 이유는 앞에서 설명한 것처럼 월지와 일지가 다른 글자들보다 영향력이 크다고 간주되기 때문입니다. 계절의 중앙에서 각 계절의 기운이 가장 왕성한 글자의 느낌은 어떤 것일까요? 나를 아낌없이 외부로 표현하고, 드러내고, 발산하고 싶은 느낌이 아닐까요? 또한 아름다움을 추구하고, 이성보다는 감정에 호소하며, 뭔가에 집중하는 열정의 느낌도 있습니다. 이러한 느낌의 직업을 몇 개만 찾아볼까요? 예술가, 언론(방송), 연예인, 엔터테인먼트, 인테리어, 미용, 패션, 메이크업, 광고, 홍보 등이 있습니다. 어떻습니까? 분명히 다른 직업군이지만 도화가 가진 느낌이 들어있지 않나요?"

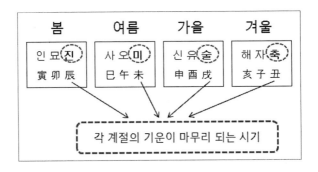

"다음 살펴볼 글자는 진(辰), 술(戌), 축(丑), 미(未)입니다. 우리는 이 글자들을 화개살(華蓋煞)이라고 배웠습니다. 이 글자 중 2개 이상 들어오면 평균 이상의 화개적인 요소가 있다고 판단합니다. 만일 월지(月支: 월 기둥의 아래)나 일지(日支)에 자리 잡고 있으면 더욱 강한 영향력을 발휘합니다. 그 이유는 앞에서 설명한 것(역마, 도화)과 동일하게 월지와 일지가 다른 글자들보다 영향력이 크다고 간주되기 때문입니다. 그렇다면 화개의 느낌은 어떤 것일까요? 이것은 화려했던 기운을 무덤덤하게 덮어버리고 다음 계절로 바뀔 수 있도록 하는 글자입니다. 차분하고, 조용히 다음 계절을 준비하며, 계절과 계절을 이어주는 역할을 천직으로 아는 느낌의 글자가 아닐까요? 감정보다는 이성을 앞세우고, 여럿이 어울리는 것보다는 혼자서 일을 해 가는 느낌입니다. 이러한 느낌의 직업은 어떤 것이 있을까요? 교육, 종교, 철학, 각종 중개인, 심리학, 상담 등을 쉽게 떠올릴 수 있습니다. 이러한 직업들이 아까 설명한 대로 화개의 느낌과 맞는지는 여러분이 직접 판단해 보기 바랍니다."

산아는 역마와 도화, 그리고 화개를 직업과 관련지어 생각해봤다. 그것들이 가진 각각의 특성이 그대로 직업적 특성으로 연결된다는 것을 알았다.

"앞에서 설명한 것처럼 역마나 도화, 화개가 직업적으로 연결되는 것은 좋고 나쁜 것과는 다른 이야기입니다. 좋고 나쁜 것은 용신(用神)인지 아닌지에 따라 달라집니다. 예를 들자면 그 글자의 직업을 선택했는데, 그 글자가 용신이었다면 좋다고 판단하는 것이며, 기신(忌神)이었다면 그 직업을 통한 성공은 기대하기 힘들다고 봅니다."

'역시 사주분석은 어떤 것 하나 서로 연결되지 않는 것이 없구나. 서로 유기적으로 연결되면서 그 속에 깊은 의미를 담고 있어.'

산아는 사주 8개 글자가 갖고 있는 의미를 그 누구보다 정확하게 분석하고 싶었다. 유명한 미래예측사가 되기 위해서가 아니라, 의뢰인에게 진정한 도움을 주는 미래예측사가 되고 싶어서였다. 그것이 이 학교에 들어온 이유이기도 했다.

"미래예측사를 찾아오는 의뢰인들을 보면 대부분 공통적인 질문이 많습니다. 그중에 직업이나 진로에 대해 궁금해 하는 사람들이 특히 많은데, 크게는 직장생활과 개인사업(자영업)으로 나눌 수 있습니다. 여러분이 어떤 사주를 처음 봤을 때 기본적으로 그 사람이 개인사업(자영업)이 어울리는지 직장생활이 어울리는지를 한눈에 알아보는 방법이 있습니다. 세부적인 직업의 종류 등은 앞에서 공부한 대로 분석하면 됩니다."

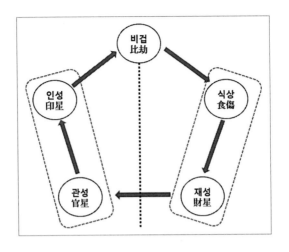

현마는 그림을 학생들에게 보여주면서 설명에 들어갔다.

"사람의 인생에서 중요한 것이 여러 개 있겠지만, 어떤 방식으로 살아가게 되는지가 무엇보다 중요합니다. 그것은 생활방식을 의미하고, 직업을 의미합니다. 이 직업을 아주 크게 나누면 직장생활과 개인사업(장사 등)으로 나눌 수 있습니다. 어딘가에 소속되어서 일하는 것과 내가 스스로 어떠한 사업을 진행하는 것은 완전히 다릅니다. 일(직업)과 관련된 식상(食傷)의 이미지는 자유로움이며, 속박당하는 것을 싫어하는 것입니다. 그렇기 때문에 식상은 인내심과 제어력을 상징하는 관성을 극합니다. 식상은 식신(食神)과 상관(傷官)으로 구성되어 있는데, 특히 상관(傷官)의 의미는 관성을 손상시킨다는 의미가 있습니다. 내가 자유롭고 싶은데 나를 구속하려는 것을 공격한다고 이해하면 됩니다. 따라서 식상이 강한 사람은 기본적으로 직장생활은 어렵습니다. 이제 재성에 대해 살펴보겠습니다. 재성은 그 어떤 십신보다 현실적인 십신입니다. 즉각적인 결과를 추구하고, 돈을 추구하고, 경우에 따라 급한 모습을 보입니다. 직장생활과 개인사업 둘 중에 선택하라면 아마도 재성은 개인사업을 선택할 것입니다. 식상과 재성이 발달한 사람은 직장생활보다는 개인사업이나 프리랜서 등이 적성에는 더 맞습니다. 이제 관성을 살펴보겠습니다. 관성의 이미지는 반듯함과 규칙적인 상태의 유지입니다. 규칙을 지키고, 어떠한 틀이 유지되는 것을 중요하게 생각하고, 싫은 것도 해내는 인내심이 있습니다. 관성이 잘 발달된 사람은 직장생활이 개인사업보다는 더 잘 맞습니다. 개인사업을 하게 되면 어느 정도의 융통성이 필요할 수밖에 없습니다. 하지만 관성이 발달된 사람은 조금이라도 규정을 벗어나는 것을 싫어합니다. 경우에 따라서는 융통성이 없다는 평가를 받기도 합니다. 이제 인성을 살펴보겠습니다. 인성은 생각하고, 공부하고, 계획하는 등의 이미지이기 때문에 행동력은 떨어집니다. 재성이 행동이라면 인성은 생각입니다. 무엇인가를 갖기 위해 재성은 빨리 행동하고 싶은데 인성은 생각과 계획만 세우면서 시간을 보내려고 합니다. 따라서 재성은 인성을 극하게 됩니다. 개인사업이나 프리랜서는 자신이 적극적으로 행동하고 나서야 합니다. 하지만 인성은 그런 면이 부족합니다. 심지어 표현하는 힘을 나타내는 식상을 극하기까지 합니다. 식상은 서비스 마인드를 나타내기도 하는데, 인성은 이러한 면과 반대 성향을 가지고 있습니다. 어딘가에 소속되어 자신의 능력을 펼치는 것이 더 낫다고 하겠습니다. 정리해보면 식상과 재성이 발달된 사람은 개인사업이나 프리랜서가 더 적성에 맞고, 관성과 인성이 발달된 사람은 직장생활 등 어딘가에 소속되어 자신의 능력을 펼쳐보는 것이 더 적성에 맞습니다."

'식상이 자유로움이라면 관성은 규칙, 어떤 틀(방식)의 유지 등으로 볼 수 있겠구나. 그리고 인성이 생각이라면 재성은 행동으로 볼 수 있어. 그래서 식상과 관성, 인성과 재성은 서로를 극하는 관계에 있어.'

산아는 현마의 강의 내용을 단순화시켜서 이해했다. 그렇게 하면 오히려 쉽게 암기할 수 있었다. 현마는 설명을 덧붙였다.

"지금까지 말한 내용은 아주 단편적인 설명에 불과합니다. 식상과 재성이 있다고 무조건 직장생활은 맞지 않는다고 분석하면 안 됩니다. 인성이 식상을 극하면서 적절하게 균형을 맞춰주거나 마찬가지로 비겁이 재성을 극하면서 조율한다면 당연히 직장생활도 가능합니다. 왜냐하면 식상과 재성의 특성을 약화(중화)시켰기 때문입니다. 이것은 관성과 인성에게도 동일하게 적용됩니다. 관성과 인성이 두드러지게 그 성향을 나타내고 있다면 모르겠지만, 식상에 의해서 관성이 극을 당하거나, 재성에 의해 인성이 극을 받으면서 각 십신의 조화가 어느 정도 이뤄진다면 당연히 개인사업이나 프리랜서도 가능합니다. 다만, 아무리 조절되더라도 하고 싶은 열망까지 완전히 없어지는 것은 아닙니다. 또한 대운이나 세운에서 같은 기운이 들어오게 되면 그 특성이 더욱 강하게 나타날 수도 있습니다."

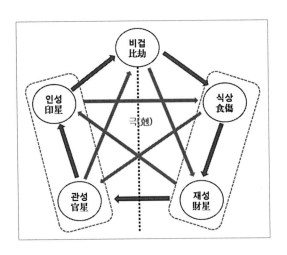

"특히, 직장 중에서도 공무원 계통의 일은 관성의 영향을 많이 받습니다. 다른 회사보다도 규칙이나 결속력이 강하고, 내면적인 부분에서도 많은 인내심과 지구력을 필요로 하기 때문입니다. 지금은 많이 수평적인 구조가 되었다고는 해도, 다른 분야보다는 아직까지도 수직적인 인간관계를 무시할 수 없는 것이 바로 공무원입니다. 일단, 사주원국에 관성이 없으면 공무원 생활은 어렵습니다. 일단 되기도 어렵지만, 되더라도 중간에 퇴직할 확률이 높습니다. 사주 8개 글자 안에도 관성이 없고, 지장간(地藏干: 지지 속에 들어있는 천간의 글자들: 지장간편 참조)에도 아예 관성이 없으면 공무원과는 그야말로 인연이 없습니다. 보통 이럴 경우에는 본인 스스로가 공무원이 되겠다는 생각 자체를 하지 않습니다. 그런데 가끔은 되고자 하는 노력하는 사람들이 있습니다. 그 이유는 공무원이 인기직종이기 때문입니다. 적성은 고려하지 않은 채, 많은 사람들이 가는 방향으로 쏠려가면서 시간과 돈을 들여 피나는 노력을 합니다. 인연이 없기에 합격 자체가 힘이 들지만, 어렵게 합격하더라도 2~3년 내에 큰 갈등을 겪게 됩니다. 그야말로 이러지도 못하고 저러지도 못하게 됩니다. 이러한 예는 다른 직업군에서도 찾아볼 수 있습니다. 적성에 맞지 않는 일을 하고 있는 사람일수록 스트레스가 높게 나타납니다. 당연히 삶의 질도 떨어질 수밖에 없습니다. 누구나 자신의 적성을 정확히 아는 것은 그만큼 중요합니다."

'미래예측사가 얼마나 사주분석을 정확하게 했는지가 중요하겠구나. 정말 그 사람에게 필요한 조언을 위해서는 더욱 신경 써서 분석해야 해. 내가 할 수 있을까?'

산아는 아직 미래예측사는 아니었지만, 벌써부터 책임감이 느껴졌다.

하지만 부담이 아닌 기분 좋은 책임감이었다.

"사주를 분석할 때는 사주원국에 있는 8개 글자의 오행만 분석해서는 안 됩니다. 없는 오행이 어떤 것인지 알아야 하고, 없는 십신이 어떤 것인지 알아야 합니다. 이것은 아주 중요한 부분이고, 여러분이 반드시 기억하고 있어야 할 내용입니다. 왜 없는 오행이나 십신을 확인해야 할까요?"

바로 대답하기에는 아직 학생들에게 어려운 문제였다. 산아의 생각이 깊어졌다.

'왜 없는 오행이나 십신을 확인해야 할까? 혹시, 사주원국에 없다는 것은 그 사람의 인생에 있어서 그 오행이나 십신이 없다는 것일까?'

학생들 모두가 대답을 못하고 있었다. 현마가 설명에 들어갔다.

"사주원국에 없다는 것은 그 사람의 인생에 있어서 없다는 것과 마찬가지입니다. 또한 있더라도 관계가 약하다는 의미입니다. 보통 인연이 약하다는 말을 사용합니다. 예를 들어서 아까 얘기했던 관성이 아예 없다면, 관성과 관련된 특성이 그 사람에게는 없거나 아주 약하다는 의미입니다. 관성은 사회적으로는 직장생활 등도 의미하지만 성향적으로 보면 인내심, 지구력의 의미도 있다고 했습니다. 관성이 없는 사람은 직장과의 인연도 없지만, 특히 성향적으로 내가 하기 싫은 것, 내가 하기 싫은 일, 내가 싫어하는 사람에 대한 참을성이 부족합니다. 안 좋게 표현하면 자기 하고 싶은 대로만 하는 성향이라고 할 수 있습니다. 만일 식상을 제어(㉐)하는 인성이 없고, 관성마저 없는 상태에서 식상이 강하다면 그야말로 내 마음대로, 내가 살고 싶은 대로만 살아가는 스타일입니다. 간섭받는 것을 싫어하는 수준이 아니라 못 참게 됩니다. 특히 여성의 경우, 관성은 남편을 상징한다고도 했습니다. 관성이 없다는 것은 남편이라는 관계가 희박하다는 것입니다. 성향과 함께 생각해보면 나를 간섭(제어)하는 남편이 없는 것입니다. 또한 본인 자체가 결혼을 그렇게 원하지도 않습니다. 구속당하기 싫은 마음이 커서 그렇습니다. 또 하나 예를 들어서 이번에는 식상이 없다고 가정해 보겠습니다. 식상은 나를 표현하고, 드러내고, 발산하는 것입니다. 이것은 감정표현을 나타내기도 합니다. 이런 식상이 없다는 것은 식상의 성향이 부족하다는 것입니다. 감정표현에 서툴고, 내 마음을 잘 나타내지 못합니다. 그렇다보니 적극성이 떨어지고, 사람들 사이의 활발한 교류가 어렵습니다. 또한 인간관계를 보면 여성의 경우에 식상이 자식을 상징한다고 했습니다. 식상이 없다는 것은 내가 정성을 쏟을 가장 중요한 존재와의 인연이 희박함을 알려주고 있습니다. 여성에게 관성이 없더라도 식상이 있다면 남편이 있는 것(결혼)으로 간주합니다. 식상이 자식을 의미하기 때문입니다. 그런데 여성의 사주에서 관성과 식상이 모두 없다면 결혼(남편) 가능성은 낮다고 판단합니다. 아까 얘기한 것처럼, 본인 자체도 하고 싶은 생각이 별로 없습니다. 만약에 눈에 보이는 사주 8개 글자만 분석한다면, 지금까지 말한 내용은 전혀 알 수 없습니다. 따라서 사주원국에 없는 십신이나 오행을 반드시 확인하여 사주분석에 반영해야 합니다. 아예 없는 십신이나 오행의 분석부터 먼저 하는 것도 한 방법입니다. 예전에 여러분과 함께 공부했던 오행의 특성과 십신의 특성을 이용해서 분석하면 됩니다."

'역시 선생님이 말씀하신 것처럼 오행의 상생상극 관계는 모든 사주분석에 적용이 되는구나. 사주원국에서 어떤 글자를 분석할 때는 항상 그

글자가 극하는 글자나, 그 글자를 극하는 글자를 모두 살펴볼 필요가 있어.'

산아는 그동안 오행의 상생상극 관계를 수없이 반복하고 공부했다. 이제는 어려움 없이 오행간의 관계를 십신으로 바꿀 수 있었다.

"오행의 상생상극 관계가 중요한 이유는 조화와 균형 때문입니다. 식상이 너무 강하면 식상을 극하는 인성으로 힘을 빼줘야 하고, 재성이 너무 강하면 재성을 극하는 비겁으로 재성의 힘을 제어할 수 있어야 합니다. 또한 약한 십신이 있다면 이 십신을 생해주는 오행이 있어야 합니다. 반대로 너무 강한 십신이 있다면 이것을 극하는 십신으로 제어할 수도 있지만, 일간이 다른 오행을 생하게 해서 힘을 빼줄 수도 있습니다. 그렇게 되면 강한 십신의 힘(일간)도 빠지고, 이 십신으로부터 힘을 전해 받은 십신은 더욱 강해져서 경우에 따라 좋은 효과를 볼 수 있습니다. 항상 오행(십신)의 상생상극 관계를 기억하고 있어야 합니다."

# 십신(十神)의 분석 3

 

 

 

 

십신의 분석에 대한 세 번째 강의 시간이 되었다. 십신을 분석하는 것이 곧 사주를 분석하는 것이었기 때문에 여러 번에 걸쳐서 강의가 진행되었다. 학생들은 강의를 들으면서 현마가 왜 그렇게 강조하는지 절실히 느끼게 되었다. 그리고 또 하나 알게 된 사실은, 오행(십신)은 그 어떤 글자라도 의미가 부여되지 않은 것이 없었고, 나름대로 각자의 역할이 없는 것이 없다는 점이었다. 사주원국에 있는 글자는 물론이고, 없는 글자까지도 확인하고 분석해야 했다.

"오늘은 먼저 근묘화실(根苗花實)에 대해서 알아보겠습니다. 근묘화실이란, 사주라는 4개의 큰 기둥을 인생이 순환되는 원리에 따라 나무에 비유해서 나타낸 것을 말합니다. 나무가 그 뿌리에서부터 시작해 싹이 나오고, 줄기와 몸통이 커지며, 잎을 만들고, 꽃과 열매를 맺는 과정을 인생에 비유하고, 사주에 비유한 것입니다. 각 기둥마다 상징되는 인간관계가 있고, 해당되는 나이(연령대)가 있습니다."

|  | 시주(時柱) | 일주(日柱) | 월주(月柱) | 연주(年柱) |
|---|---|---|---|---|
| 천간 天干 | O | O(나) | O | O |
| 지지 地支 | O | O | O | O |
| 근묘화실 | 실 實<br>(열매) | 화 花<br>(꽃) | 묘 苗<br>(싹) | 근 根<br>(뿌리) |
| 인간관계 | 자식 | 나, 부부 | 부모,형제 | 조상 |
| 해당 나이 | 60이후 | 40~60 | 20~40 | 1~20 |
|  | 말년 | 장년 | 청년 | 초년 |

현마는 강의실 모니터 화면에 나타난 근묘화실표를 짚어가며 설명했다.

"태어난 해(年)를 나타내는 연주(年柱)는 인간관계로 보면 조상에 해당한다고 볼 수 있습니다. 월주(月柱)는 부모와 형제로 볼 수 있고, 일주(日柱)는 나와 배우자, 시주(時柱)는 자식을 상징합니다. 조금 다른 방향에서 설명하면 나를 나타내는 글자가 일주의 윗부분인 일간(日干)이라고 했습니다. 나와 같은 기둥에서 나와 함께 서 있는 사람은 누구일까요? 바로 나의 배우자가 됩니다. 또한 시간대로 보면 나보다 앞서 있는 기둥(월주: 月柱)이 가리키는 사람은 부모와 형제가 됩니다. 그리고 시간적으로 나(日柱: 일주)보다 뒤에 있는 시주(時柱)가 바로 자식을 상징하게 됩니다. 또한 부모(월주)보다 앞서 있는 위치의 기둥이므로 연주(年柱)는 조상을 상징한다고 봅니다. 조상이 뿌리(根)가 되고 부모가 싹(苗)이 되어 사주의 주인공인 내 자리에서 꽃(花)을 피우고, 자식이라는 열매(實)를 남기게 되는 것을 인생이라 본 것입니다. 이 근묘화실은 사주 주인공의 연령대를 상징하기도 합니다. 연주가 1~20세까지, 월주가 20~40세까지, 일주가 41~60세까지, 시주가 60세~말년을 나타냅니다. 각 자리별 상징(인간관계)과 나이의 범위에 대해서는 다양한 이론이 존재합니다. 이러한 근묘화실 이론을 사주 분석에 응용하게 되면 다음과 같습니다. 예를 들어 글자 간에 충(沖)이나 합(合)이 있고, 이것이 어떤 결과를 만들어 낸다고 가정해 보겠습니다. 이 경우, 충이나 합이 있는 자리의 연령대를 근묘화실론을 통해서 짐작하게 됩니다. 연주와 월주에 있다면 (시기적으로) 초년과 청년 시기에 영향이 있다고 보는 것입니다. 이런 식으로 시기(연령대)에 따른 좋고, 나쁨을 판단하게 됩니다. 월주에 용신 글자가 있다면 그 시기에 운의 흐름이 좋다는 것을 상징하며, 또한 월주를 상징하는 사람(부모, 형제)과 사이가 좋거나 서로 도움을 주는 관계로 해석하기도 합니다. 또 하나의 예를 들자면, 남성의 사주에서 부인을 나타내는 십신(十神)을 재성(財星)이라고 했습니다. 그래서 재성이 있는 시기를 대략적인 결혼의 시기(여성은 관성)로 판단하기도 합니다. 결혼하는 평균 나이를 고려했을 때는 월주에 있는 것이 평균적이라고 할 수 있습니다. 그런데 연주에 있게 되면 결혼을 빨리할 가능성(꼭 20세 전에 결혼한다는 것이 아니라 평균 나이보다 빠르다는 의미. 예를 들자면 20대 초반)이 있다고 보고, 만일 맨 마지막 기둥인 시주에 있을 경우에는 만혼(晚婚: 늦게 결혼)의 가능성을 보게 됩니다. 하지만 근묘화실만으로 사주 분석을 확정하는 것은 아닙니다. 타고난 인생의 그림은 그와 같더라도 대운과 세운에 의해 변화가 올 가능성이 충분히 있기 때문에 반드시 종합적인 분석이 필요한 것입니다. 그리고 또 하나 눈여겨 볼 자리(사주 8개 글자의 위치)가 있습니다. 바로 나를 나타내는 일간의 아래쪽에 위치한 일지(日支)입니다. 나와 함께하는 사람으로 일지는 바로 배우자(남편, 부인)를 나타내는 자리입니다."

| 시간 | 일간 | 월간 | 연간 |
|------|------|------|------|
| O | O(나) | O | O |
| O | O(배우자) | O | O |
| 시지 | 일지 | 월지 | 연지 |

"일지가 배우자를 나타낸다고 했기 때문에 일지가 충(沖)을 당하면 배우자의 상황이나 나와 배우자의 관계에 문제가 있다고 분석합니다. 예를 들어 월지와 일지가 충을 하고 있거나, 시지와 일지가 충을 하는 경우입니다. 또한 대운이나 세운에서 들어오는 글자가 일지와 충의 관계일 경우 그 기간 동안(대운일 경우 10년, 세운일 경우 1년)은 문제가 더욱 깊어질 수 있기 때문에 주의가 필요합니다. 또한 배우자 자리인 일지에도 용신의 관계가 당연히 적용됩니다. 즉, 일지에 용신의 글자가 들어가 있다면 내게 힘이 되고, 도움을 줄 수 있는 배우자임을 의미합니다. 그 반대의 경우는 여러분이 스스로 생각해 보기 바랍니다. 그리고 합(合)이 있는지도 확인합니다. 합이 된다고 해서 무조건 좋은 것이 아니라, 합을 해서 나온 기운이 나에게 도움이 되는 기운(용신)이어야 좋은 것입니다."

**사주원국의 일지 충(沖)**

| 시時 | 일日 | 월月 | 년年 |
|------|------|------|------|
| 시간 | 일간 | 월간 | 연간 |
| O | O | O | O |
| O | 인寅 | 신申 | O |
| 시지 | 일지 | 월지 | 연지 |

충(沖)

| 시時 | 일日 | 월月 | 년年 |
|------|------|------|------|
| 시간 | 일간 | 월간 | 연간 |
| O | O | O | O |
| 자子 | 오午 | O | O |
| 시지 | 일지 | 월지 | 연지 |

충(沖)

## 일지와 대운 및 세운의 충(沖) 비교

| 시時 | 일日 | 월月 | 년年 |
|---|---|---|---|
| 시간 | 일간 | 월간 | 연간 |
| O | O | O | O |
| O | [유酉] | O | O |
| 시지 | 일지 | 월지 | 연지 |

| 75 | 65 | 55 | 45 | 35 | 25 | 15 | 5 |
|---|---|---|---|---|---|---|---|
| 辛 | 庚 | 己 | 戊 | 丁 | 丙 | 乙 | 甲 |
| 未 | 午 | 巳 | 辰 | [卯] | 寅 | 丑 | 子 |

| 2024 | 2023 | 2022 | 2021 | 2020 | 2019 | 2018 | 2017 |
|---|---|---|---|---|---|---|---|
| 甲 | 癸 | 壬 | 辛 | 庚 | 己 | 戊 | 丁 |
| 辰 | [卯] | 寅 | 丑 | 子 | 亥 | 戌 | 酉 |

현마는 배우자 자리를 나타내는 일지와 대운(10년간 운의 흐름) 및 세운(1년간 운의 흐름)이 충(沖)하는 그림을 학생들에게 보여주었다. 잠시 후, 학생들에게 질문을 했다.

"이 그림을 어떻게 해석해야 할까요? 결혼을 했다는 전제하에서 말해 보세요."

여명이 손을 들고 대답했다.

"배우자 자리를 나타내는 일지와 대운이 묘유충(卯酉沖)을 하고 있습니다. 대운이 나타내는 시기가 35세에서 44세 사이이므로 특히 이때 배우자와의 관계에서 문제가 생기지 않도록 주의해야 합니다. 그리고 일지가 세운과도 충(沖)을 하고 있습니다. 바로 2023년인데, 이때 역시 조심해야 할 것으로 생각됩니다."

여명의 대답이 끝나고, 현마가 설명을 덧붙였다.

"맞습니다. 충이 되는 대운과 세운의 시기를 특히 주의해야 합니다. 충이 되는 시기라고 해서 반드시 부부가 헤어진다는 것만을 의미하는 것은 아닙니다. 하지만 충이 없는 때에 비해서 다툼의 정도가 강해진다거나, 부부 중 한 명이나 혹은 둘 다에게 평소와 다른 일이 생길 가능성이 있으므로 주의해야 한다는 것입니다. 예를 들자면, 평소 같았으면 가볍게 지나갈 일이 생각지도 않은 큰 갈등으로 번지게 되는 경우 등을 말합니다. 충이 있는 대운과 세운이 지나가면 다시 정상적인 운의 흐름이 되기 때문에, 충이 있는 기간은 특히 서로 간에 인내심이 필요합니다. 그런데 대운이나 세운은 그 시기가 지나면 괜찮겠지만 사주원국에 들어온 일지 자리의 충은 얘기가 다릅니다. 사라지는 것이 아니라 평생 따라다니는 것으로, 기본적으로 다툼의 소지가 있다고 보고, 문제가 생길 가능성이 상당히 많다고 판단해야 합니다. 문제가 생기는 시기는 대운과 세운을 통해 분석합니다. 즉, 사주원국에 있는 일지의 충은 잠재적인 문제를 안고 있는 것으로, 문제가 발생될 시기(대운이나 세운)가 되면 충이 없는 사주에 비해 문제가 될 가능성(다툼, 갈등, 심하면 이혼 등)이 높습니다. 그렇기 때문에 사주원국의 배우자 자리에 문제(충 등)를 안고 있을 경우, 더욱 신중하게 접근해야 합니다. 그러면 이번에는 궁합(宮合)에 대해서 알아보겠습니다. 궁합이라는 것은 쉽게 얘기해서 두 사람이 결혼을 하게 되었을 경우, 어떤 부부관계를 유지할지를 알아보는 것입니다. 좋은 부부가 될지, 아니면 다툼이 많은 부부가 될지, 서로에게 도움이 될지 등 여러 가지를 알아보는 것입니다. 그렇기 때문에 궁합에 대한 사람들의 관심은 매우 높습니다. 궁합은 두 사람의 사주를 비교해서 알아보는 것입니다. 그런데 궁합을 보기 전에 각 개인의 사주를 먼저 분석해야 합니다. 그렇게 분석한 개인의 사주 성향 자체가 인간관계나 다른 부분에 있어서 문제가 있다고 판단이 되면, 궁합을 보기 전에 이미 결혼 상대자로서도 문제가 있다고 판단해야 합니다. 자신의 타고난 성향을 배우자에게만 다르게 표현한다는 것은 기대하기 어렵기 때문입니다. 예를 들어 사주원국을 분석한 결과, 자신의 의견만 항상 내세우고, 남의 말은 전혀 듣지 않는 성향의 사람이 있다고 가정하겠습니다. 그 사람이 살아가면서 다른 사람과의 관계에서 문제를 일으킬 확률은 그렇지 않은 사주를 가진 사람보다 높을 수밖에 없습니다. 이것은 결혼생활에서도 마찬가지입니다. 거기에 배우자를 상징하는 일지까지 좋지 않다면(충이나 기신 등), 배우자와의 관계에서 문제가 있을 확률이 아주 높은 셈이 됩니다. 그럼 어떤 성향을 가진 사람이 배우자와의 관계에서 문제를 일으킬 확률이 높을까요?"

현마는 대답을 기다리며 학생들을 바라봤다. 학생들은 저마다 자신의 생각을 말했다.

"뭐든지 자기 마음대로 하는 사람입니다."
"가정에 충실하지 않은 사람입니다."
"고집이 센 사람입니다."

현마는 웃으며 학생들의 대답을 들었다.

"기본적으로 오행이나 십신이 한쪽으로 많이 치우치면 인간관계에 문제가 생깁니다. 그중에서도 남녀 모두 비겁이 강하게 되면 인간관계에 어려움이 있습니다. 비겁이 강한 사람은 일단 자신의 생각이나 행동에 대한 주관(의지)이 뚜렷합니다. 문제는 이것이 지나쳤을 경우입니다. 비겁이 단점으로 작용하면 자신의 생각과 의견만 주장하고, 남의 의견을 철저하게 무시합니다. 또한 좋은 충고라는 것이 그 사람에게는 무용지물입니다. 들을 생각을 아예 하지 않기 때문입니다. 거기에 비겁은 재성을 극하는 십신입니다. 남자에게 있어 재성은 배우자, 부인을 나타냅니다. 원래 남의 말을 듣지 않고, 자기주장이 강한 데다가, 부인을 마음대로 제어하려는 형태입니다. 부부 간의 문제 발생 확률이 대단히 높습니다. 또한 남녀 모두 식상이 강하면 가정에 충실하기보다는 외부적인 일이나 만남이 많고, 이를 즐기는 경향이 강합니다. 사람들 간의 만남(친구, 동호회 등)이나 술자리 참석 등이 잦은 것이지요. 밖에서는 재미있는 사람으로 비춰지는데, 집에서는 반대의 모습을 보이기도 합니다. 또한 식상의 성향이 자유롭게 살고 싶은 기운이 강한 십신이기 때문에, 가정에 대해 어느 정도 구속감을 느끼게 됩니다. 또한, 식상이 강하면 감정적이기 때문에 쉽게 사랑에 빠집니다. 하지만 또 쉽게 사랑이 식기도 합니다. 그만큼 감정의 기복이 심합니다. 그리고 식상은 관성을 극하는 십신입니다. 여성에게 있어서 관성은 배우자(남편)를 의미합니다. 극하는 것이 심하면, 남편을 완전히 무시할 수도 있고, 자존심에 상처를 줄 수도 있습니다. 식상이 강하면 자신을 구속하고 제어하려는 것을 못 견뎌 합니다. 겨우 참는다고 하더라도 스트레스가 있어서 오래가기는 힘이 들게 됩니다. 개인의 사주를 분석했을 때, 앞에서 언급된 내용에 속한다면 결혼 자체에 대해서 신중하게 생각해야 합니다. 남녀가 만나 함께 살아가는 데는 사랑도 필요하지만, 그 못지않게 인내와 배려도 필요합니다. 원래 비겁과 식상이 강한 사람이 대운이나 세운에서 다시 비겁이나 식상을 만나게 되면 문제는 더욱 커집니다. 좋지 않은 기운이 더욱 강해진다는 것을 의미하기 때문입니다. 보통 심각한 문제는 이런 시기에 발생합니다. 하지만 사전에 자신에게 그런 성향이 있다는 것을 자각하고, 고치려는 노력이 있다면 어느 정도까지는 개선이 될 수 있습니다. 타고난 성향을 바꾸려는 것이기에 당연히 어렵습니다. 그래도 노력한다면 분명히 바뀔 수 있습니다. 인생의 방향은 그 사람의 열정을 따라갈 수밖에 없기 때문입니다."

산아는 현마가 말한 내용을 머릿속으로 정리했다.

'비겁이 강한 사람과 식상이 강한 사람의 경우에는 배우자와의 관계에 신경을 써야 하는구나. 특히 비겁이 강한 남자와 식상이 강한 여자는 배우자를 나타내는 십신(재성, 관성)을 극하기까지 해. 더욱 주의를 해야 되는 형태야.'

현마의 강의가 다시 이어졌다.

"식상에 대해서 잠깐 얘기하자면 식상은 먹는 것과도 관련이 있는 십신입니다. 만일, 식상이 강한데 인성이 식상을 제대로 제어하지 못하면(극하면서 힘을 빼주지 않으면), 쉽게 살이 찔 수도 있습니다. 참고로 알아두면 좋겠습니다. 그럼 이제 개인의 사주를 알아봤으니까 서로에게 어떤 궁합이 좋은지 공부해 보겠습니다. 그림을 볼까요?"

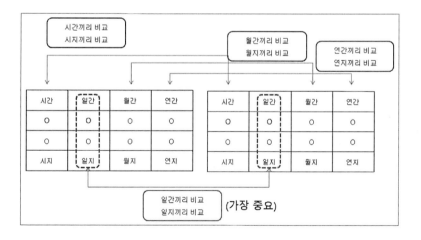

현마는 두 사람의 사주가 그려진 표를 보면서 설명했다.

"일단 두 사람의 사주를 비교합니다. 보편적으로 하는 방법은 천간은 천간끼리, 지지는 지지끼리 비교하는 것입니다. 예를 들자면 연간은 연간과 비교하고, 연지는 연지와 비교하는 것입니다. 나머지 세 개의 기둥도 마찬가지로 같은 자리의 글자끼리 대조해서 비교합니다. 기본적으로 충이 없거나 합이 있으면 좋다고 판단합니다. 물론 이렇게 모든 글자를 일일이 대조하여 비교하는 방법도 있지만, 보통은 일주(日柱: 일의 기둥)끼리만 비교합니다. 일주가 바로 나(일간)와 배우자(일지)를 나타내는 기둥이기 때문입니다. 일간끼리 비교하여 충이 없어야 합니다. 또, 비교해서 합이 될 경우에는, 합이 되어 나온 기운이 두 사람에게 다 좋거나, 혹은 한사람에게라도 용신이 되어야 좋은 것으로 판단합니다. 그리고 서로 부족한 오행이 있을 경우, 이것을 채워주는 상대자(한쪽이 없는 오행을 한쪽이 가진 경우)가 좋습니다. 그럼 어떤 경우에 궁합이 좋지 않다고 할 수 있을까요?"

세라가 대답했다.

"선생님께서 말씀하신 반대의 경우입니다. 일간이나 일지끼리 비교했을 때 충이 있거나, 합이 되어 생성된 기운이 좋지 않은 역할 즉, 기신이 되는 경우입니다."

세라는 현마가 낼 문제를 미리 알고 있었던 것처럼, 경쾌하게 대답했다.

"세라 말처럼 일간끼리 혹은 일지끼리 충이 있거나, 합이 되어 만들어진 기운이 기신의 역할을 하면 좋지 않습니다. 그리고 남성의 사주에 재성이 많은 경우(보통 3개 이상)와 여성 사주에 관성이 많은 경우(보통 3개 이상)에도 자칫 평균적인 이성 간의 만남이나 결혼생활이 힘들 수 있습니다. 남성에게 재성과 여성에게 관성은 각각 이성(친구, 애인, 부인, 남편 등)을 의미합니다. 그런데 이것을 의미하는 글자가 많다는 것은 그만큼 만남(인연)이 많을 가능성을 보여주고 있는 것입니다. 결혼을 여러 번 할 수도 있으며, 만났다가 헤어지는 것을 자주 반복할 수도 있습니다. 그런데 재성(남성)이나 관성(여성)이 많은데도 아예 모태솔로인 경우도 있습니다. 어쨌든 양쪽의 경우 모두, 평균적인 만남이나 결혼생활과는 거리가 있는 것입니다."

현마는 내용을 바꿔서 진행했다.

"사주분석을 하고 나서 시간이 흐른 뒤에 그 분석이 어느 정도 실제와 유사했는지 검토해보면, 평균적으로 60~70% 정도는 유사한 것으로 나타납니다. 물론 미래예측사의 실력에 따라 90%가 넘을 수도 있고, 아예 전혀 다른 내용으로 분석했을 수도 있습니다. 여러분은 어떻게 생각할지 모르겠지만, 60~70%의 적중률이라는 것은 결코 낮은 수치가 아닙니다. 초능력과 같은 특별한 능력을 가진 사람이 아닌, 일반인이 공부를 통해 미래를 예측한다는 점을 감안한다면 상당히 높은 적중률인 것입니다. 세계 역사를 통틀어 사주분석 이론처럼 미래 예측에 대한 구체적인 내용이나 방법을 제시한 학문은 찾기 어렵습니다. 미래예측을 할 수 있다는 대부분의 이론을 보면 매주 주관적인 내용과 애매모호한 해석을 의뢰인에게 제시합니다. 확실한 그 무엇인가를 알려주지는 않습니다. 어떻게 보면 이것도 해당되고, 저것도 해당되는 식의 말을 가볍게 던지는 것에 지나지 않습니다. 다른 이론을 무시하는 것은 아니지만, 학문을 이루고 있는 이론적인 체계를 깊이 들여다보면 비교의 대상이 아님을 어렵지 않게 알 수 있습니다."

학생들은 현마가 하는 말의 의미를 새겨들었다.

"결과에 대한 적중률 이외에 또 하나의 주목할 점은 타고난 성향을 개선할 수 있다는 것입니다. 정확히 자신의 어떤 점을 고쳐야 하고, 어떤 점을 더욱 부각시켜야 하는지에 대해 아는 것은 개인의 발전을 위해 반드시 필요한 일입니다. 그런 조언을 하기 위해서는 가능한 일찍 성향을 파악해야 합니다. 여러분이 이미 아는 것처럼 사주분석의 단계 가운데, 이 성향 파악부분은 특히 높은 유사도를 보입니다. 이 얘기는 다른 부분보다 성향에 대한 정확도가 높다는 것입니다. 이것은 인간관계의 개선을 위해 사용될 수도 있고, 진로와 직업을 선택할 때도 유용하게 사용될 수 있습니다. 이 자체만으로도 사주분석을 하는 의의는 충분하다고 생각합니다."

현마의 말은 미래예측사 선배로서 후배들에게 전해주는 경험담이었고, 가르침이었다.

"다시 사주분석으로 돌아가 보겠습니다. 이번에는 결혼 시기에 관한 분석방법입니다. 말 그대로 결혼할 확률이 높은 시기를 찾는 것입니다. 일단 다른 것도 마찬가지지만, 용신(用神: 좋은 기운의 해)이 들어오는 해라면 결혼이 가능합니다. 그 외에 몇 가지가 더 있는데, 확률이 높은 순서대로 말하자면, 첫 번째는 배우자 자리인 일지와 합이 되는 시기입니다. 여기서 시기라 함은 대운과 세운을 말합니다. 두 번째는 사주원국에서 배우자를 나타내는 글자와 합이 되는 글자(남성은 재성, 여성은 관성)가 들어오는 시기입니다. 세 번째는 남성의 경우에는 재성, 여성의 경우에는 관성이 들어오는 대운과 세운입니다. 특히 그 해가 용신 해라면 더 확률도

높고, 다른 해에 결혼하는 것보다 여러 면에서 쉽게 풀릴 수 있습니다. 다른 운도 마찬가지겠지만, 결혼운도 인생에 있어서 딱 한 번만 들어오는 것은 아닙니다. 보통 연속적으로 들어오다가 끊기고, 시간이 지나서 다시 들어오게 됩니다. 그 이유는 천간과 지지가 계속 순환함으로써 대운과 세운이 돌고 돌기 때문입니다. 특별한 경우를 제외한다면 결혼운의 순환은 보통인 시기, 높은 시기, 낮은 시기, 보통인 시기, 다시 높은 시기의 순으로 반복됩니다. 이 중에서 높은 시기에서 결혼하게 될 확률이 많습니다."

<일지 유(酉)와 합이 되는 대운과 세운의 시기> 진유/사유축

| 시時 | 일日 | 월月 | 년年 |
|------|------|------|------|
| 시간 | 일간 | 월간 | 연간 |
| O | O | O | O |
| O | 유酉 | O | O |
| 시지 | 일지 | 월지 | 연지 |

| 65 | 55 | 45 | 35 | 25 | 15 | 5 |
|----|----|----|----|----|----|----|
| 辛 | 庚 | 己 | 戊 | 丁 | 丙 | 乙 |
| 未 | 午 | 巳 | 辰 | 卯 | 寅 | 丑 |

| 2024 | 2023 | 2022 | 2021 | 2020 | 2019 | 2018 | 2017 |
|------|------|------|------|------|------|------|------|
| 甲 | 癸 | 壬 | 申 | 庚 | 己 | 戊 | 丁 |
| 辰 | 卯 | 寅 | 丑 | 子 | 亥 | 戌 | 酉 |

<남성: 재성과 합이 되는 대운과 세운의 시기> 갑기(甲己)

| 시時 | 일日 | 월月 | 년年 |
|------|------|------|------|
| 시간 | 일간 | 편재 | 연간 |
| O | O | 갑甲 | O |
| O | O | O | O |
| 시지 | 일지 | 월지 | 연지 |

| 65 | 55 | 45 | 35 | 25 | 15 | 5 |
|----|----|----|----|----|----|----|
| 辛 | 庚 | 己 | 戊 | 丁 | 丙 | 乙 |
| 未 | 午 | 巳 | 辰 | 卯 | 寅 | 丑 |

| 2024 | 2023 | 2022 | 2021 | 2020 | 2019 | 2018 | 2017 |
|------|------|------|------|------|------|------|------|
| 甲 | 癸 | 壬 | 申 | 庚 | 己 | 戊 | 丁 |
| 辰 | 卯 | 寅 | 丑 | 子 | 亥 | 戌 | 酉 |

&lt;여성: 관성과 합이 되는 대운과 세운의 시기&gt; 인해/해묘미

| 시時 | 일日 | 월月 | 년年 |
|---|---|---|---|
| 시간 | 일간 | 월간 | 연간 |
| ○ | ○ | ○ | ○ |
| ○ | ○ | 해亥 | ○ |
| 시지 | 일지 | 정관 | 연지 |

| 65 | 55 | 45 | 35 | 25 | 15 | 5 |
|---|---|---|---|---|---|---|
| 辛 | 庚 | 己 | 戊 | 丁 | 丙 | 乙 |
| 未 | 午 | 巳 | 辰 | 卯 | 寅 | 丑 |

| 2024 | 2023 | 2022 | 2021 | 2020 | 2019 | 2018 | 2017 |
|---|---|---|---|---|---|---|---|
| 甲 | 癸 | 壬 | 申 | 庚 | 己 | 戊 | 丁 |
| 辰 | 卯 | 寅 | 丑 | 子 | 亥 | 戌 | 酉 |

현마는 결혼할 확률이 높은 사주구성에 대한 그림을 학생들에게 보여주었다. 복잡한 면이 있었지만 학생들은 현마의 말을 이해할 수 있었다.

"여러분이 결혼 시기에 대한 분석을 해보면, 한두 개가 아니라 여러 개가 분석되어 나옵니다. 그렇다고 그 시기마다 결혼을 하는 것이 아니라, 운이 들어오는 시기(결혼하고 싶은 생각이 많아지거나, 만남이 있는 시기)라는 것입니다. 그중에서 결혼운이 가장 강한 시기에 하게 됩니다. 그렇게 여러 번 들어오기 때문에 실제로 결혼운을 볼 때는 전 연령대를 다 검토하는 것이 아니라, 평균적인 결혼 적령기를 집중적으로 살펴봅니다. 25~35세(혹은 40세)의 대운이나 세운이 일지 혹은 재성(남성의 경우), 관성(여성의 경우)과 합이 되는지 확인합니다. 삼합이나 방합이 되면 가능성은 더 올라갑니다. 그런데 여기서 기억해야 할 것이 하나 있습니다. 바로 충(沖)입니다. 일지의 경우, 합이 되는 대운이나 세운이 있어도 일간이 충을 받으면 확률은 떨어집니다. 같은 기둥에서 위나 아래가 충을 받으면 받지 않은 쪽에도 충격이 가해집니다. 같은 기둥이기 때문입니다. 따라서 합이 있더라도 같은 기둥 내에 충이 없어야 합니다. 그리고 충이 있으면 그 대운이나 세운에서는 결혼 확률이 현저히 낮아집니다. 일지 자체가 충을 받는 대운이나 세운의 해에 결혼하기에는 여러 가지 문제가 발생할 수 있습니다."

| 시時 | 일日 | 월月 | 년年 |
|---|---|---|---|
| 시간 | 일간 | 월간 | 연간 |
| ○ | 갑甲 | ○ | ○ |
| ○ | 진辰 | ○ | ○ |
| 시지 | 일지 | 월지 | 연지 |

| 65 | 55 | 45 | 35 | 25 | 15 | 5 |
|---|---|---|---|---|---|---|
| 甲 | 癸 | 壬 | 辛 | 庚 | 己 | 戊 |
| 子 | 亥 | 戌 | 酉 | 申 | 未 | 午 |

| 2024 | 2023 | 2022 | 2021 | 2020 | 2019 | 2018 | 2017 |
|---|---|---|---|---|---|---|---|
| 甲 | 癸 | 壬 | 申 | 庚 | 己 | 戊 | 丁 |
| 辰 | 卯 | 寅 | 丑 | 子 | 亥 | 戌 | 酉 |

"하지만 여러분, 진심으로 사랑한다면 그 어떤 것도 두 사람을 막을 수 없습니다. 사랑은 운명을 뛰어넘을 수 있기 때문입니다."

현마는 미소를 지으며 학생들을 바라봤다. 어리둥절해 하던 학생들도 현마의 말뜻을 알아차리고는 환하게 웃었다.

"좋은 궁합을 가진 사람들도 다툼이 있고, 심하면 이별하게 됩니다. 반대로 궁합이 좋지 않게 나왔지만, 오랜 시간 아무런 문제없이 잘 지내는 사람들도 많습니다. 결국 좋은 만남이 되기 위한 결정적인 요소는 사랑과 배려, 그리고 그 사람의 성향입니다."

# 십신(十神)의 분석 4

오행의 상생상극 관계를 나타낸 십신(十神)은 학생들에게 신비의 대상이었다. 사람의 성향은 물론이고, 인생의 전반적인 것을 알려주는 그야말로 신(神)의 표시였다. 학생들은 개인적으로도 열심히 공부했지만, 날마다 강의 시작 전에 서로에게 질문과 대답을 하는 과정을 통해 더욱 실력을 키워나갔다.

"일단 배우자를 나타내는 글자는 일지(日支)야. 나를 나타내는 일간(日干)과 같은 기둥에 위치하고 있어. 같은 기둥의 위와 아래에 있기 때문에 일간이 충(沖)을 받으면 일지에도 영향을 미치고, 일지가 충을 받으면 일간에도 영향이 있어. 이건 다른 기둥도 마찬가지야."

"궁합을 보기 전에 먼저 그 사람의 사주분석을 해야 하는데, 그 이유는 성향을 알아보기 위해서야. 성향 자체가 문제가 있는 것으로 판단되면 결혼생활에서도 역시 문제가 생길 확률이 높다고 예상할 수 있어. 배우자에게만 다른 성향을 보일 리는 없을 테니까."

"결혼 시기는 기본적으로 두 사람이 정하는 것이지만, 기운의 흐름에 따라 확률이 높을 때가 있어. 용신의 글자가 들어온 해의 십신이 남성에게는 재성, 여성에게는 관성이라면 결혼할 확률이 높아. 그리고 배우자를 의미하는 일지(日支)와 합(合)을 이루는 대운과 세운에도 결혼할 확률이 높아."

"남성의 사주원국에 있는 재성의 글자와, 여성의 사주원국에 있는 관성의 글자와 합을 이루는 대운과 세운에도 결혼 확률이 높아. 이 경우에는 사주원국에 관성이나 재성이 있어야 한다는 전제조건이 있어."

"그리고 두 사람의 사주를 비교해 볼 때는 각 자리의 글자끼리 합이나 충이 있는지 확인하면 돼. 가장 중요한 것은 일간과 일간끼리, 일지와 일지끼리 비교해 봤을 때 문제가 없는 거야. 합이 되어 나온 기운이 서로에게 용신이 되면 좋은데, 최소한 한사람에게라도 좋아야 의미가 있어. 또 서로의 사주에 있어서 좋은 역할을 하는 용신이 같은 것도 괜찮다고 판단해."

"그리고 가장 중요한 건……."

학생들의 시선이 세라를 향했다.

"가장 중요한 건 사랑이야. 그건 아무도 막을 수 없어. 오행도 말이야."

세라의 말에 학생들은 유쾌하게 웃었다. 강의실 뒤에서 학생들의 대화를 듣고 있던 현마가 천천히 앞으로 걸어갔다.

"일지(日支)에 자리 잡은 글자에 따라 사주원국에 배치된 배우자 스타일을 알아보겠습니다. 이것은 일간과 일지의 십신관계를 배우자로 바꿔서 해석하는 것으로, 너무 심각하게 받아들일 필요는 없는 내용입니다."

| 일지(日支)의 십신 | 배우자 스타일 |
|---|---|
| 비견과 겁재 | 친구 같은 스타일<br>(잘 통할 수도, 잘 싸울 수도) |
| 식신과 상관 | 외모 중시, 재미있는 스타일<br>상대방 나이가 어릴 수도 |
| 편재와 재성 | 경제력, 경제관념 중시<br>(내가 배우자를 제어하려고 노력) |
| 편관과 정관 | 바른, 반듯한 스타일<br>(나를 제어하려는 만만치 않은 상대) |
| 편인과 정인 | 엄마 같은, 나를 뒷받침 해주는 다정한 스타일 |

학생들은 각 십신별 배우자 스타일을 읽어봤다. 십신의 특성을 그대로 가져와 배우자와의 관계로 바꾼 내용이었다.

"결혼이나 배우자에 관심이 많은 것처럼 사람들이 또 하나 관심이 많은 것이 바로 돈입니다. 본인이 돈을 많이 벌 것인지에 대해 많이 궁금해 하고 물어봅니다. 여러분도 그런가요?"

세라의 씩씩한 목소리가 들렸다.

"네!"

현마와 학생들은 세라의 솔직한 대답에 웃음이 났다.

"우리가 알고 싶은 내용(결혼운, 재물운, 직업운 등)에 대한 운의 흐름을 보기 위해서는 그 운을 나타내는 십신이 일단 사주원국에 있어야 합니다.

거기에, 그 십신을 생해주는 십신과 그 십신으로부터 생함을 받는 십신이 있어야 합니다. 이런 식으로 구성이 되면, 일단 좋은 결과를 낼 수 있는 기본 구조를 갖춘 것으로 판단합니다. 이것을 재물운으로 바꿔 말해 본다면, 기본적으로 사주원국에 재성(財星: 편재나 정재)이 있어야 합니다. 그리고 이 재성을 생해주는 식상(食傷: 식신과 상관)이 있어야 하고, 재성의 힘을 받아주는 관성(官星: 편관과 정관)이 있으면 더 좋습니다. 즉, 기운이 막혀있지 않고 잘 흘러와서 잘 흘러가야 합니다. 그리고 또 하나 중요한 것은 재성을 극하는 기운이 강력하지 않아야 합니다. 재성을 극하는 기운은 비겁입니다. 이 비겁의 공격이 강해서 재성이 타격을 입으면 재물운에 문제가 생깁니다. 특히 겁재(劫財)라는 말의 의미가 재물을 빼앗아 간다는 뜻인데, 바로 재성을 공격하기 때문에 붙여진 이름입니다. 또 하나 덧붙이자면, 재성을 생해주는 식신이나 관성이 재성의 근처에 있으면 더 좋습니다. 힘을 주고받는 것이 수월하기 때문입니다."

| 시時 | 일日 | 월月 | 년年 |
|------|------|------|------|
| 시간 | 일간 | 월간 | 연간 |
| - | - | 편재 | - |
| O | O | O | O |
| O | O | O | O |
| - | - | 식신 | 정관 |
| 시지 | 일지 | 월지 | 연지 |

- 사주에 재성이 있어야 한다.
- 식신과 정관이 있으면 더 좋다.

| 시時 | 일日 | 월月 | 년年 |
|------|------|------|------|
| 시간 | 일간 | 월간 | 연간 |
| - | - | 편재 | 비견 |
| O | O | O | O |
| O | O | O | O |
| - | 비견 | 겁재 | - |
| 시지 | 일지 | 월지 | 연지 |

- 비겁이 강하게 공격을 하면 안 된다.

"다시 설명해서 사주원국에 재성이 있어야 기본적으로 재물운이 있는 것으로 판단할 수 있습니다. 그렇다고 해서 사주원국에 재성이 없으면 재물운이 아예 없는 것은 아닙니다. 대운이나 세운에서 재성이 들어오기 때문에, 이때 도와주는 기운과 시기가 맞으면 돈을 벌 수 있습니다. 그런데 사주원국에 없는 기운이 대운이나 세운에서 들어와서 효과를 봤더라도 그 대운이나 세운이 지나가면 그 기운은 다시 없어집니다. 그렇기 때문에 사주원국에 재성이 있는 것이 재물운에는 중요한 것입니다. 어쨌든 대운이나 세운에서 돈을 많이 벌게 되면 운이 다하더라도 벌어놓은 돈을 지키고, 잘 운용하면 문제는 없습니다. 그렇다면 사주원국에 재성이 많으면 재물운이 좋을까요? 다시 말해서 돈을 많이 벌 가능성이 높을까요?"

산아가 그동안 배운 십신에 대한 내용을 바탕으로 대답했다.

"정확히는 말씀드리기 어렵지만, 그렇지 않다고 생각합니다. 왜냐하면 하나의 십신으로 편중된 사주는 조화가 깨진 것으로써, 다른 십신에게 좋지 않은 영향을 끼칠 수 있습니다. 편중된 사주가 재성이라면 인성을 심하게 극을 한다는 의미이기도 하고, 재성을 극하는 비겁의 힘을 많이 뺀다는 의미이기도 하기 때문에 결국 일간의 힘이 떨어지게 됩니다."

현마는 산아의 대답을 다 들은 뒤, 나머지 내용에 대해 이야기했다.

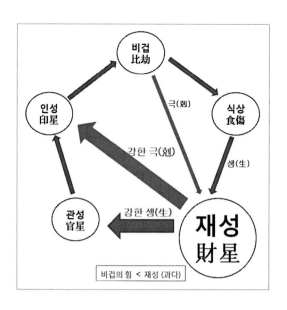

"맞습니다. 없거나 부족한 것도 좋지 않지만 과다한 것 역시 좋은 것이 아닙니다. 어떤 십신이라도 그것을 제어(극)하는 십신이 사주원국에 있어서 힘을 적당히 조절해 줄 수 있어야 합니다. 재성이 과다할 경우, 재성을 생하는 식상의 힘이 많이 빠지고, 강한 재성으로부터 필요 이상의 힘을 받는(생을 받는) 관성 또한 지나치게 강하게 됩니다. 또한 강한 재성이 인성을 강하게 극하게 되고, 인성은 약화됩니다. 재성을 직접 제어하는(극하는) 비겁은 자신의 힘으로는 도저히 재성을 어쩔 수 없기 때문에 포기하는 상황이 됩니다. 즉, 어떤 결과(돈), 내가 원하는 것을 상징하는 재성을 보고도 놓칠 수밖에 없다는 의미입니다. 자신의 능력으로는 어쩔 수 없는 것입니다. 왜냐하면 자신이 가진 능력 밖이기 때문입니다. 결국 재성이 비겁의 크기(세기)에 비해 과다하게 많으면 재물운은 좋지 않다고 판단합니다. 이것은 어떤 결과(돈 등)를 위해 많은 노력을 하더라도 손에 잡을 수 없다는 말이 됩니다. 돈이 있어도 내가 그것을 끌고 갈 힘이 없는 것과 마찬가지입니다. 그만큼 나의 힘(일간)이 약합니다. 재성이 과다하게 들어오는 사주는 신약한 사주가 대부분입니다. 신약하다는 것은 같은 편(같은 오행, 인성)보다는 식상, 재성, 관성이 더 많다는 것입니다. 약한 일간은 강한 십신에게 끌려 다닐 뿐입니다. 만일, 반대의 경우라면 어떨까요? 재성이 많은데도 비겁과 인성이 균형을 잡고 있어서 신강한 사주가 되었을 경우에는 어떨까요?"

나머지 학생들이 답을 생각하고 있을 때, 소니가 가장 먼저 대답했다.

"신강한 사주에서 재성이 많이 오면 재물운이 좋을 가능성이 높습니다. 신강하다는 것은 일간의 힘이 크다는 것이며, 일간의 힘이 크다는 것은 비겁이나 인성이 강하다는 것을 의미합니다. 강한 일간이 재성을 자신의 의지대로 제어할 수 있기 때문에 재성이 상징하는 것(돈, 결과물)을 내가 가질 수 있습니다."

소니는 평소 성격처럼 날카로운 대답을 했다. 산아 또한 소니의 대답을 들으면서 정확한 답이라고 생각했다.

"좋은 설명이었습니다. 내가(일간) 강하다면 재성을 제어하고, 재성의 결과물을 내가 가지고 올 수 있습니다. 결과물을 들고 올 힘이 있기 때문입니다. 여기서 기억해 둘 것이 하나 있습니다. 사주원국, 그러니까 태어나면서 부여받은 사주는 변하지 않습니다. 명(命)이라고 배웠습니다. 그런 명(命)에서 기본적으로 재물운이 좋지 않다고 해서, 그것이 완전히 확정적인 것은 아닙니다. 그냥 스타일이 그럴 뿐입니다. 왜 그럴까요?"

여명의 대답이 이어졌다.

"명(命)은 좋지 않더라도 대운이나 세운의 흐름에 의해서 좋은 쪽으로 바뀔 수도 있기 때문입니다."

산아와 나머지 학생들도 이미 답을 알고 있었다.

"여명이가 말한 것처럼 사주원국의 배치가 좋지 않더라도 대운이나 세운에서 자신에게 좋은 역할을 하는 용신의 글자가 들어오면 됩니다. 경우에 따라서는 연속적으로 들어오는 경우도 있는데, 그렇게 되면 더욱 좋다고 할 수 있습니다. 물론 사주의 배치도 좋고, 대운과 세운의 흐름도 좋으면 가장 좋겠지만, 그렇게 될 가능성은 희박합니다. 그럼 질문을 하나 더 해볼까요? 어떤 사람의 사주원국에서 재물운이 좋은 십신의 구성을 가졌다는 분석을 했습니다. 그럼 언제 그 운이 실현될까요? 다시 말해서 언제 돈을 벌게 될까요?"

산아가 유일하게 손을 들고 대답했다.

"용신의 운이 들어오는 대운과 세운에서 돈을 벌 수 있습니다."

산아의 대답을 통해 다른 학생들도 현마의 질문에 대한 답이 뭔지 알게 되었다.

| 65 | 55 | 45 | 35 | 25 | 15 | 5 |
|---|---|---|---|---|---|---|
| 辛 | 庚 | 己 | 戊 | 丁 | 丙 | 乙 |
| 未 | 午 | 巳 | 辰 | 卯 | 寅 | 丑 |

| 2024 | 2023 | 2022 | 2021 | 2020 | 2019 | 2018 | 2017 |
|---|---|---|---|---|---|---|---|
| 甲 | 癸 | 壬 | 申 | 庚 | 己 | 戊 | 丁 |
| 辰 | 卯 | 寅 | 丑 | 子 | 亥 | 戌 | 酉 |

예를 들어 토오행이 용신인 경우, 좋은 시기

(1) 대운 35~44세 사이

(2) 세운 (35~44세 사이의 해 중에서) 2018년, 19년, 24년

"사주원국의 내용이 실현되는 시기는 바로 대운과 세운입니다. 우리는 사주의 스타일을 두 가지로 분류했습니다. 신강한 사주와 신약한 사주입니다. 신강한 사주는 기본적으로 식상, 재성, 관성이 용신이 될 가능성이 높다고 했습니다. 신약한 사주는 비겁과 인성이 용신이 될 가능성이 높습니다. 여기서 가능성이라는 말을 사용한 이유는 개별적인 상황(충, 합 등)에 따라 다르기 때문입니다. 기신(忌神: 좋지 않은 역할을 하는 오행)이 들어오는 대운과 세운에서는 당연히 좋은 흐름의 기운을 기대하기 어렵습니다. 이것을 응용하면 다음과 같습니다. 새로운 사업을 시작하는 것을 예로 들자면, 가능하면 용신이 들어오는 대운과 세운일 때 하는 것이 좋습니다. 둘 다 용신으로 일치시키기 어려우면, 그중(대운과 세운) 하나만이라도 용신이 들어올 때 시작하는 것입니다. 또한 반대로 중대한 일을 한다거나, 새로운 시작을 하려는 시기가 마침 기신이 들어오는 시기라면, 평소보다 많은 주의를 기울이면서 하는 것이 좋고, 급하지 않다면 아예 시기를 늦추는 것도 좋습니다."

현마는 학생들의 열정에 찬 눈빛을 보면서 또다시 자신의 어린 시절을 떠올렸다. 미래예측사가 되겠다는 희망 하나만으로 가족을 떠나 먼 곳으로 공부하러 갔을 때의 기억. 새로운 사주분석 방법을 배울 때마다 가슴 설레었던 일들. 같이 공부했던 친구들과의 추억.

"전에도 여러 번 얘기했지만 용신이 들어오는 해라고 해서 너무 특별한 행운을 기대해서는 곤란합니다. 또한 기신이 들어오는 해라고 해서 마치 내가 가진 모든 것을 날리고, 절망적인 상황이 된다고 생각하는 것 역시 곤란합니다. 용신이라고 해도 내가 하는 일에 있어서 특별한 방해 없이 일이나 인간관계가 진행되는 정도로 생각해야 합니다. 마찬가지로 기신이라고 해도 너무 걱정하지 말고, 평소처럼 생활하면서 약간의 주의를 기울이면 됩니다. 이러한 용신이나 기신에 너무 매달리면 제대로 된 인생을 살아갈 수 없습니다. 용신의 시기가 왔더라도 노력한 사람에게만 결실이 있는 것이며, 절실한 사람에게만 기회가 오는 것 입니다. 노력하지 않은 사람에게는 기다릴 결실도 없고, 기회도 없습니다. 반대로 튼튼히 기반을 쌓고 성실하게 살아온 사람에게는 기신의 시기가 온다고 해도 별 문제없이 지나갈 수 있습니다. 기신의 시기에 가장 문제가 되는 것은 평소와 다른 행동과 선택을 한다는 것입니다. 원래 본인이었다면 하지 않았을 행동과 선택으로 인해 피해가 있을 수 있다는 것입니다. 이러한 점을 알고, 주의하면 됩니다."

학생들은 진지한 표정으로 현마를 바라봤다. 현마는 학생들이 너무 팽팽한 긴장감 속에서 강의를 듣고 있음을 느꼈다. 중요한 부분이라 강조를 많이 한 탓 같았다.

"이제 건강에 대한 내용입니다. 사주원국에 나타난 오행의 배치(상생, 상극, 충 등)를 통해 이것이 건강과 어떤 관련이 있는지 알아보겠습니다."

강의실 대형 모니터를 통해 건강과 관련된 표가 나타났다.

| 양(陽) 과다 | 심장, 뇌 관련, 혈압(혈관) |
|---|---|
| 음(陰) 과다 | 우울증, 신경쇠약 |

**각 오행이 상징하는 신체부위**

| 오행 | 해당 부위 | 기타 |
|---|---|---|
| 목오행 | 간, 담(쓸개) | 신경, 두통, 뇌, 눈 |
| 화오행 | 심장, 소장 | 혈압, 동맥경화 |
| 토오행 | 위장, 비장 | 소화기, 근육 |
| 금오행 | 폐, 대장 | 호흡기, 뼈, 근육, 코 |
| 수오행 | 신장, 방광 | 비뇨기, 호르몬, 귀 |

"사주분석만 믿고 몸이 아픈데도 병원에 가지 않는 사람이 있을까요? 그래서는 절대로 안 되겠습니다. 사주분석으로 보는 건강 관련 내용은 실제로 관련이 있는 것도 있겠지만, 상징적인 의미도 함께 있음을 기억해야 합니다. 또한 사주분석과 관련된 학문은 역사가 다른 어떤 학문보다 깊습니다. 지금까지 전해오면서 당연히 여러 가지 내용이 첨가가되었겠지만 의학 서적만큼 축적되지는 못했을 것입니다. 그렇기 때문에 사주분석을 통해서 마치 자신이 의사가 된 것처럼 의뢰인에게 말해서는 안 됩니다. 그것은 미래예측사의 업무 범위를 넘어서는 것입니다. 눈에 띄게 극을 당하거나, 충을 당하는 오행이 있을 경우 그 오행에 해당하는 신체부위에 대한 주의를 하는 정도에서 멈춰야 합니다. 이 표에 대한 설명은 다

음과 같습니다. 먼저, 사주 8개 글자를 놓고 음(-)과 양(+)의 숫자를 각각 적어봅니다. 조화가 되었다면 괜찮겠지만, 한쪽으로 치우쳤을 경우(각 5:3 이상)에는 첫 번째 표에 적힌 부위의 건강에 신경을 써야 합니다. 밖으로 발산하는 성격인 양(+)으로 치우쳤다면, 이와 관련된 질병이 나타날 수 있습니다. 특히 심장, 뇌 관련, 혈압(혈관) 쪽에 주의를 해야 합니다. 반대로 밖으로 표출하지 않고 자신의 안으로 수렴하는 음(-)의 성향으로 치우쳤다면 어떨까요? 우울증과 신경쇠약 계통의 질병을 특히 주의하여야 합니다. 그리고 오행으로 분석할 때는 십신의 관계를 해석할 때와 동일합니다. 특정 오행으로 치우쳤을 경우, 그 오행은 다른 오행을 강하게 극하게 됩니다. 극을 강하게 당하는 오행의 신체부위에 대해 주의할 것을 조언하면 됩니다. 예를 들어서 목오행으로 치우친 사주가 있다고 가정하겠습니다. 목오행으로 치우쳤다는 것은 목오행이 많다는 것이고, 목오행의 힘이 강하다는 것입니다. 오행의 상극원리에 의해서 목오행은 토오행을 극합니다. 단순히 극을 하는 것이 아니고, 강하게 극을 하기 때문에 토오행의 입장에서는 문제가 생기는 것입니다. 그렇기 때문에 토오행을 상징하는 신체부위에도 문제가 생길 것이라고 예측하는 것입니다. 그런데 사주가 아주 강하게 한쪽으로 치우치면 전체적인 건강 균형에 이상이 생기게 됩니다. 극을 당하는 오행뿐 아니라, 강한 오행으로부터 생을 받는(힘을 받는) 오행도 너무 강하게 힘을 전달해주기 때문에 부작용이 있고, 강한 오행을 극하는 오행도 너무 힘을 많이 빼기 때문에 이상이 있을 수 있습니다. 오행은 그 어느 하나 연관되지 않은 것이 없습니다. 결국 지나친 치우침은 오행 전체의 균형을 무너뜨리는 결과를 가져옵니다. 건강도 마찬가지입니다."

산아가 생각할 때, 오행의 상생, 상극은 사주분석의 시작이면서 끝이었다. 가장 간단한 원리에서 시작해 인생을 예측할 수 있는 원리까지 확대된 것이었다. 도대체 어떤 사람들이 이러한 원리를 알아낸 것인지 항상 궁금했다. 도저히 인간이 만들었다고 하기에는 불가능할 만큼 많은 이치와 원리가 담겨 있었다. 공부를 하면 할수록 대단하다는 느낌밖에 들지 않았다.

# 사주분석

산아는 처음 명리수양관에 입학했던 때를 떠올렸다. 그때와 지금을 비교하면 내적으로 비교할 수 없을 만큼 성장해 있었다. 사주분석의 핵심인 조화와 균형, 그리고 음양오행의 상생, 상극을 배우면서 인생에 대해 많은 생각을 하게 되었다. 예전에는 그저 미래예측사가 되고만 싶었는데, 그 역할이 생각보다 중요하다는 것을 알게 되었다. 단순히 사주분석만 하는 것이 아니라, 의뢰인에 대하여 진심어린 조언을 하는 것이 미래예측사의 역할이자 의무였다. 그 바탕에는 사주분석 능력이 반드시 필요했다. 입학했을 때와 비교하면 사주분석에 대해 많이 배웠지만, 앞으로 배울 것이 훨씬 많았다. 이제 학교를 졸업하면 산아를 비롯한 네 명의 학생들은 각각 미래예측사 회사에 들어갈 예정이었다. 사람에 능력에 따라 다르지만 보통 1년에서 2년 정도의 수련을 쌓고, 회사의 추천을 받아야지만 미래예측사 시험을 볼 수 있었다. 가능하면 네 명이 같은 회사에 들어가면 좋겠지만 현실적으로 불가능했다. 일반적인 미래예측사 회사에서는 일 년에 1명에서 많으면 2명 정도만 뽑았다. 그것도 경쟁이 아주 치열했다. 아마도 네 명의 학생들은 뿔뿔이 흩어져야 할 것이다. 모두들 그 사실을 알고 있었지만, 그 누구도 그런 말은 꺼내지 않았다.

드디어 마지막 강의시간이 되었다. 현마는 강의실 안으로 들어와 학생들의 얼굴을 한 명씩 차례대로 바라보면서 시선을 맞추었다. 현마는 보일 듯 말 듯 미소를 지었다. 현마도 학생들만큼 헤어지는 것이 아쉬웠다. 학생들이 졸업을 할 때마다 느끼는 감정이긴 했지만, 유독 이번 학생들에 대해서는 아쉬운 감정이 더욱 컸다.

"그동안 배운 사주분석 방법을 정리해보는 시간을 갖겠습니다. 앞으로 여러분이 혼자서 공부를 할 때도 실제로 존재하는 사주를 분석하는 것이 좋습니다. 그 결과를 실제 사주의 주인공과 비교할 수 있기 때문입니다. 전에 말한 것처럼 사람들의 사주를 많이 분석하면 할수록 실력은 향상됩니다. 그리고 의뢰인과 상담하는 것도 마찬가지입니다. 직접 대화를 하면서 상담을 많이 해볼수록 대화하는 능력이 좋아집니다. 대화하는 능력이 좋아야지만 신뢰를 줄 수 있고, 효과적인 조언도 해줄 수 있습니다."

현마는 사주원국과 대운, 세운이 적힌 표를 학생들에게 각각 나눠주었다.

<여성>

| 시 時 | 일 日 | 월 月 | 년 年 |
|---|---|---|---|
| 시간 | 일간 | 월간 | 연간 |
| 정인 | 본원 | 식신 | 편재 |
| 임壬 | 을乙 | 정丁 | 기己 |
| 오午 | 해亥 | 묘卯 | 사巳 |
| 식신 | 정인 | 비견 | 상관 |
| 지지 | 일지 | 월지 | 연지 |

| 77 | 67 | 57 | 47 | 37 | 27 | 17 | 7 |
|---|---|---|---|---|---|---|---|
| 비견 | 겁재 | 편인 | 정인 | 편관 | 정관 | 편재 | 정재 |
| 乙 | 甲 | 癸 | 壬 | 辛 | 庚 | 己 | 戊 |
| 亥 | 戌 | 酉 | 申 | 未 | 午 | 巳 | 辰 |
| 정인 | 정재 | 편관 | 정관 | 편재 | 식신 | 상관 | 정재 |

**현재 대운**

| 2024 | 2023 | 2022 | 2021 | 2020 | 2019 | 2018 | 2017 | 2016 | 2015 |
|---|---|---|---|---|---|---|---|---|---|
| 겁재 | 편인 | 정인 | 편관 | 정관 | 편재 | 정재 | 식신 | 상관 | 비견 |
| 甲 | 癸 | 壬 | 辛 | 庚 | 己 | 戊 | 丁 | 丙 | 乙 |
| 辰 | 卯 | 寅 | 丑 | 子 | 亥 | 戌 | 酉 | 申 | 未 |
| 정재 | 비견 | 겁재 | 편재 | 편인 | 정인 | 정재 | 편관 | 정관 | 편재 |
| 36세 | 35세 | 34세 | 33세 | 32세 | 31세 | 30세 | 29세 | 28세 | 27세 |

**현재 세운**

"이 표에 있는 여성의 사주를 분석해 보겠습니다. 그동안 여러분이 공부한 내용을 바탕으로 분석하면 됩니다."

학생들은 사주분석을 시작했다. 현마는 사주분석에 바쁜 학생들을 바라보다가 몸을 돌려 창밖을 바라보았다. 그동안 가르쳤던 다른 학생들보다 월등히 뛰어났으며, 가장 열심히 공부했던 학생들이었다.

'산아, 여명, 세라, 소니.'

현마는 학생들의 이름을 한 번씩 되뇌었다. 아직 학생들은 이렇게 자신의 앞에 있는데, 벌써 이별이라도 한 것처럼 자신을 흔들고 있는 마음 때문에 힘들었다.

'조화와 균형을 그렇게 강조했는데, 정작 나는 조화도, 균형도 아직 멀었구나.'

현마는 아무도 몰래 혼자만의 감정에 흔들리다가 겨우 학생들의 앞에 섰다.

"그럼 돌아가면서 자기가 분석한 내용을 말해볼까요?"

산아부터 시작해서 학생들은 차례로 자신이 분석한 내용을 발표했다.

"먼저 일간으로 보는 기본적인 특성을 말씀드리겠습니다. 이 사람의 일간은 을(乙)입니다. 생각이나 사람관계에서 유연성이 있고, 생활력이 있습니다. 어떤 환경에서도 적응력이 좋고, 재물에 대한 집착이나 욕심이 있습니다. 영리하고 고집스러운 면도 있습니다. 그리고 주변의 시선을 많이 의식하는 편입니다. 이러한 일간의 특성은 기본적인 성향으로만 생각하고 있어야 합니다. 다른 글자들과의 관계로 인해 실제 성향과 차이가 있을 수 있기 때문입니다."

"이 사주는 일간을 포함해서 같은 편(일간과 같은 오행+인성)이 4개입니다. 월지의 자리도 내 편이 차지하고 있기 때문에 신강한 사주라고 판단됩니다. 신강한 사주이기 때문에 더 이상의 목오행이나 수오행은 기신(忌神: 좋지 않은 역할)으로 작용할 것으로 예측됩니다. 용신은 화오행(식상)과 토오행(재성)이라고 생각합니다. 화오행은 사주원국에 어느 정도 충분히 있다고 판단되기 때문에 대운이나 세운에서 잘 판단하여 과하지 않도록 해야 합니다. 또한 관성인 금오행도 대운이나 세운에서 들어오면 용신이 될 수 있지만, 자칫 인성인 수오행을 생할 수 있기 때문에 상황에 따라(일간을 더 강하게 하므로) 적용해야 합니다."

"일간의 특성으로 보는 기본적인 성향 외에 세부적인(실제적인) 성향은 다음과 같습니다. 정인(正印)인 수오행의 임(壬)과 해(亥)가 다른 글자와 합(合)이 되면서 목기운을 만들어 냈습니다. 월간인 정(丁)과 시간인 임(壬)이 합하면서 정임합목(丁壬合木), 즉 목기운을 생성하며 월지인 묘(卯)와 일지인 해(亥)가 합하면서 해묘미 목국(亥卯未 木局), 즉 목의 세력을 형성하고 일간이 목오행이기 때문에 결국 자신과 같은 오행이 자신의 주변에 함께 있습니다. 십신으로 말하자면 비견이 강한 것이기 때문에 본인만의 주관이나 주체성이 강하게 확립되어 있고, 고집이 있을 것으로 예상됩니다. 또한 식상(여기서는 화오행)이 3개로 잘 발달되어 있습니다. 식상의 특성을 말하자면 감정이 풍부하고, 감성적이고, 표현을 잘하는 성향입니다. 또한 좋아하고 싫어하는 것이 분명해서 좋아하는 것(일, 사람 등)에만 집중하고, 싫어하는 것(일, 사람 등)은 상대도 하지 않으려는 성향을 예상할 수 있습니다. 정인이 있어서 받아들이는 능력(학습력 등)이 좋습니다. 그리고 중요하게 살펴봐야 할 것은 이 여성의 사주에 관성이 없다는 것입니다. 지장간(地藏干: 지지 속에 담긴 천간의 기운)까지 살펴봐도 연간의 사(巳) 안에 희미한 기운의 관성(경 庚)만 있을 뿐입니다. 거의 관성이 없다고 봐도 무방합니다. 그런 데다가 자유로움을 상징하는 식상의 기운이 강하기 때문에, 남이 내 일을 간섭하는 것을 아주 싫어하고, 지구력과 인내심이 부족할 것으로 보입니다. 또한 여성에게 있어서 관성은 남편을 상징하기 때문에 결혼 과정이나 결혼생활에서 남편과의 갈등에 쉽게 노출될 수 있는 사주구성입니다."

　학생들의 분석은 현마가 생각한 것보다 훨씬 높은 수준의 내용이었다. 현마와 함께 공부한 내용 외에 스스로 공부하여 사주분석에 응용한 것도 있었다. 학생들의 열정만큼이나 실력도 많이 향상되어 있었다.

　"대운의 수가 7인데, 현재 이 여성의 대운을 보면 27세에서 36세 사이에 있고, 세운을 통해 나이를 확인해 보면 현재 30세입니다. 십신과 오행의 분포에 따라 직업과 진로를 살펴보면 1순위는 외부로의 표현력과 발산을 나타내는 식상과 화오행이 강하기 때문에 예능, 방송, 미용, 광고, 홍보 등의 업종과 각종 서비스업이 적합할 것으로 예상됩니다. 또한 인성을 바탕으로 전문 분야(美 관련, 서비스 등)의 프리랜서 강사, 전문직 자영업(자격증 이용, 특수 분야 등)도 가능할 것으로 보입니다. 관성이 없고 식상이 강하기 때문에 직장생활은 적성에 맞지 않아 보입니다. 다만, 소규모 팀별로 구성되어 간섭이 별로 없고, 독립성이 보장된 회사나 단체라면 가능할 수도 있습니다."

　인성이라는 십신의 인(印)이라는 것이 도장이나 학위, 논문, 자격증도 상징한다는 것을 직업에 적용시켰다. 또한 관성이 없기 때문에 직장생활을 무조건 안 될 것이라는 답변을 할 줄 알았는데, 오히려 적절한 확장까지 할 수 있는 능력을 보여주었다.

　"건강에 대해 말씀드리면 목기운과 화기운이 전체적으로 아주 강한 힘을 갖고 있습니다. 목기운이 강하게 화기운을 생하여주고 있기 때문에 화기운은 더욱 강해집니다. 따라서 화기운으로부터 너무 강한 생을 받게 되는 토오행(목오행의 극도 있음)과, 화오행으로부터 직접적으로 극을 당하는 금오행이 충격을 받을 것입니다. 토오행이 상징하는 위장, 비장 등 소화기계통 및 금오행이 상징하는 폐, 대장, 근골격계(뼈 등)를 주의해야 합니다. 현재는 젊기 때문에 지금보다는 시간이 지나면서 더욱 주의해야 할 사항입니다."

"이 사주의 주인공은 특히 천간에 신(辛)이라는 글자가 들어가는 해와, 지지에 사(巳)라는 글자가 들어가는 대운과 세운을 주의해야 합니다. 나를 나타내는 일간인 을(乙)과 신(辛)이 만나면 을신충(乙辛沖)이 되기 때문입니다. 대운에서 보면 37세에서 46세 대운에 신(辛)이 자리 잡고 있습니다. 세운에서는 2021년에 신(辛)이 들어있습니다. 또한 일간의 아랫부분인 일지의 해(亥)와 사(巳)가 만나면 사해충(巳亥沖)이 됩니다. 이 역시 주의할 필요가 있습니다. 일간과 일지가 한꺼번에 충이 되는 신사(辛巳)라는 글자가 대운이나 세운에서 오면 경우에 따라 충격이 더욱 클 수 있습니다. 좋지 않은 운의 흐름일수록 인내심과 배려가 더 필요한 시기라는 조언이 필요합니다. 가능하면 대인관계에서 갈등이 없도록 노력하고, 새롭게 사업을 시작하거나, 새로운 투자는 가능하면 하지 않는 것이 좋습니다. 그래도 어쩔 수 없이 해야만 한다면, 무리하지 않고 해야 할 것입니다. 이와 함께 건강도 주의해야 합니다."

"여성의 경우 식상은 자식을 나타내는데, 사주를 보면 식상이 잘 발달되어 있습니다. 이런 경우 자식에 대한 애착이 많은 것으로 해석할 수 있습니다. 사주원국에는 남편을 나타내는 관성이 없지만, 대운과 세운에서는 계속 관성이 들어오고 있습니다. 특히 27세에서 36세 대운을 보면 경오(庚午)대운입니다. 나를 나타내는 을(乙)과 경(庚)이 만나 을경합금(乙庚合金)이 됩니다. 더구나 이 여성에게 경(庚)은 남편을 상징하는 글자(관성)입니다. 합이 되어 나온 글자 또한 관성(金)입니다. 27세에서 36세 사이에 결혼할 확률이 높습니다. 좀 더 세부적인 시간을 알아보기 위해 이 대운에 속한 세운을 검토합니다. 2020년이 경자(庚子)년인데 일간인 을(乙)과 관성(여성에게 있어 남편을 상징)이 을경합금(乙庚合金)을 이루게 됩니다. 남편을 상징하는 글자와 강력하게 연결(合)된다는 의미입니다. 대운과 세운에서 모두 하나의 지점(남성, 남편, 결혼)을 가리키고 있습니다. 결혼할 확률이 매우 높습니다. 다만 2021년은 신축(辛丑)년에서의 신(辛)이라는 글자 또한 금오행으로 일간(목오행 乙)에게 있어서는 남편을 상징합니다. 하지만 만나면 을신충(乙辛沖)이 됩니다. 갈등과 문제가 있을 수 있습니다. 2022년은 임인(壬寅)년으로 일지인 해(亥)와 인(寅)이 만나서 인해합목(寅亥合木)의 합이 되는 시기이기 때문에 이때도 결혼의 운은 있습니다. 하지만 2020년이 더 강합니다. 그리고 이 여성의 경우에는 관성이 없는 데다가 관성을 극하는 식상의 기운이 강합니다. 이 기운을 뚫고 결혼하려면 강한 관성이 필요합니다. 주의할 점은 사주원국에 관성이 없기 때문에 대운이나 세운에서 관성의 시기에 결혼을 할 수는 있지만, 그 시기가 지나고 다시 식상이 강하게 밖으로 표출되면 남편(결혼을 했다는 전제에서)과의 갈등이 심해질 수 있다는 것을 알아야 합니다. 남편을 상징하는 글자가 사주에 없다는 것은 그만큼 인연(연결고리)이 희박하다는 것을 의미합니다. 연결되기도 힘들고, 연결되었더라도 쉽게 끊어질 수 있습니다. 왜냐하면 식상이라는 칼이 자유에 대한 갈망 때문에 자신을 가두려는 관성이라는 줄을 끊으려고 하기 때문입니다."

현마는 식상이라는 칼이 자유에 대한 갈망 때문에 관성이라는 줄을 끊는다는 표현은 십신(十神) 간의 관계를 잘 드러낸 말이라고 생각했다. 아마도 십신의 상생, 상극 관계를 이미지로 바꿔서 외운 듯했다. 현마는 학생들의 설명을 들으면서 보충하고 싶은 말이 있었지만 가만히 듣고만 있었다. 이제 결론부분이었다. 현마는 학생들이 어떤 조언을 의뢰인에게 하게 될지 궁금했다.

"이 사주의 주인공은 주변에 도와주는 사람들이 있습니다. (정인의 역할) 인성이 나를 생해주는 정도를 넘어 아예 합이 되면서 나와 똑같은 나를 만들어(合) 나의 세력이 늘어날 수 있도록 해주고 있습니다(정임합목, 해묘미 목국). 또한 여러 가지 의미로 바빠지는 것(일, 사람관계 등)을 나타내는 식상이 발달되어 있습니다. 활발하게 일을 하거나 생활하게 될 것으로 예측됩니다. 그런데 식상의 발달은 단점도 있습니다. 감정적인 면으로 치우칠 수 있기 때문에 이성적으로 생각하는 습관을 키울 필요가 있습니다. 자신이 좋아하는 사람이나 일에 대해서는 정도를 넘으면서까지 좋아하고 열중하지만, 싫어할 경우에는 아예 외면할 가능성이 높아서 문제가 발생할 수 있습니다. 그리고 이 여성의 사주에는 나를 제어해주는 브레이크 역할의 십신(관성)이 없습니다. 이 때문에 남이 내 일에 간섭하거나, 내가 구속받는다는 느낌이 생기면 상대방에 대해 바로 반감을 갖게 됩니다. 그렇게 되면 일이나 대인관계에서 문제발생 가능성이 높아질 수밖에 없습니다. 따라서 스스로 자신의 감정을 조절하면서 일을 하거나 사람을 대할 때 배려와 인내심을 보여야 합니다. 이것이 이 의뢰인에게 해줄 수 있는 가장 중요한 조언이라고 생각합니다."

"또 하나 있습니다."

세라의 외침이 들렸다.

"변치 않고, 진정으로 사랑하면서 살아야 한다고 조언합니다."

세라의 우렁찬 대답에 강의실은 웃음소리로 가득했다. 학생들은 그 외에도 몇 가지 사주의 특성에 대해 말을 하였고, 얼마 후 사주분석은 마무리되었다. 현마는 강의실 중앙에 서서 학생들을 바라보았다. 그리고 천천히 학생들을 향해 박수를 쳤다. 학생들은 환하게 웃으면서도 한편으로는 슬픈 감정이 북받쳐 나왔다. 이제 명리수양관을 떠나야 했고, 현마의 곁을 떠나야 했다. 말없이 학생들을 바라보던 현마는 고개를 숙여 학생들에게 인사를 했다. 학생들도 자리에서 일어나 현마에게 고개를 숙였다.

'또 하나의 이별, 또 하나의 출발.'

고개를 숙이고 있는 현마의 눈에 눈물이 맺혔다. 그들은 서로에게 고개를 숙인 채 한참을 있었다.